천경자 코드

위작 「미인도」와
거짓의 거대한 권력을 예감한듯
동시대 작품들에 숨겨둔
다섯가지 비밀코드

김정희 지음

맥스media

1장 혹시라도 어머니가 여성이라서 좀 짓밟아도 된다고 생각하셨습니까?

2장 거짓의 구조

3장 검찰, 과학을 부정하다

4장 눈이 싸늘하게 타는 여인

5장 어찌 찔레꽃 향기나 찾는 뱀을 그리랴

천경자 코드

엄마 냄새

'어머니 천경자'에 관한 책을 쓰게 될 줄은 정말로 몰랐다. '천경자의 딸이다 보니 어머니에 대한 회상을 책으로 쓰면 어떻겠냐는 제안을 받아보지 않은 것은 아니었다. 하지만 평생 그런 일은 없을 것이라고 확신했다. 어머니의 명성이나 팔아먹고 사는 그런 인생은 싫었기 때문이었다.

'누구의 딸'이란 말을 자주 듣고 자라 어려서부터 외국 생활을 꿈꾸었고 학교 졸업 후 짧은 직장 생활을 마치고 미국으로 와 이제는 미국에서 산 햇수가 모국에서 살았던 햇수를 넘겼다. 사실 냉정한 얘기 같지만 어딜 가나 '누구의 딸'이란 소리를 듣지 않아도 되었던 이국 생활은 나를 자유롭게 했다.

그러나 어머니가 돌아가신 후 다시 불거진 소위 '위작 미인도 사건'과 그 이후로 뼈저리게 느꼈던 '진실의 실종'은 과연 '진실'과 '정의'에 우리가 무조건 부여해왔던 가치가 여전히 존재하는지 의심하게 했다. 거짓말이 춤을 추는 사회가, 상상하지 못했던 책을 쓰는 일로 나를 밀어 넣었다.

이렇게나마 자료를 남기지 않고는 '위작 미인도 사건'은 다시 오

물더미 속에 묻히게 되고, 그 안에서 부패하며 생긴 악취를 가리려고 거짓말은 또 둘둘 실처럼 풀려나와 진실을 휘감게 될 것이다. '위작 미인도 사건'으로 인해 견디기 힘든 부당함과 억울함이 없었다면 『천경자 코드』는 시작되지 않았을 것이다. 딸인 내가 이러할진대 직접 당한 어머니는 당시 어떠했겠는가.

어머니를 회상하는 일은 어려운 일이다. 젖을 물려 키워준 엄마, 한밤중에 복통이 난 아이를 등에 들쳐업고 불 꺼진 동네 의원의 문을 탕탕 두들겼던 엄마, 고열로 경기하는 아기가 혀를 깨물까 봐 검지를 물렸던 엄마, 학교에서 따돌림 당한다고 그림 그리다 말고 고쟁이 바람으로 쫓아가 교장 선생님께 따졌던 엄마, 딸의 결혼 상대가 양에 안 차 결혼식 전날 밤 못 마시는 위스키 한 병을 거의 비우고 쓰러져 내 속을 후벼 파 놓고는 다음 날 말짱히 머리도 빗고 결혼식에 참석했던 엄마. 살갗의 느낌과 냄새와 소리의 기억의 복합체인, 내가 그 속에서 나온, 그냥 엄마인 엄마를 어떻게 우리 어머니는 이런 분이었노라고 표현할 수 있을까.

그냥 그 꼬신 냄새를 한 번 더 맡고 싶다. 재미있는 그 말소리를 한 번 더 들어보고 싶다. 밖에 다녀와서 이야기해주는 나의 말이 세상에서 제일 재미있다는 듯 '웃핫하하' 잘 웃던 엄마와 그렇게 또 한 번 함께 웃어봤으면 좋겠다.

어머니의 조건 없는 사랑에 과연 나도 어머니를 사랑하였노라고 말할 수 있는 사람들이 많을지 모르지만, 돌이켜 보면 나는 그저 가슴을 움켜쥐게 된다. 어머니의 수필 곳곳에는 우리 4남매가 성장하며 느꼈던 무한대의 행복감이 묻어 있다.

성장해서는, 내가 연애할 때 연인을 그렸던 것보다 백 배 더 딸을 그리워했던 애처로움과 그 고독이 수필이나 편지에서 뚝뚝 떨어져 나오듯 배어 있다. 이런 대목은 지금에 와서 날카로운 비수가 되어 나를 찌른다.

표현에 부족함이 많다는 것을 알면서도 어머니에 대한 회상과 수차례 이사 다니면서 소중히 간직했던 몇 개의 박스, '외할머니 자료'라고 레이블이 붙어 있는 플라스틱 상자 안에 20년 이상 간직해 온 「미인도」 이야기를 여기 풀려고 한다. 언젠가는 사실이 밝혀지고 정의가 실현되리라는 기대로 붙들고 다녔던 자료들이다. 힘들었지만, 이 글을 쓰기로 한 결정은 오직 사실만을 말할 수 있다는 의지 때문이었고, 타인의 거짓을 지적하기 위한 근거와 증거가 될 확실한 자료가 있기에 자신감을 가질 수 있었다.

무엇보다 세계적인 감정 기관인 뤼미에르광학연구소의 감정결과까지도 검찰로부터 배척당하고 난 뒤 이대로 있을 수는 없다는 생각이 나를 옥죄었다. 때마침 조지타운대학교의 석좌교수인 클리프 키에포와 남편인 같은 대학교의 문범강 교수가 공동으로 뤼미에르의 단층 사진을 활용해 6개월에 걸쳐 어머니의 작품들을 미학적으로 분석해 냈다. 이 결과 5가지의 놀라운 비밀을 발견했다. 바로 '천경자 코드'인 것이다.

이 책은 「미인도」라는 사건의 부조리함과 한 화가가 겪어야 했던 핍박의 역사이기도 하지만, 내 머릿속의 기억, 오래된 편지와 일기, 사진들을 하나씩 끄집어내고 어머니와 인연이 있었던 분들을 만나면서 어머니의 흔적을 되짚는 여정이기도 했다. 그래서 『천경자 코드』라는 책 제목이 더 어울리는 듯 싶다. 좁게는 그림에 숨겨진 비밀을 의미하고 넓게는 내가 알게 된 어머니의 열정과 용기를 의미한다. 그 과정에서 나는 어머니의 고독에 볼을 비비고 쓰다듬으며 어루만졌다.

이제 나도 어머니가 속칭 '위작 미인도 사건'을 겪었던 나이에 가까워지고 있다. '위작 미인도 사건' 당시의 영상 자료를 보면 건강하고 아름다운 어머니, 평생을 그랬듯 꾸며서 말할 줄 모르는 어머니의 모습이 있다. 어머니의 그러한 원초적인 정직함에 부끄럼이 되지 않도록 가감 없는 사실만을 기록으로 남긴다.

2017년 7월

김정희

언더도그

'언더도그'라는 표현은 정치 상황이나 일상에서 열세인 사람을 지칭할 때 쓰인다. 19세기경 영국에서 흔했던 개싸움에서 밑에 깔린 개라는 뜻에 어원이 있다.

싸움에 지쳐 밑에 깔린 개를 눈으로 그려보는 게 유쾌하진 않지만, 아마 지금 내가 처한 상황도 그 언더도그 처지가 아닐까 싶다. 어머니는 「미인도」라는 음울한 여인상이 내 것이 아니라 절규했고, 천경자 평전을 펴낸 최광진 박사는 '미학적 분석을 통해 위작임을 확신한다'고 말했다. 국제적인 명성의 프랑스 뤼미에르광학연구소는 천경자 화백의 동시대 작품들을 비교한 모든 객관적 과학적 검증결과 진품일 확률은 거의 0%라고 발표했다.

그러나 '위작 미인도 사건'은 아직도 그 본질을 덮으려는 세력에 의해 미궁으로 빠져들고 있다. 여기에 검찰까지 가세한 형국이다.

왜 0.0002%의 진품 확률이 그들에겐 100% 진품이 되어야만 할까? 희한하다.

서교동 화실에서 항상 장지로 접시에 물감을 개던 어머니(1973년경)

어머니는 어느 해의 편지에서 어머니가 품고 살아온 한맥을 자식 세대에까지 물려주고 싶지 않다고 말씀하셨다. 어찌 보면 나는 어머니의 뜻을 어기고 한을 물려받았는지 모른다. 하지만 그것은 선택의 여지가 없었다.

어머니가 성취한 모든 것들에 관해선 그림자 자리에 서고 싶고, 못 다 풀고 간 한은 풀어드리고 싶다. 이 문제는 어머니나 나 개인의 것이 아니라고 생각한다. 미약하나마 나마저도 이의를 제기하지 않는다면 '위작 미인도 사건'은 결국 거짓의 수렁에 파묻혀 끝내 국민을 오도하리라는 생각에 나는 이렇게 쉽지 않은 길을 택했다.

아직 싸움은 끝나지 않았다. 아니 싸움은 이제 시작되었다. 다만 우리가 맞부딪쳐 있는 상대가 어떤 괴물인지 짙고도 짙은 안개 속에 그 형체가 드러나는 것에 짜릿한 긴장을 느끼면서, 한편으로는 심상치 않은 무거운 예감을 안은 채 나는 한 발자국씩 조심스레 발걸음을 내딛고 있다.

버지니아 주 리치몬드에 있는 에드가 앨런 포 박물관에서 중세의 승려처럼 경건한 자세로 스케치하는 어머니(1990년대 초).

위작 미인도 사건의 전개 과정

1979. 10. 26. 10 · 26사건

중앙정보부장 김재규가 박정희 대통령을 시해하고, 10 · 26 직후 신군부 세력에 의해 김재규의 재산은 몰수되었다. 환수 재산 목록에 위작 「미인도」를 포함한 155개 압수물품이 있었다.

1980. 4. 30. 국립현대미술관으로 「미인도」 이관

「미인도」는 재무부, 문화공보부를 거쳐 국립현대미술관으로 이관되었고, 국립현대미술관은 5월 30일 '천경자 「미인도」 그림 1점 30만 원'이 포함된 목록을 공문으로 작성했다.

1990. 1. 5. 금성출판사, 『한국근대회화 선집』 발간

금성출판사는 총27권에 이르는 『한국근대회화 선집』을 발간. 이 가운데 한국화편 11권 104쪽에 아주 작은 흑백사진으로 「미인도」가 '나비와 여인'이라는 제목으로 들어가 있다. 이러한 사실은 천경자 화백 본인도 몰랐다.

1991. 3. 31. 천경자 화백, 「미인도」 존재를 처음 알게 됨

국립현대미술관은 이어령 장관의 기획에 따라 '움직이는 미술관'을 운영. 유명한 작가들의 그림을 포스터로 제작 · 전시하였으며 이를 복제하여 판매도 하였다. 박현령 시인이 「미인도」에 '천경자 작품'이라고 돼 있는 것을 보고 이를 천 화백에게 전화로 알려주어 「미인도」의 존재를 알게 되었다. 천 화백은 의아해서 국립현대미술관에 확인을 요구했다.

1991. 4. 1. 국립현대미술관 직원, 천경자 화백 방문

국립현대미술관 직원이 「미인도」와 미인도 포스터를 갖고 천 화백의 집을 방문하였다. 천 화백은 「미인도」를 보자마자 '가짜'라고 하였고, 그림을 돌려줄 수 없다고 했다.

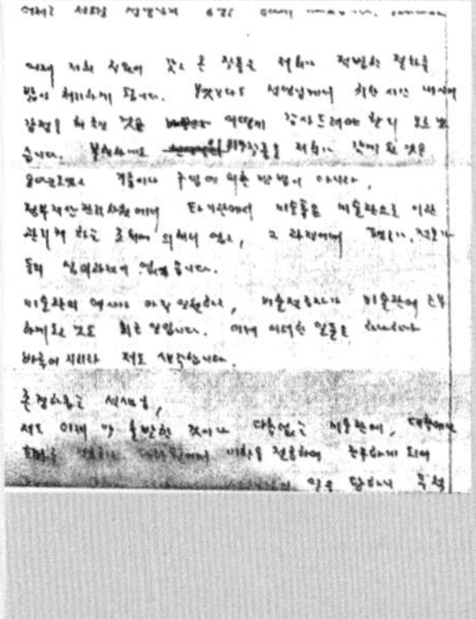

1991. 4. 2. 국립현대미술관 직원, 천경자 화백 재차 방문

국립현대미술관 학예관이었던 이인범이 「미인도」를 돌려받기 위해 천경자 화백의 자택을 방문하였으나 만나지 못했다. 이인범은 자필로 편지를 남기고 돌아갔다.

1991. 4. 4. **국립현대미술관 학예실장, 천경자 화백 방문**

국립현대미술관 직원 유준상 외 세 명이 동산방 표구사의 오리지널 액자를 가지고 천경자 화백을 찾았다. 「미인도」 그림에 동산방 표구사의 액자를 끼워서 보여 주었으나, 천경자 화백은 가짜라고 재차 확인시켜 주었다. 그러나 국립현대미술관 측은 '천 화백이 미인도가 진품이라고 시인했다'며 가짜 소문을 퍼트린다.

1991. 4. 4. **국립현대미술관, 한국화랑협회 감정위원회에 「미인도」 감정 의뢰**

조선일보사, 한국일보사 등 주요 언론 매체는 국립현대미술관이 위작을 전시했다는 내용으로 크게 보도하였다. 국립현대미술관은 한국화랑협회 소속 감정위원회에 「미인도」에 대한 감정을 의뢰하였고, 감정위원회는 1차에서 '가짜는 아니다', 2차에서 '진품이다'란 결론을 내렸다.

1991. 4. 7. **천경자 화백, 절필 선언**

1991. 4. 11. **감정위원회, 「미인도」 진품 판정**

한국화랑협회 회장 김창실은 "「미인도」가 진품이다'며 감정 결과를 발표하였다. 감정에 한계가 있으므로 위조범이 나타날 경우 겸허히 수용하겠다고 밝혔다.

1991. 4. 12. **국립현대미술관 이경성 관장, 기자회견장에서 「미인도」를 진품으로 발표**

1991. 4. 16. **천경자 화백, 미국으로 떠남**

1995. 11. 1. **호암미술관, '천경자 회고전' 개최**

1998. 9. 8. **천경자 화백, 대표작 93점과 저작재산권 일체를 서울시에 기증**

1999. 7. 7. **권춘식, '미인도'를 그렸다고 주장**

동양화 위조 사건으로 입건된 권춘식은 담당 검사에게 화랑을 운영하는 친구의 요청에 따라 돈을 받고 「미인도」를 그려주었다고 양심선언을 했다.

2015. 8. 6. **천경자 화백, 별세**

2015. 10. 30. **천경자 화백 추도식**

서울시립미술관에서 천경자 화백의 추도식이 개최되면서 위작 미인도 사건에 대한 관심이 다시 일어났다.

2015. 11. **정준모 등, 천경자 화백에 관한 허위사실 유포**

국립현대미술관, 천경자 화백에 관한 허위보고서를 국회에 제출

2015. 12. **김정희(고 천경자 화백의 차녀), 국립현대미술관 관장에 진상조사 및 사과 요구**

2016. 1. 1. **JTBC 뉴스, '위작 미인도 사건' 보도**

JTBC는 동산방 표구사의 일련번호에 관한 진실과 국립과학수사연구소의 미인도 검사 여부를 밝혔다. 위작 미인도 사건 당시 국립현대미술관은 동산방의 표구대장번호(숫자 126으로 표기)가 있다며 천 화백의 「미인도」가 진품이라고 주장했다. 하지만 동산방 대표 박주환은 그러한 번호는 없다고 일축하였다. 2002년에 국립현대미술관은 국립과학수사연구소와 한국과학기술연구원에 「미인도」의 정밀 검사를 의뢰하였고 진품으로 확인했다고 밝혔다. 그러나 국립과학수사연구소와 한국과학기술연구원은 당시 정밀 검사 자체가 없었다고 하였다.

2016. 2. 14. **SBS 스페셜, 〈소문과 거짓말 : 미인도〉 방송**

2016. 3. **권춘식, 「미인도」를 그리지 않았다고 한 언론사에 전화로 기존 입장 번복**

2016. 3. 28. **위작 미인도 사건에 대한 공동 변호인단 발족**

2016. 4. 27. 김정희 · 공동 변호인단, 국립현대미술관 전현직 관계자 6명을 허위사실 유포 등으로 고소 고발

2016. 11. 3. 뤼미에르광학연구소, 「미인도」 감정보고서 발표
: 미인도 진품 확률 0.0002%

프랑스 뤼미에르광학연구소 감정팀은 「미인도」와 비교대상 그림을 다중 스펙트럼 기술로 촬영하여 1650개 단층으로 나누어 분석, 총 9가지 검증에서 전혀 일치하지 않는다고 판명했다. 수치상으로 「미인도」가 진품일 확률은 0.0002%밖에 되지 않는다고 발표했다.

2016. 12. 19. 검찰, 「미인도」를 진품으로 판정

서울 중앙지방검찰청은 프랑스 뤼미에르광학연구소 감정팀의 판정을 뒤집고 소장 이력, 안목 감정 등을 근거로 진품이라 판단하였다. 검찰은 뤼미에르 감정팀의 감정보고서를 받아들이지 않았다.

2016. 12. 27. 뤼미에르광학연구소, 반박 기자회견

2017. 1. 1. JTBC, 〈이규연의 스포트라이트〉에서 위작 미인도 사건 조명

2017. 1. 21. SBS, 〈그것이 알고 싶다〉에서 '미인도와 김재규'에 관해 방송

2017. 1. 24. 검찰의 피의자 불기소 조치에 불복, 고소인 및 공동 변호인단의 항고

2017. 2. 7. 천경자 화백의 자필 공증 확인서 공개됨

2017. 5. 24. 유일하게 기소된 정준모 공판 개시

2017. 5. 25. 서울고등검찰청, 항고 기각

2017. 6. 1. 김정희 · 공동 변호인단, 서울고등법원에 재정신청 제출

2017. 7. 1. 한겨레TV 〈김어준의 파파이스〉에서 '천경자 화백의 미인도 진짜, 가짜?'를 다룸

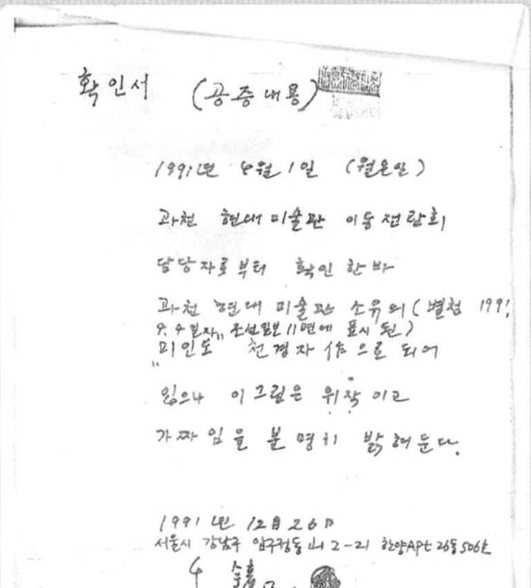
확인서 (공증내용)

1991년 4월 1일 (월요일)
과천 현대미술관 이동전람회
담당자로부터 확인한 바
과천 현대 미술관 소유의 (별첨 1991. 9. 4일자 조선일보 11면에 표시된) 미인도 천경자 作으로 되어 있으나 이 그림은 위작이고 가짜임을 분명히 밝혀둔다.

1991년 12월 26일
서울시 강남구 압구정동 山 2-21 한양Apt 26동 506호

1 장

혹시라도 어머니가 여성이라서 좀 짓밟아도 된다고 생각하셨습니까?

「마추피추 산 쿠스코」, 종이에 채색, 1979년

희한한 사건

나는 2016년 4월 27일 서울 중앙지방검찰청에 국립현대미술관 전 · 현직 관리 여섯 명을 고소 고발했다. 이들이 '「미인도」가 진품이라 주장한다'고 해서 고발한 것이 아니다. 그들이 내세웠던 주장과 근거들이 고의적으로 그리고 조직적으로 조작된 거짓말들이었기 때문이다. 그리고 그런 허위사실을 불특정 다수에게 공공연히 유포하고, 또 공무원의 신분으로 국민의 대표기관인 국회의 보고서에 허위로 기재하여 어머니의 명예를 크게 손상시켰으니 처벌해 달라고 고발한 것이었다.

1991년에 터진 위작 미인도 사건은 '작가가 내 작품이 아니라는데 미술관의 소위 전문가라는 사람들 그리고 화상들이 우격다짐으로 진품이라고' 하는 희한한 사건이다. 그러나 프랑스 뤼미에르광학연구소는 미인도가 진품일 확률이 0.0002%라는 감정 결과를 내놓았고, 「JTBC 뉴스」 봉지욱 기자의 취재, 「SBS 스페셜」의 장윤정 작가와 임기현 PD의 다큐멘터리, 《중앙일보》 유길용 기자의 추적 기사 등 언론 매체를 통해 국립현대미술관과 한국화랑협회 인사들이 저질러온 온갖 거짓과 조작 행위가 적나라하게 드러났다. 이제야 진실이 밝혀지는가 싶었는데, 난데없는 '검찰의 진품 확인'으로 모든 상황은 다시 원점으로 돌아가 버렸다.

범죄 사실을 수사해야 할 검찰이 돌연 「미인도」의 진위를 따지는 감정 주체가 되어, 권위 있는 해외 감정팀의 결론마저 통계 조작으로 공격하고, 얼렁뚱땅 진품이라고 결론을 내린 것이다. 그리고 이러한 결론을 방패 삼아 국립현대미술관 관계자들이 몽땅 법망을 빠져나가게 했다.

검찰에 기소된 피의자는 정준모 씨 단 한 사람뿐이다. 다른 피의자들은 주로 정준모 씨의 말을 듣고 옮겼다는 식의 논리로 빠져나갔다. 정준모 씨는 1996년부터 2015년까지 국립현대미술관의 학예관, 학예실장을 지냈고 그 이후엔 한국화랑협회 감정위원회 위원, 평론가로 활동해 왔다. 그는 정부의 문화정책 토론 등에서 한국화랑협회의 의견을 주로 대변해 온 사람으로 알려져 있다.

어머니 작고 후 위작 미인도 사건에 대한 관심이 재점화되었다. 생전에 작가가 「미인도」를 강력하게 부정했음에도 국립현대미술관과 전문가들이 진품이라고 주장한 희대의 사건이라는 여론이 팽배하자, 그는 한국화랑협회와 국립현대미술관 측의 최전방 저격수 역할을 맡는다. 어머니 추모식 직후 그는 《시사저널》(2015년 11월 2일 자, 11일 자)에 연달아 '「나비와 여인」은 왜 「미인도」가 되었을까'와 '「미인도」는 어떻게 김재규의 손에 들어갔나?'라는 제목으로 두 차례 기고문을 쓴다. 11월 3일에는 뉴시스통신사 박현주 기자와의 인터뷰가 기사화되었다.

나는 그가 전문가로서의 역량을 토대로 분석을 거쳐 「미인도」가 진품이라는 견해를 발표했다면 그를 고소할 이유가 없었다. 불행하게도 그의 '평론'은 그림에 대한 분석은 없고 그간의 조작된 소문만을 옮기고 있었다. 그중에는 그가 자의적으로 만들어냈던 것도 다수라고 생각한다. 그는 수십 가지의 인신공격하는 거짓말을 흡사 본인이 직접 본 것처럼 증언했다. 내용들은 차마 그대로 옮기기조차 부끄럽다. 그러나 이미 그가 재판정에 선 이상, 많은 허위사실이 그의 입을 통해 장기간 유포됐음을 고소인 진술서를 통해 밝히겠다.

위작 미인도 사건은 1979년 발생한 10 · 26 사건과 맞물려 있지만, 세상에 드러난 것은 1991년이었다.

1991년, 악연의 시작

1991년 4월 3일 어머니에게서 전화 한 통을 받았다. 워싱턴에 있던 나는 그때 처음 위작 미인도 사건을 알게 되었다.

광화문 현대빌딩 지하에서는 국립현대미술관이 소장한 작품을 포스터로 제작하여 전시회를 열고 있었다. 그런데 포스터 가운데 하나가 어머니가 그리지 않은 그림에 「미인도」라는 이상한 제목을 달고 있다고 전했다. 어머니는 국립현대미술관의 소장 작품으로는 1968년에 그린 「청춘의 문」이 유일하다고 덧붙였다.

어머니는 「탱고가 흐르는 황혼」, 「길례 언니」, 「내 슬픈 전설의 22페이지」와 같이 서정적인 제목을 붙이는데 「미인도」라는 제목은 너무 생소했다. 어머니는 이 상황을 어떻게 해결해야 할지 박현령 시인에게 물어보았다. 박현령 시인은 3월 31일 어머니에게 전화하여 「미인도」의 존재를 가장 먼저 알린 제보자였다. 그는 어머니에게 직접 국립현대미술관에 연락하여 알아보는 게 좋겠다고 조언했다.

4월 1일 국립현대미술관 소속 전시과장 외 직원 2명이 「미인도」와 포스터를 가지고 어머니를 방문했다. 어머니는 국립현대미술관 측에서 갖고온 그림을 보고 단번에 가짜라고 말했다. 어머니는 며

칠 뒤 KBS 이정옥 가지와의 인터뷰에서 당시 상황을 이렇게 묘사했다.

“가짜라며 악을 쓰다시피 했습니다. 막 보니까 아니에요.”

어머니는 국립현대미술관 직원에게 “이 그림은 가짜이니 돌려줄 수 없다.”라고 했다. 미술관 직원들이 집을 떠난 후 어머니는 물 한 모금 마시기 어려울 정도였다고 심정을 말했다. 생각지도 못한 그림을 앞에 두고 어머니는 그저 담배만 연거푸 피우며 답답함을 달랬다.

학예관 이인범

4월 2일, 국립현대미술관 소장품관리 담당 학예관 이인범 씨가 「미인도」 그림을 돌려받으러 어머니를 찾았다. 어머니를 만나지 못하자 서울대학교 마크가 들어간 편지지에 다음과 같은 편지를 남겼다. 편지 내용을 보면 알 수 있듯이 국립현대미술관이 처음부터 「미인도」를 진품이라고 주장한 것은 아니었다.

어제 저희 직원이 갖고 온 작품은 저희가 적법한 절차를 밟아 처리하게 됩니다. 무엇보다도 선생님께서 귀한 시간 내시어 감정을 해주신 것을 어떻게 감사드려야 할지 모르겠습니다. 불행하게도 이 위작 작품을 저희가 갖게 된 것은 80년도였고 기증이나 구입에 의한 방법이 아니라 정부 재산 관리 차원에서 타 기관에서 미술품은 미술관으로 이관 관리케 하는 조처에 의해서였고, 그 과정에서 평론가, 전문가들의 심의 과정이 없었습니다.

미술관 역사가 아직 일천하고, 미술전공자가 미술관에 근무하게된 것도 최근 일입니다. 이제 이러한 일들은 하나하나 바루어지리라 저

「청춘의 문」, 145×89cm, 화선지 화판에 진채, 1968년.
1985년경 국립현대미술관 김세중 관장이 '미술관에 천 선생의 작품이 하나도 없어서야 되겠느냐'며 구입한 작품으로, 국립현대미술관에서 유일하게 소장하고 있는 어머니 작품.

도 생각합니다.

존경하는 선생님,
저도 이제 막 출발한 것이나 다름없는 미술관에, 대학에서는 회화를 전공하고, 대학원에서 미학을 전공하여 근무하게 되어 ……
(중략)
문제의 작품은 기왕에 장부에 등록되어진 것이므로 이를 취소하는 일조차 까다로운 절차를 거치게 됩니다. 어찌됐든 정부재산이어서 이를 폐기하는 일 역시 까다롭습니다.
선생님의 명예를 훼손시킴이 없도록 이일엔 후배로서 열심을 다하겠습니다.
이만 사무실로 물러가 기다리겠습니다. 선생님의 선처를.

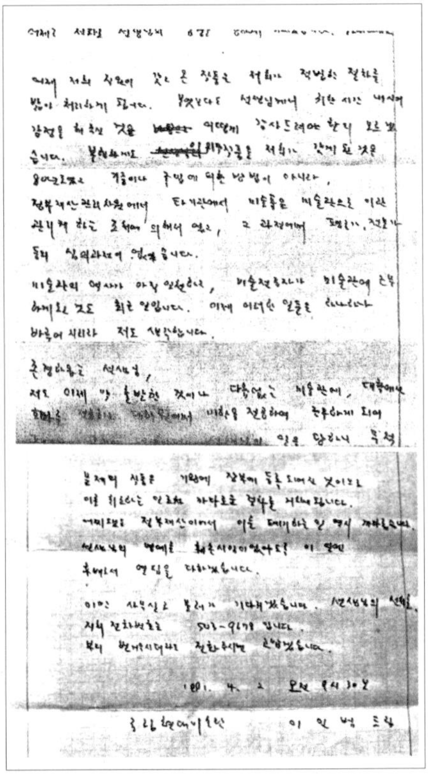

국립현대미술관 학예관 이인범 씨의 자필 편지

1991년. 4. 2. 국립현대미술관 이인범 드림

나와 통화할 당시까지도 어머니는 그림을 국립현대미술관에 돌려주지 않고 보관하고 있는 중이라고 했다. 워싱턴에 있던 우리 부부는 어머니한테 「미인도」라 불리는 그림은 국립현대미술관의 재산이니 돌려주는 게 좋겠다고 말했다. 이에 어머니는 돌려줄 수 없다고 했는데 결과적으로 어머니의 판단이 옳았다. 그림이 국립현대미술관으로 돌아간 후 모든 사태는 걷잡을 수 없는 방향으로 선회하고 말았다.

진품임을 증명하지 못하면 7명의 목을 치겠다

"그때 돌려주는 게 아닌데 그랬어요. '내께 아니니까 폐기해 버린다.'고 했어야 했는데……."

어머니와 오랜 친분을 가졌던 김성환 화백의 말이다. 《조선일보》에 시사만화 '고바우'를 연재하던 김 화백의 말은 2016년 2월 「SBS 스페셜 : 소문과 거짓말」에서 방송됐다.

'움직이는 미술관'은 미술품의 대중화를 위해 당시 이어령 문화공보부 장관의 아이디어에서 시작된 행사였다. 이어령 장관은 자타가 공인하는 문필가이자 사상가이다. 「미인도」가 포스터로 제작되고 팔리면서 '위작 미인도 사건'이 불거져 나오자, 이어령 장관은 소속 직원들에게 "너희가 이걸 진품이라고 했으니 진품을 증명하지 못하면 7명의 목을 치겠다."고 말한 것을 김 화백이 당시 고위관료한테서 들었다고 말했다.

4월 4일, 조간신문에는 '국립현대미술관 가짜 모른 채 소장'(≪조선일보≫), '국립현대미술관 위작 전시'(≪한국일보≫) 등 크게 헤드라인을 쓴 기사들이 실렸다. 국립현대미술관의 발 빠른 행보가 시작됐다. 국립현대미술관 학예실장 유준상, 과학보존실장 강정식, 전시과장 이상열 세 사람이 액자 하나를 갖고 어머니가 사는 아파트에 들이닥쳤다. 그들은 오리지널 액자라며 어머니 앞에서 액자 안에 미인도 그림을 넣어 보여주었다. 어머니는 "뭔 쇼같이 하데요."라며 이때 상황을 표현하였다. 어머니는 「미인도」를 두고 "이 그림은 가짜다. 내가 그린 그림이 아니다."라고 직원들에게 재차 강조했다.

직원들은 "이 그림은 미술관의 것이니 가져가겠다"고 했다. 직원들이 「미인도」를 챙기면서 어머니에게 안료 샘플을 요구했다. 성분 검사를 한다기에 어머니는 호분*과 또다른 흰색 안료를 주면서 "할 때까지 해보세요!"라고 응수했다고 한다.

당시 67세로 왕성한 활동을 하던 작가의 말은 묵살하고, 국립현대미술관은 한국화랑협회에 공식적으로 「미인도」 감정을 의뢰했다. 미술사에 유래 없는 희극이 시작되었다. 한국화랑협회는 1976년 서울에 있는 12개 화랑경영자들의 친목 도모와 공동이익 증진을 위해 만들어진 친목단체로 문화공보부 산하 사회단체로 등록되어 있었다. 감정위원회는 협회 아래에 있는 자문 기구였다. 위작 미인도 사건 직후 1991년 5월 1일에 한국화랑협회는 문화공보부 승인 사단법인으로 승격되었다.

이 무렵에 2가지 거짓말이 퍼져나갔다. 하나는, 당시 어머니의 전속 표구사였던 동산방이 그림액자에 일일이 일련번호를 부여하는데, 천경자 화백이 직접 가서 「미인도」 액자를 맡겼고, 이 근거로 「미인도」 액자에 '126'이라는 동산방 화방의 표구대장 일련번호(표구대장번호 126, 뼈대번호 21250)가 있다고 했다. 다른 하나는, 국립현대미술관 측에서 액자를 갈아 끼워 그림을 보여주었더니 '천경자 화백이 진품임을 인정했다'는 것이다.

하지만 이 둘은 사실이 아님이 곧 드러났다. 미인도 액자에 동산방 표구 대장번호나 일련번호가 없다는 것은 이미 1991년 동산방 대표 박주환의 양심 선언으로 밝혀졌다(KBS 이정옥 기자 취재). 그런데 이 일련번호설은 그 후로도 심지어 2016년까지 미인도 진품 주장자들에 의해 끊임없이 재활용되었다.

* 호분 : 조갯가루를 빻아 만든 흰색 안료로 동양화에서 가장 흔히 사용하며 주성분은 칼슘이다.

어떻든 공무원들에게 유리하게 결론이 나야한다며…

김성환 화백이 전화를 했다. 때마침 내가 받았더니, 사건이 확대만 되고 있으니 국립현대미술관 담당자를 직접 만나서 대화해 보는 게 어떻겠느냐는 의견을 전했다. 정중헌 스포츠조선 문화연예부장을 통해 국립현대미술관 유준상 학예실장과 만나 실마리를 풀어 보는 것이 어떻겠느냐는 것이었다. 어머니는 펄쩍 뛰었다. 하지만 나와 동생은 한번 만나보는 게 좋겠다고 생각해 미팅을 잡았다. 4월 9일 아침에 코리아나호텔에서 만나기로 했다.

정중헌 부장, 유준상 학예실장, 나와 동생 종우가 미팅 장소에 나왔다. 물론 어머니는 참석하지 않았다. 정중헌 부장은 '김', '유'가 뭐라 그랬다는 식으로 기록해 나갔다. 유준상 실장은 이야기하는 방식이 상당히 고답적이었다. 내가 "미술관 쪽에 유리하니…….."라고 했더니 그런 말은 경제학적 용어라는 등의 주를 달았다. 말에 무슨 무슨 '적'을 많이 붙여 사용했다. 10시 반에 만나서 약 2시간 정도 이야기가 계속되었다.

우리는 사건을 방관하느니 그림을 폐기하는 선에서 마무리 지으면 어떻겠느냐고 제의했다. 유준상 실장은 관료들이 개입되어 있어서 이 사건을 대화로는 끝낼 수 없다고 했다. '세 사람(유준상, 이경성, 박래경 학예관)은 매일 아침 이 일을 어떻게 하지' 하면서 고민하는데, 전시과장 같은 사람들은 미술과 관계가 멀고 30년 이상 관리직만 해왔기 때문에 그림이 가짜라거나 소각되거나 중간에서 끝나면 모가지가 날아간다고 했다. 게다가 이들은 쫓겨나면 다른 곳에서 아무 일도 할 수가 없는 사람들이고, 관료가 개입돼 있기 때문에 폐기는 불가능하다고 말했다.

유준상 실장은 4월 3일에 어머니를 방문했던 기억을 떠올렸다. 어머니가 "진작 오시지 그랬습니까."라고 하니 동행했던 관료 한 사람이 "진작 왔으면 진품인가?"라며 말꼬리를 잡았다고 했다. 또 액자를 바꿔 그림을 보여주자 어머니가 "조금 나아 보인다."라고 말했더니 관료들은 "똑같은 걸 다르다고 이야기한다."라며 일일이 반박했다고 한다.

당시 어머니는 유준상 실장은 미술평론가이고 안면이 있어서 말이 통할 것 같은 사람으로 보인 반면, 다른 사람들과는 전혀 대화가 되지 않았다고 했다. 이러한 상황이 지속되면 곤란하므로 유준상 실장은 자기 선에서 막아 보려고 노력했다고 한다. 그런데 더는 지저분할 수 없을 만큼 치졸한 상황에 치달아 있었고 거짓말의 정점에 유준상 실장이 있었을 것이라는 합리적인 의심이 후에 들었다.

유준상 실장은 미인도 포스터를 기획하고 인쇄하는 과정에서 어머니에게 사전 협의나 통보가 없었다는 점을 인정했다. 어머니가 순수한 예술가라는 점을 강조하면서 이러한 모습을 이해할 수 있는 것은 자신뿐이라고 했다. 국립현대미술관 관료들은 그것을 이해는 커녕 악용한다고도 했다.

그런 한편, 국립현대미술관과 화랑계는 '작가가 연로해서 착각하고 있다'는 소문과 말들을 퍼뜨리고 있었다. 당시 어머니는 예술원 회원 가운데 아주 젊은 사람에 속했다. 미팅 전날 유경채 예술원장은 '국립현대미술관이 어떻게 그런 식으로 말할 수 있느냐'며 흥분해서 어머니한테 전화했다.

나는 언론 보도와 어제 일을 떠올리며 유준상 실장에게 국립현대미술관 측에서 작가가 연로해서 자기 그림도 못 알아본다는 거짓말이 나와 예술원 원로작가들도 분개하고 있다고 지적했다. 유준상 실장은 국립현대미술관에서는 그런 말을 유포한 적이 없다고 부인했다. 그러나 유 실장의 말은 거짓이었다.

「SBS 스페셜」에서 이정옥 씨(당시 KBS 기자)는 국립현대미술관 어느 학예관이 손가락으로 머리 옆에 달팽이를 그려 보이며 '작가가 이상하다'고 말했다고 증언했다. 이정옥 기자는 2016년 방영된 「SBS 스페셜」에서 "만약 작가가 불안정했으면 자신의 인터뷰를 뉴스에 내보내겠냐"고 말했다.

2016년 여름에 김종근 평론가를 만났는데 그는 위작 미인도 사건에 관해 누구보다 먼저 겪은 분이다. 김 선생은 어느 수필가에게서도 그런 감수성을 본 적이 없다며 어머니가 쓴 편지를 공개했다. 어머니는 "제 건강에 이상이 없는 한 앞으로 더욱 차원이 다른 작품 세계를 염원하면서 노력하고 작품들을 위해 남은 생명을 불태워 갈 각오입니다."라고 편지를 맺었다.

김종근 선생은 「미인도」 관련 탐사프로그램들에서 그 당시 곁에서 본 어머니의 좌절을 자세히 술회했고, 또 어머니가 정신이 흐렸다는 중상모략에 대해서는 "만약 그런 상태였다면 어떻게 그런 분이 이런 편지를 쓰실 수 있어요?"하고 기가 막힌다는 듯 반박했다.

조력자들

국립현대미술관과 한국화랑협회의 관계는 흔히 말하는 갑을 관계였다. 국립현대미술관은 보통 1년에 수억씩 써서 화랑들을 통해 그림을 사들이므로 이들의 관계는 결코 수평일 수 없다.

국립현대미술관의 「미인도」 감정를 수락한 한국화랑협회는 졸속으로 감정위원들을 선정하고 감정에 착수했다. 감정위원들을 선정하는데 송향선 위원이 주된 역할을 맡았다. 공창호 공화랑 대표를 비롯해 송향선 위원이 보여준 그림(미인도)을 가짜라고 말했던 사람들은 배제시켰다. 그래서 감정위원은 송향선(가람화랑 대표), 박주환(동산방 대표), 권상릉(조선화랑 대표), 박명자(현대화랑 대표), 노승진(노화랑 대표), 임명식(대림화랑 대표), 이구열(미술평론가), 이영찬(산수화가), 송영방(산수화가) 이렇게 9명으로 구성됐다.

한국화랑협회가 감정을 맡는다는데 대해서 파열음은 있었다. 최근 검찰 조사에서 이구열 평론가는 당시에 "국립현대미술관이 장사꾼에게 감정을 맡기는 것은 옳지 않다."는 의견을 내었으나, 김창실 한국화랑협회장이 "이경성 관장을 도와야 한다."는 말을 했다고 증언했다. 송영방 화가는 "우연히 인사동길을 걷다가 불려 들어가서 감정위원이 되긴 했으나 채색화가가 아니라서 잘 모른다."라고 말했으나 그의 의견은 반영되지 않았다고 했다. 마음속으로는 그림 속 나비가 이상하다고 생각했지만 "표구했다는 사람이 있어서 그림이 진품이라는 쪽으로 분위기가 흘러갔다."는 등 당시 상황을 증언해 주었다.

열혈기자 이정옥

1991년 4월 8일, 마중 나온 동생과 함께 어머니 집에 도착하자마자 KBS에서 9시 뉴스가 나왔다. 어머니의 인터뷰 내용뿐만 아니라 국립현대미술관의 수장고가 자물쇠와 체인으로 잠겨있는 모습, 경비원이 카메라를 손바닥으로 가로막으며 취재를 방해하는 장면 등 위작 미인도 사건이 상세하게 보도되고 있었다.

어머니는 인터뷰를 통해 미인도가 위작임을 설명했다. "힘이 없는 듯한 눈, 벙벙하게 그려진 코, 머리에 꽃도 조잡하다."며 자신의 화법과는 다르다고 명확히 말했다. 그리고 '1977' 중 '7'자의 필체도 어머니의 것과 다르다고 했다. "무척 엉성한 그림이라 국립현대미술관 관계자에게 「미인도」가 위작임을 악을 쓰다시피 말했다."고 인터뷰했다.

집으로 밀려드는 매스컴의 통제를 맡고 있던 동생은 KBS의 이정옥 기자가 다른 기자들과는 달랐다고 전했다. 그 기자는 사건의 배경을 모두 공부하고 왔음이 역력했다는 것이다. 이정옥 기자는 "국립현대미술관 측에 취재하고 왔으니 천 선생님께서도 말씀해

주셔야 균형 잡힌 기사를 내보낼 수 있다."면서 어머니를 설득했다고 한다.

이 기자는 경제부에 출입하고 있었는데, 보도국 문화부로 발령받은 지 단 하루만에 '위작 미인도 사건'이 발생했다고 했다. 그 점이 문제를 객관적으로 볼 수 있게 했던 것 같다. 한국화랑협회의 감정 발표나 국립현대미술관의 중간 발표 내용이 논리적으로 앞뒤가 맞지 않는데도 기자들은 대부분 조용했고 질문 세례를 퍼부은 기자는 이정옥 기자가 유일했다.

거짓에 거짓이 더해지고

4월 10일 밤 한국화랑협회 대표단 4명이 어머니를 방문했다. 송향선 가람화랑 대표, 박명자 현대화랑 대표, 박주환 동산방 대표 그리고 허성일 한국화랑협회 사무국장이었다. 감정 결과 발표 전에 '작가 선생님의 의견을 한 번 더 듣기 위해' 어머니를 찾아왔다고 했다. 박주환 대표와 박명자 대표가 이야기를 시작했고 나머지 두 사람은 말 한마디 없이 앉아 있었다.

동산방의 박주환 대표는 "자신들도 어쩔 수 없이 이런 상황에 내몰리게 되었다"고 운을 떼었다. 동산방은 솜씨 있는 표구사로 화방을 오랫동안 운영하다가 화랑을 열었다. 어머니가 "동산방 액자의 일련번호라는 것은 또 뭐예요?"하고 캐물었다. 박주환 대표는 머리를 조아리며 이같이 대답했다.

"선생님, 일련번호는 없습니다. 액자틀 안에 갈겨쓴 숫자는 목공소에서 짝을 맞출 때 편리하게 목공들이 써놓은 숫자일 뿐이지 일련번호가 아닙니다. 만약 일련번호라면 뒤를 마감한 후에 종이 위에 붙이지 왜 속에 있는 나무틀에다 연필로 적어 놓겠습니까?"

어머니는 "마고자 무늬 같은 천은 또 뭐요? 내가 그런 감을 안 쓴다는 것쯤은 박 사장이 누구보다 더 잘 알잖아요."라고 했다. 박주환 대표는 아무 말도 하지 못했다.

어머니가 쓰던 동양화 액자는 테두리 틀과 그림 사이에 4~5cm 정도 폭으로 비단을 두른다. 서양화 액자로 비유하면 매트가 들어가는 것이다. 동산방이 하던 어머니 그림의 표구는 비단 테두리 안에 화판을 끼우고 그 위에 유리를 얹는 방법이었다.

4월 16일 MBC「피디수첩」은 어머니 화실 벽을 카메라로 훑으며 그림들을 좌우로 보여주었다. 화실에는「내 슬픈 전설의 22페이지」등 1977년도 작품 여럿을 비롯해 동시대 그림들이 액자 되어 걸려 있었다. 액자 모두 진한 단색의 민무늬 비단이 사용되었다. 그뿐만 아니라 당시 사진들을 면밀히 보면 어머니의 액자에는 변함없이 짙은 감색이나 밤색 무지를 사용했음을 알 수 있다. 상식적으로 생각해도 어머니 그림처럼 색이 화려한 현대화에 '마고자' 같은 무늬가 들어간 촌스러운 비단은 쓸 수가 없다.

이어서 박명자 대표는 어머니에게 "선생님,「인도의 무희」에 대해 번복하셨다는 게 사실이에요?"하고 물었다. 어머니는 '그게 무슨 소리냐'며 펄쩍뛰었다. 박명자 대표는 경악하며 "그런데 그런 소문이 감정위원들한테 퍼졌어요."라고 했다.《한국경제》에 그런 보도가 나서 그 내용이 모두 전해졌다는 것이다.

1991년 4월 5일 자《한국경제》박성희 기자가 쓴 기사는 '위작 미인도 사건 직전에 발생한「인도의 무희」가짜 사건에 관해 어머니가 위작이라고 한 것을 번복했다고 알려져 씁쓸하다'는 내용이었다. 이런 허위 정보가 어디서 흘러 들어갔는지는 짐작이 갔다. 어머니는 그 기자와 일면식도 없고 통화를 한 적도 없다고 말했다. 동그란 얼굴에 쌍꺼풀이 진 박명자 대표의 낯빛이 핏기를 잃는 것 같았다.

마침 내가 타고 왔던 대한항공 여객기에는 4월 7일 자《한국경제》가 비치되어 있었다. 나는 우연히 그 신문에서 한국화랑협회 김창실회장이 쓴 여성 칼럼을 읽게 되었다.

'흰머리 휘날리며 일평생 한국 미술에 바쳐 오신 이경성 관장님께 누가 되지 않기를 두 손 모아 빌며, 이 사건이 작가의 착각에 의한 …… 진품으로 판명나기를 ……두 손 모아 빈다.'

「미인도」가 반드시 진품으로 판명되어 이경성 관장에게 누가 되지 않기를 바란다는 지극히 편파적인 내용이었다.

그때는 이미 김창실 회장이 국립현대미술관의 요청으로「미인도」감정을 수락하고 1차 감정 회의를 연 후였다. 작가가 시퍼렇게 살아 건강하게 활동하고 있음에도 그림 감정을 한국화랑협회에 맡긴 것도 기가 찰 노릇인데, 아직 감정이 한창 진행되는 상황에서 김창실 회장은 아부성 짙은 글을 신문에 실은 것이다.

박명자 현대화랑 대표는 '중립적인 위치에 서야 할 한국화랑협회

동산방이 표구했다는 미인도 액자에는 무늬가 있는 누런 천이 사용된 반면, 1977~1981년 사이 작품들은 모두 진한 무지 천을 액자에 사용했다.

회장이 그런 글을 쓰다니 자기들도 너무 창피하다'면서 흥분했다. 박명자는 감정위원회 대표단이 어머니를 방문한 바로 다음날 즉시 감정위원직에서 사퇴했다.

왜곡으로 얼룩진 감정 발표

4월 11일 한국화랑협회는 「미인도」 감정 결과를 발표하였다. 박명자 대표와 다른 한 사람이 감정위원에서 사퇴하면서 최종 감정위원은 7명이었다. 감정 결과를 발표한 한국화랑협회의 문건은 반 페이지에 불과했다. 어떤 근거로 「미인도」를 진품이라고 규정했는지 구체적인 이유도 기록하지 않았다.

4월 4일, 10일, 11일, 3차에 걸쳐 신중히 심의한 바 본 한국화랑협회 감정위원회 전원은 최종적으로 이 작품을 진품으로 의견이 모아졌음을 확인합니다.
그러나 작가 천경자 선생은 이 작품이 절대적으로 위작임을 주장하고 있음을 본 한국화랑협회가 공식으로 확인하였습니다. 이를 아울러 밝힙니다.
따라서 우리의 감정 결론은 한계가 있음을 인정합니다.
앞으로 천경자 선생의 명예에 손상이 없게 확증적인 위작 경위가 밝혀질 수 있다면 본 감정위원회는 그를 받아들일 것입니다.

감정 결과 발표는 김창실 회장이 직접 했다. 그는 '만~장일치로 「미인도」가 진품이라는 의견을 내렸다'며 감정위원들의 의견서를 발표하는데 그치지 않고 다음과 같은 내용으로 장황한 기자회견을 했다. 어머니의 말을 심히 왜곡하고 진실을 조작해 꿰어 맞춘 발표는 한국 미술계의 수치요 국민에 대한 우롱이었다.

"천 화백은 하얀 꽃을 그린 적이 없다고 했는데 (도록 사진을 가리키며) 여기도 있고 저기도 있지 않으냐."

어머니가 인터뷰에서 "나는 꽃을 이렇게 덕지덕지 그리지 않는다"고 표현 기법에 대해 말한 것을 임의로 완전 왜곡한 것이다.

"천 화백은 검은 머리를 그리지 않는다고 했는데……."

어머니가 인터뷰에서 "나는 검정머리를 칠할 때도 엉뚱한 색, 황토색 같은 것을 먼저 칠한 후 점점 검은색을 낸다."고 말한 것을 자기 마음 대로 해석했다.

"천 화백은 어깨에 나비를 그리지 않는다고 했는데 (그림 '고'를 가리키며) 여기도 있다."

어머니가 "내가 오 씨(당시 중앙정보부 대구 분실장)에게 준 그림은 아주 작은 2호짜리여서 어깨에 나비를 그리지 않았을 것으로 생각한다."는 말 역시 임의로 바꾼 억지이다.

한국화랑협회의 감정 발표 다음 날 김창실 씨는 회장직에서 물러나는 모양새를 취했다. '존경하는 작가 선생님의 마음을 아프게 해드린 것'이 표면상의 이유였지만, 한국화랑협회가 중립적이지 못했다는 일부 회원들의 반발이 있었기 때문이었다. 그러나 손으로 하늘을 가리듯 그는 곧 사퇴를 철회하고 다시 회장직을 이어갔다. 이후 김창실 회장이 운영하는 선화랑은 승승장구하며 인사동을 대표하는 화랑으로 커갔다.

김창실 회장과 이경성 관장은 어떤 관계일까? 수십 년 동안 평론가로 또 교수로 활동해 온 이경성 관장은 명실공히 미술계 권력 구조의 정점에 있는 사람이었다. 수많은 전시회 안내 도록과 팜플릿에는 그의 주례사 식 평이 맨 앞에 실렸다. 반면에 김창실 회장은 약대 출신의 가정 주부였다. 그림 수집에 취미가 있어 어머니를 찾아가 몇 번씩이나 그림을 달라고 부탁했다. 그 결과 어머니와 인연을 맺게 되었고 이를 디딤돌로 선화랑을 키워나갔다. 「장미와 여인」도 선화랑이 구입했던 작품이다. 이경성 관장은 김창실 회장에게 '선'이라는 화랑 이름을 지어주었고, 선화랑의 고문으로 오래 활동하였다.

진실과 거짓이 뒤섞인 직소퍼즐

한국화랑협회가 감정 결과를 발표한 날, KBS 이정옥 기자가 우리 집에 취재하러 왔다. 이 기자는 나에게 "좀 더 진실을 말해줄 수 있는…….”이라며 운을 뗐다. 나는 이정옥 기자에게 한국화랑협회 대표단 4명이 어머니를 방문하여 나눈 대화 내용을 전했다.

이정옥 기자는 한국화랑협회가 미인도 진품 판정을 내린 다음 날 아침에 동산방 박주환 대표를 찾아가 단독 인터뷰를 했다. 일련번호설을 추궁했다. 박주환 대표는 카메라 앞에서 "일련번호라는 것은 없습니다."라고 실토했다. 자신은 국립현대미술관과 한국화랑협회 감정위원회에도 이 같은 사실을 알렸다고 했다.

감정위원들은 화가 당사자와 국립현대미술관 사이에서 난처하여 아주 함축적인 감정보고서를 작성했는데, 김창실 회장이 보고서 내용 이외의 것을 장황하게 덧붙인 것은 잘못이라고 했다. 그러면서 김창실 회장이 일련번호 운운했던 것은 잘못된 일임을 지적하며 불만을 표했다.

이 인터뷰에서 박주환이 밝힌 또 하나의 중요한 사실은 본인이

「미인도」의 표구를 한 것은 맞지만 10여년 전 누가 그 그림의 표구를 맡기러 왔는지는 알 수 없는 일이라고 명확히 증언했다.

이날 오후 국립현대미술관 이경성 관장은 중간 발표 명분으로 기자회견을 열었다. 위작 미인도 사건에 관하여 형식적인 사과 인사를 전하고 국립현대미술관 측의 입장을 발표하였다. 대강의 내용은 이렇다.

- 동산방 화랑은 제작방식 및 형태를 들어 그림의 액자가 동산방 화랑의 제작품임을 확인하였다.
- 현미경 촬영에 의한 희구층 안료 입자 및 화면 확대 조사 분석 결과 이 작품에 사용된 안료는 천경자 씨의 다른 작품들에 사용된 것과 일치한다.(다만, 이러한 안료는 다른 작도 사용할 수 있음)
- 한국화랑협회의 감정위원회에 감정 의뢰한바, 동 위원회는 1991년 4월 11일(목) 일자로 '진품'이라는 결정을 내렸다.
- (국립과학수사연구소와 한국과학기술원에 의뢰한) 필적 감정과 안료 시험 결과는 시일을 요구하는 일이므로 그 결과가 판명되는 대로 추후 발표할 계획이다.
- 만약 위작으로 판명 날 경우 미술관은 이와 관련한 어떤 책임도 감수할 것임을 명백히 밝혀 두며 그 결과가 어떠하든 작가에게 불이익한 일이 일어나지 않게 되기를 바란다.

기자회견 중 이정옥 기자는 이경성 관장에게 직격탄 질문을 날렸다.

"국립현대미술관 측에서 천 화백이 입장을 번복해 진품이라고 인정했다는 이야기가 흘러나오고 있는데 그것이 사실인가요?"

이경성 관장은 자리에 배석한 유준상 학예실장에게 확인까지 하며 답변했다.

"유 실장, 유 실장이 다녀왔지? 액자를 갈아 끼우고 보여드리니까 좀 미끄러워 보인다고 했나?"

"좀 매끄러워 보인다고 하셨습니다."

그러고는 이경성 관장은 "좀 매끄러워 보인다고 했지 시인한 게 아니야."라고 말했다. 액자를 갈아끼워 보여주었을 때 그 자리에 있었고, 어머니가 "좀 매끄러워 보인다"고 말했을 뿐임을 확인했던 유준상 실장은 '액자를 갈아 끼우니 「미인도」가 진품이라고 번복했다'는 소문을 끈질지게 유포한 장본인으로 추정된다. 그러나 2016년에 방송된 「SBS 스페셜」에서 자신은 어머니를 방문한 적도 없다고 말을 바꿨다.

국립현대미술관이 2009년에 작성한 보고서에는, '천 씨의 표구를 일임받아 온 모 화랑이 액자에다 일련번호를 기재하고 근거까지 남겨놓았다.'며 「미인도」가 가짜일 가능성이 없는 이유로 들고 있었다. 근거는커녕 일련번호라는 것 자체가 존재하지 않았는데도 말이다.

"누가 맡기고 어디로 배송되었는가까지 적혀있다"는 이 일련번호설은 끊임없이 회자되어, 2015년과 2016년에도 거론되었다. 그러나 검찰의 수사 결과 액자 속틀에 있는 123, 134라는 숫자는 당시에 사용하던 1자 2치 3푼의 척관법에 따른 표시였음이 밝혀졌다.

애당초 거론됐던 126이라는 숫자는 아예 없었다.

동산방 대표 박주환 씨의 아들로 아버지를 이어 동산방을 운영해왔고, 최근까지 한국화랑협회장을 지낸 박우홍 씨는 아버지를 모시고 참석한 검찰 참고인 조사에서 아주 중요한 발언을 한다. 젊어서부터 아버지를 도와 표구사 일을 해온 그는「미인도」화판의 옆을 만져 보면서, "이거는 처음 종이에 그림을 그린 다음에 나중에 틀 위에 씌운 건데요."라는 전문가적 견해를 밝힌다.

만약 그것이 사실이라면 이는 미인도가 위작이라는 또 하나의 명백한 증거가 된다. 왜냐하면 어머니는 인물화를 포함한 본격적인 진채 작품은 모두 배접화선지를 틀에 씌워 제작한 화판 위에 그렸기 때문이다. 이 점은 동산방 박주환 대표도 진술한 사실이다. 어머니는 그림을 워낙 두텁게 오래 그리기 때문에 나무틀로 제작된 화판위에 그렸다고 그는 증언했다. 그는 어머니가 직접 화선지를 가지고 와 동산방에 화판 제작을 맡겼고, 한꺼번에 열개 정도씩을 주문했다고 기억했다. 이점은 동시대 작품들의 화판 옆을 조사만 해봐도 쉽게 알 수 있는 일이다. 또 어머니의 화실 사진만 봐도 두께가 있는 화판위에 그림을 그리고 있는 것을 목격할 수 있다. 뤼미에르광학연구소의 검증 당시 공동 변호인단은「미인도」에 가까이 접근하지 못하도록 철저한 통제를 받았다. 화판을 제대로 검증하지 못한 것이 몹시 아쉽다.

망망대해 우주에 홀로 선 심정

이정옥 기자는 후속 보도를 내보내지 못했다. 당시 문화부장과 자신은 취재한 내용을 뉴스로 내려고 했으나 위에서 "노망난 노인네"라는데 뭘 자꾸 내보내려고 해.라며 막았다고 했다. 이 기자가 다시 기사를 쓰게 된 것은 어머니의 출국 소식 때문이었다.

4월 16일 어머니, 언니 그리고 나는 나란히 뉴욕행 대한항공 여객기에 몸을 실었다. 제대로 싸워보지도 못하고 미국행 비행기에 오르게 되어 나의 우울함은 컸다. 《조선일보》가 어머니의 입장을 충분히 밝힐 수 있도록 전면 기사를 싣겠다는 제의까지 했음에도 거절하고 떠나는 것이 못내 안타까웠다.

사실 어머니는 '영화 에일리언에서 여주인공 시고니 위버가 망망대해 우주에서 홀로 우주선을 몰고 가는 그런 심정이다.'라는 말로 원고를 시작하고 있었다. 그러나 언니가 이를 극구 말렸다. 어머니가 원고를 쓰면 언니 자신은 어떤 극한 행동을 저지를지 모른다고까지 했다. '정부와 싸우면 어머니만 다친다.'라며. 일단 어머니가 쉬면서 건강을 회복하는 게 더 중요하다는 생각에서 그랬던 것 같다. 어머니와 나는 끝까지 간다고 버텼지만, 큰 딸의 막무가내 호소에 어머니는 지고 말았다.

세 사람은 일반석 앞쪽에 앉았다. 비행기 출발을 기다리며 앉아 있는데 카메라맨이 기내로 들어와 우리 앞에서 발걸음을 멈췄다. 연한 꽃무늬 린넨 자켓을 입고 머리를 뒤로 묶은 어머니는 기자에게 다음과 같은 말씀을 남겼다.

"뽀얀 안개 같은 것이 걷히면은, 사필귀정, 모든 진실이 밝혀지리라고 생각합니다."

후에 인터뷰 영상을 보니 어머니는 점잖고 부드러운 표정인 반면 나는 불쾌한 기색을 드러낸 젊은 얼굴이었다.

그날 밤 「KBS 뉴스」에서는 어머니가 미국으로 출국했다는 내용과 국립과학수사연구소와 한국과학기술원(KIST) 측에서 '필체와 시료 분석만으로 감정은 불가능하다'는 결과를 국립현대미술관에 통보했다는 내용을 보도했다. 하지만 필체와 시료 분석에 관하여 판정 결과가 나오면 입장을 발표하겠다던 국립현대미술관은 약속을 지키지 않았다.

뉴욕 JFK공항에 나란히 세 모녀가 내렸다. 공항 바깥으로 나오니 교포 신문의 기자가 마이크를 들고 대기하고 있었다. 기자는 하필 선글라스를 쓴 3명 가운데 제일 젊은 나에게 "천 선생님이시죠?"라고 말을 건넸다. 나는 태연히 "아닌데요."라며 빠져 나왔다.

어머니는 뉴욕에 있는 언니 집으로 가고, 나는 워싱턴으로 돌아왔다. 남편은 어머니에게 워싱턴이나 뉴욕에 쉬었다가 미국에서 작품을 하시는 게 어떻겠냐고 제안했다. 그러나 어머니는 아무래도 곧 한국으로 돌아가야 할 것 같아서 장기 체류는 어렵다고 내다봤다. 그러고는 우리에게 이렇게 말했다.

"「미인도」 일로 너무 애 끓이지 말아라. 아마도 나한테 일을 더 열심히 하라고 이런 일이 생겼나 보다."

13가지 거짓말

허위사실이라는 것은 단어들의 앞과 뒤가 배치되는, 영어로는 oxymoron이라는 모순 어법의 단어이다. 우리가 어릴 때 장난하고 놀았던 가짜 뉴스 게임에 나오는 '비 오는 달밤' 같은 것이랄까.

그로부터 26년이 지난 2017년 5월 24일, 나는 정준모 씨의 허위사실 유포로 인한 사자명예훼손 건으로 재판정에 출석하였다. 피해자 진술을 하기 위해서였다. 재판정에 들어가기 전, 밖에서 한국화랑협회 감정위원장 송향선을 보았다. 뉴스기사 사진으로 본 적이 있어 얼른 알아볼 수 있었다. 정준모 씨를 응원하러 나온 한국화랑협회 사람이자 위작 미인도 사건의 연결고리를 푸는 열쇠를 쥐고 있을 것으로 판단되는 사람이지만 재판정이 어느 방인지 몰라 찾고 있는 듯하여 내가 알려주었다. 그저 본능적인 친절이 이유였다. 도대체 어떤 사람이기에 그렇게 오랫동안 감정계의 최고 권력자로 군림할 수 있었으며, 많은 논란에도 철통같이 버티고 있는지 말을 걸어보고 싶다는 생각도 들었는지 모른다.

검찰 수사 당시 내가 만났던 검사들과는 다른 아주 젊은 검사가 연이은 사건들의 공판에 다소 피곤한 얼굴로 자리에 앉아 있었다. 그 맞은편에 정준모 씨와 그의 변호인 두 명이 앉았다. 정준모 씨는 약간 상기된 얼굴로 눈을 감고 하늘을 쳐다보듯 턱을 든 자세를 재판 내내 유지했다. 그는 젊은 여자 변호사와 3, 40대로 보이는 남자 변호사를 대동했는데, 질문은 주로 남자 변호사가 했다.

증인은 정준모 씨의 기고문을 실었던 《시사저널》의 편집인이었다. 변호인은 '이제까지 기고문을 실어 사자명예훼손 소송 같은 문제가 있었느냐'라고 물었고, 편집인은 '없었다.'라고 대답했다. 두 번째는 '일일이 편집인이 이른바 사실 확인(팩트 체크)을 하나'라고 물었고, 증인은 '기고자의 전문분야 지식을 믿고 그러지 않는다.'라고 대답했다. 잠시 변호인이 증인을 변호하고 있는 건가하는 착각이 일게 하는 질문이었다.

검사의 질문들 중 특별히 기억나는 것은 없다. 멀리 떨어진 법대 위에 앉은 판사의 모습은 젊었으나 진중해 보였다.

나는 증인석에 앉아 선서하고, 젊은 판사의 눈을 보며 진술을 시작했다. 그 판사가 정의로운 판단을 내려줄 것이라는 희망이나 기대를 하기에는 그간의 여정이 너무 길었다. 나는 고소인 진술을 허락해 준 재판부에 감사하고 진술서를 읽어 내려갔다. 읽어내려 갈수록 내 목소리는 점점 떨려 나왔으나 때로는 의연한 어조를 띄우기도 했다.

고소인 진술서

저는 돌아가신 천경자 화백의 둘째딸 김정희입니다. 미국 메릴랜드 주에 거주하고 있고, 직업은 몽고메리대학교의 미술과 교수로 17년째 근무하고 있습니다.
민주 사회는 누구든 개인의 의견을 얘기할 수 있는 표현의 자유가 보장된 사회입니다. 저는 어느 특정인이 '「미인도」가 진품이다'라고 자신의 미학적인 견해를 폈기 때문에 고소 고발한 것이 아닙니다. 저는 피고인이 허무맹랑한 허위사실 유포로, 거침없이 한 작가의 영혼과 인생을 짓밟은 범죄 행위들을 고발하는 것입니다.

저의 어머니 고(故) 천경자 화백은 어떠한 역경에도 붓을 놓지 않았던 타고난 예술가였습니다. 고은 시인은 천형(天刑)의 예술가라는 극적인 말로 표현하셨더군요.

천경자, 그는 누구인가
그는 그것 밖에 어떤 것도 될 수 없는 천형의 예술가다

어머니는 이십대 때에는 몰락한 집안의 가장으로, 스트렙토마이신

한 번 제대로 못 써보고 폐병으로 여동생을 잃는 불행과 가난 속에서도 그림을 그리면서 생의 의지를 확인했던 분입니다. 바로 그 시절에 여러분이 잘 아시는 어머니의 출세작 「생태」라는 35마리의 뱀이 얽혀있는 극사실주의 작품이 태어났습니다. 생을 위한 절규라고도 할 수 있겠죠. 물론 직접 눈으로 보고 사생해서 그린 그림입니다.
어머니는 제가 갓난이 때 홍익대학교 교수로 임명이 되셨고 점차 생활이 안정되면서 소위 인기작가가 되었습니다. 그림을 달라는 화랑이 많아졌지만, 돈을 위해 그림을 그리는 것이 아니었기 때문에 그림 파는 것을 참 싫어하셨던 작가였습니다.

어머니는 동양화단에서 오랜 세월 천대당했던 채색화를 고집해 한국화단에 독보적인 존재가 되었습니다. 1970년대 무렵부터는 작품의 완성도에 대한 집념이 더욱 강해져, "인물의 눈에서 광채가 날 때까지 그림을 그리다 보니, 한 작품에 수개월씩 시간이 걸린다."는 말씀을, 「미인도」가 그려졌다고 하는 1977년 바로 그해 초에 남기셨습니다.
위작 미인도 사건 당시 "내 자식을 몰라보는 엄마도 있느냐, 그림은 내 분신과 같다."라고 말씀하신 것은 결코 과장이 아닙니다. 그렇게 작가의 땀, 영혼, 철학이 녹아있기 때문에 사람들이 어머니 그림을 좋아하고 때로는 진한 슬픔을 느끼고 또는 삶의 용기를 얻는, 그런 감동을 하는 것이라고 생각합니다.

저는 피고인이 허무맹랑한 허위사실 유포로 한 진정한 예술가의 명예를 짓밟은 범죄 행위들을 고발합니다. 황당무계한 거짓을 조작해 언론을 통해 유포하고, 그런 거짓말들이 국회 공문서에까지 버젓이 기재되어 기정사실로 되고 있는 사태에 대해, 이것이 어머니나 제 개인의 문제가 아니라고 생각했습니다. 미약한 저나마 법의 심판을 구하지 않는다면, 앞으로도 수많은 예술가, 수많은 개인들이 그러한 언어폭력에 희생될 것이기 때문입니다.

공공연하게 허위사실을 유포해서 사람을 비방, 명예를 훼손할 경우 속칭 찌라시의 내용을 옮긴 일반 네티즌의 경우라 해도 중한 처벌을 받을 수 있다고 알고 있습니다. 연예인들에 대한 소문을 인터넷에 올렸다가 실형을 받는 것을 보았습니다. 하물며 피고인은 전문 분야의 석사학위까지 딸 정도로 교육받고, 얼마든지 사실을 확인할 수 있는 국립현대미술관의 학예실장으로 오랜 기간 공무원직을 수행한 사람입니다. 이른바 사회지도층 인사가 전혀 사실이 아닌 허위를 고의로 유포해서 한 예술가를 돌아가신 후에까지 비방하며, 어머니 천 화백 관련 허위사실 유포의 선봉에 서 온 데 대해 그에 상응하는 엄중한 처벌을 법이 규정한 대로 내려 주시기를 부탁합니다.

피고인은 어머니를 허위사실로 비방하는 비열한 방법으로 위작 「미인도」를 진품으로 몰아갔던 세력의 핵심에 있습니다. 거의 모든 거짓말이 그의 입을 거쳤거나, 그에 의해 공문서에 기재되었습니다. 아시다시피 국립현대미술관의 현 관계자들 중 국회에 허위보고서를 제출해 고소·고발 당한 사람들이 있습니다. 그들은 황당한 그들의 가짜 정보가 피고인 정준모에게서 들은 말이거나 아니면 피고인 정준모가 국립현대미술관 재직 시 작성했던 보고서들을 베낀 것이라고 검찰에서 밝혔습니다.

다음은 피고인이 끈질기게 유포해 온 허위사실들입니다.

검찰의 공소장에는 일부만 언급이 되었습니다만 피고인 정준모는 어머니가 돌아가신 후 2015년 11월《시사저널》에 두 차례 기고한 글과「뉴시스」와의 인터뷰 등에서 무려 십 수 가지의 치명적인 거짓을 유포하였습니다.

(중략)

어머니께서는 말년에 본인이 그렇게 아끼던 주요 작품 모두를 서울시에 기증했습니다. 금전으로 따지자면 헤아릴 수 없는 가치이고, 예술적·문화사적 가치로 볼 때도 천문학적인 자산입니다. 지금도 시민들은 서울시립미술관에 마련된 어머니 전시실을 찾고 있습니다. 시각의 향연을 즐기거나, 작가의 고뇌와 철학이 담긴 진정한 예술을 통해 위로 받는 등 저마다 느끼는 감동이 다를 줄 압니다.
정준모 씨는 왜 그런 순수한 예술가를 바닥으로 끌어 내리고 짓밟고 모독해야만 했을까요? 왜 평생을 그림에만 바친 분을 한 번도 아니고 두 번 세 번 인격살인을 하려 했는지요. 혹시라도 어머니가 여성이라서 좀 짓밟아도 된다고 생각해서였습니까?
사실 확인이 본질인 연구직을 하고 공무원으로 10여 년을 지낸 사람이 허무맹랑한 허위사실을 공공연히 퍼트리고, 일반 언론에 보도됐던 사실들까지도 왜곡하거나 정반대로 기재하는 것은 불가사의한 일입니다. 이 같은 그의 행각은 어머니 한 분의 인격을 모독하고 크나큰 상처와 피해를 준 것뿐 아니라 국회와 국민을 오도한 것으로 그에 대한 엄중한 책임을 물어 죄에 상응하는 처벌을 받아야 할 것입니다.

검찰도 그의 범죄행위를 상세히 수사해 온 것이 분명하나 불과 300만 원이라는 벌금형의 약식기소는 수십 건이나 되는 치명적인 거짓말을 유포한 행위에 도저히 맞지 않는 경미한 처벌인 바, 법 적용의 형평성과 사회 지도층 문화인들이 사회를 혼탁하게 하는 행동을 하지 않도록 경고하는 차원에서 죄에 상응하는 처벌을 내려주시기 부탁드립니다. 앞으로는 어떤 예술가도, 아니 어떤 개인도 이렇게 억울하게 인권이 짓밟히는 피해를 당하지 않도록 지혜로운 판단을 내려 주시길 바랍니다.

2017년 5월 24일

고소인 (피해자 고 천경자 화백 차녀) 김정희

13가지 거짓말

피고인 진술서를 통해 밝힌 바 있지만, 언론에 공표됐던 정준모 씨의 주장들을 정리해 보았다. 어머니를 음해하는 사람들이 퍼트리는 허위사실이 무엇이고 정확한 사실관계는 무엇인지 확인하는 데 도움이 될까 해서다.

논점	정준모 씨의 주장	사실관계
1 위작 확인 방법	지인이 천경자 화백에게 연락해 "선생님의 작품이 어느 사우나에 걸려 있다."는 이야기를 하자, 천경자 화백이 "내 그림일 리가 없다"며 한달음에 달려가 확인하였다. 인쇄물을 본 즉시 국립현대미술관에 연락해 "내 그림이 아니다"라고 통보했다.	천 화백은 국립현대미술관 관계자에게 그림을 갖고 오게해 1991년 4월 1일 직접 확인하고, 위작임을 조목조목 설명하였다는 게 사실임.
2 국립현대미술관 감정 여부	「미인도」를 국립현대미술관으로 이관할 때 전문위원이었던 오광수씨가 천 화백의 작품임을 확인하였다.	오광수 씨는 '누가 감정을 했다고 하느냐, 쓸 만한 작품을 추리라는 지시에 따라 작품을 대충 골라낸 것뿐'이라고 말하여 사실이 아님을 확인.
3 화집 수록 확인 여부	1980년에 출판된 장우성 · 천경자 화집 104쪽에 「미인도」 수록을 발견. 천화백이 "편집자와 의논해 수록하고 최소한 수차례 교정을 보았을 텐데 위작이라면 빼지 않았겠느냐"고 주장.	책임편집자였던 이구열 평론가는 천 화백이 편집에 전혀 관여하지 않았고, 편집자 측이 국립현대미술관에 가서 슬라이드를 찍어왔다고 밝힘.
4 법원 판단	위작 미인도 사건은 법정까지 갔으며, 법원마저 '판단 불가'라고 결론 내렸다.	천 화백은 생전에 이 사건으로 법정 다툼을 벌인 적이 없어 사실이 아님.
5 전문기관 분석 여부	위작가 권춘식 씨의 한마디에 "국립과학수사연구소와 한국과학기술원 등에서 검토하고 시료를 분석하고 요란법석을 떤 끝에 진품이라고 결론 내렸다"고 썼다.	두 기관에서 사실이 아니라고 밝힘.

6 금분 사용	「미인도」에 금분이 사용되지 않은 것과 관련, 천 화백이 인물 눈동자에 금분을 쓴 것은 1980년대 중후반 이후이므로 「미인도」에 금분이 발견되지 않는다. 1970년대에도 천 화백은 인물 눈동자에 금분을 사용하지 않았다.	천 화백은 1970년대에 금분을 사용하였으며, 「수녀 테레사」, 「내 슬픈 전설의 22페이지」 등 여러 그림에 금분이 나타남.
7 권춘식의 위작 주장	위작자 권춘식씨가 「미인도」를 그렸다고 주장한 것에 대해 "그 그림이 지금 국립현대미술관에 소장돼 있는 「미인도」와 같은 그림이라는 근거가 없다." 라고 함.	본인 역시 똑같이 구멍난 논리로 「미인도」가 오종해의 손을 거쳐 김재규의 손에 들어갔다고 단정. 논리적으로 맞지 않음.
8 표구사 대장 번호	천경자 화백의 전속 표구사였던 동산방에서 표구를 했다며(표구대장번호 126, 뼈대번호 21250) 어머니가 표구를 맡긴 것처럼 이야기하였다.	동산방 박주환 대표의 양심 선언으로 일련번호는 없다는 것이 밝혀짐.
9 천 화백의 반증	"작품 속 목재에 빨간 펜으로 '천경자'라고 쓰여 있다"고 말하였고, 천 화백이 동산방 표구대장과 작품 속 목재에 써 있는 표구번호에 대해 어떤 반증도 하지 않았다.	한국화랑협회의 감정 결과 발표 전 날(1991년 4월 10일)에 천경자 화백은 박주환 대표에게 일련번호설에 관하여 따져물은 사실이 있고, 박 대표는 일련번호가 없다고 인정함.
10 시료와 서명 분석	1991년 4월 12일 국립과학수사연구소와 한국과학기술원의 진품 판정 통보에 따라 진품으로 결론 났다.	국립과학수사연구소와 한국과학기술원은 시료와 서명 분석은 불가능한 일이라고 통보하였고, 언론에도 보도됨.
11 예술원 탈퇴	"천 화백이 예술원 회원 탈퇴도 선언만 하고 실제로 탈퇴하지 않아 예술원 수당을 받았다"고 말해 천경자 화백이 말로만 선언한 듯 비하.	천경자 화백은 실제로 사퇴서를 제출하였고, 권옥연 씨 등 동료 회원들의 반대로 예술원에서 수리하지 않고 보관하다 반환함.
12 감정위원과 천화백의 만남	한국화랑협회 감정위원들이 「미인도」가 진품이라는 결과를 설명하려고 천 화백을 방문하였으나 만날 수 없었다고 밝힘.	한국화랑협회 대표단 4명(박주환, 송향선, 박명자, 허성일)은 천경자 화백을 만나서 천 화백의 입장을 확인하고 감.
13 위작 「인도의 무희」에 대해	위작 미인도 사건 직전 J&C화랑에서 열렸던 '신춘특별기획 대가 10인 소품전'에 나왔던 위작 「인도의 무희」에 대해 '천 화백이 진품이라고 위작 입장을 반복했다'고 주장.	문제가 된 화랑은 천경자 화백이 「인도의 무희」가 위작이라며 항의하자 즉시 사과하였으며 카탈로그를 폐기함. 천 화백은 그 후로도 위작 입장 견지.

허탈한 웃음

2017년 6월 9일, 두 번째 공판 날에는 「뉴시스」의 박현주 기자가 증인으로 나왔다. 《시사저널》 편집인을 향한 첫 번째 질문처럼 정준모 씨의 변호사는 "이런 종류의 기사로 명예훼손 소송이 제기된 적이 있느냐", 그리고 두 번째로 "당시, 즉 천 화백의 추모식 직후 분위기는 이 작품이 진품이라는 기사가 많았냐 아니면 위작이라는 기사가 많았냐"라는 질문을 했다. 즉 당시 분위기가 유족의 강한 주장 때문에 진품이라고 말 할 사람이 없어서 정준모 씨가 그 균형을 맞추기 위해 이 인터뷰를 한 것이 아니냐는 논리를 펴려고 한 것 같다. 박 기자는 피고인 측의 증인으로 나왔는데도 비교적 소극적인 단답형으로 일관했다.

우리 측 젊은 검사의 질문 차례가 왔다. 검사는 박 기자에게 "이 사건의 핵심은 피고인이 진품이라는 의견을 냈다는 것이 아니라, 진품이라는 근거가 허위라는 데 있다는 것을 아느냐"라고 직격탄을 날렸다. "만약 그 근거가 허위라면 그 기사가 명예훼손이 되느냐 안 되느냐"라고 질문했다. 나는 우리 측 검사의 일침에 감동했다. 아! 핵심을 짚어 주는구나.

이어 배금자 변호사가 자리에서 일어났다. 그날 처음으로 나는 법정의 배금자 변호사를 목도할 수 있었다. 그는 약간 모로 서서 판사를 향해 강경하면서도 부드러운 목소리로 피해자 변호인으로서 항의했다.

요지는 피해자 변호인에게 진술할 기회를 달라는 것이었다. 그 말을 하면서 배 변호사는 '피고인은 이제까지 국립현대미술관과 화랑계에서 유포해 온 허위사실을 조작하고 유포한 주범이며, 피고인이 작성한 허위보고서는 후임자의 허위 국회보고서 작성의 바탕이 되었다는 사실'을 설파하고, 그 가운데 본인은 10명의 공동 변호인단을 대표해 이 자리에 섰다는 말도 잊지 않았다.

우리 세대에 명변호사의 대명사는 페리 메이슨이었다. 극 중의 페리 메이슨을 연상시키는 배 변호사의 변론에 나는 깊이 감동했다. 그것은 아주 '강렬한 표현으로 진실을 담은 그림'을 마주했을 때 심장에 와 닿는 충격과 다르지 않았다. 오랜 시간 같이 일했기에 그의 명민함과 철저함에 익숙했음에도 불구하고, 법정에서 배금자 변호사의 변론을 듣는 것은 정말 귀한 경험이었다.

이날 공판은 피고인 신문으로 끝났다. 피고 정준모의 말을 요약하면 다음과 같다.

"천경자 화백 사후, 당대 최대 · 최고의 채색 화가로서 천 화백의 위치가 재조명되는 대신 미인도 진위 논쟁으로 그의 업적이 함몰당하는 것이 아닌가 안타까워 글을 게재한 것이다. 본인은 국립현대미술관 수장고 담당 학예관으로 「미인도」를 직접 볼 기회가 많았던 특이한 위치에 있었다. 그러나 기고한 글 중에는 인터넷에서 보고 쓴 것도 있다. 지금이라도 소모적인 재판과 논쟁에 시간을 낭비하지 말고, 천경자 선생의 유족과 함께 천 화백의 위업을 한국미술사에 자리매김하는데 동참하고 싶다."라고 말했다.

나는 허탈한 웃음을 참기 힘들었다.

진화하는 거짓말

그간 정준모 씨를 비롯한 국립현대미술관 전현직 관계자들과 일부 화랑계 인사들이 만들어 낸 거짓말은 헤아릴 수 없이 많다.

정준모 씨는 "「미인도」가 1991년 4월 12일 국립과학수사연구소와 한국과학기술원의 진품 판정 통보에 따라 진품으로 결론이 났다."라고 했다. 그러나 사실은 4월 15일경 국립과학수사연구소와 한국과학기술원은 모두 '시료와 서명 분석은 불가능하다'고 통보하였고 이 내용은 그대로 언론에 보도되었다.

그런가 하면 위작 미인도 사건 발생 직전에 강남구 신사동 소재 J&C화랑에서 열렸던 '신춘특별기획 대가 10인 소품전'에 나왔던 「인도의 무희」도 진품으로 밝혀졌다고 그는 주장해 왔다. 그러나 막상 2016년 「SBS 스페셜 탐사팀」으로부터 그 근거가 무엇이냐는 질문을 받자 그는 흐지부지 대답을 못했다.

당시 문제가 됐던 화랑은 어머니가 위작이라고 항의하자 곧바로 사과하고 모든 카탈로그를 폐기하였다. 비슷한 시기에 신종 위작 사기단이 대거 적발되는 사건이 일어났다. 이 사건을 지휘했던 김성준 검사는 어머니를 참고인으로 불러 조사하였다. 어머니는 "앞서서 어느 화랑에서 나의 「인도의 아그라」를 위작하여 「인도의 무희」란 이름으로 전시된 일이 있었어요. 내가 「인도의 무희」는 위작이라고 강력하게 항의했더니 화랑 측에서 즉시 사과하고 카탈로그도 폐기하는 것으로 마무리된 일이었지요."라며 이번 신종 위작 사기단의 강력한 처벌을 요구하였다.

그 무렵에 위작 사건들이 자주 등장하자 인도의 무희 사건에 대해 '어머니가 검사에게 「인도의 무희」를 진품이라고 인정했다'는 등의 루머가 돌았다. '인도의 무희 사건'이 언급될 때마다 어머니는 강력하게 「인도의 무희」는 위작이라고 역설했음에도 소문은 잦아들지 않았다(≪여성동아≫ 1991년 5월호, ≪경향신문≫ 1996년 5월 1일 자).

위작 사건은 위작가와 화랑의 결탁으로 이루어지는 범죄다. 이들은 여기저기서 따온 위작을 몇 년 동안 묵혔다가 작가의 신작인 양 유통시킨다. 최근 검찰은 수사 과정에서, 2000년에 J&C화랑이 아무것도 모르는 고객에게 「인도의 무희」를 팔았다는 사실을 알아냈다. 할말을 잃었다. 그런데 더 황당한 일은 뭔가 의심스러웠던 그림 소장자가 한국화랑협회에 감정을 의뢰했더니 그해 12월에 진품 감정서를 발부해 주었다는 사실이다. 작가가 버젓히 작품 활동을 하고 있으며 위작이라고 강조했던 그림을 작가 모르게 진품 판정한 것이다.

거짓의 굴레

그동안 소문과 거짓말은 더욱 눈부시게 진화하고 있었다. 2017

「인도 아그라의 무희」, 종이에 채색, 1979년.

년 《월간 조선》 3월호에 '「미인도」를 둘러싼 검찰과 프랑스 감정단의 지상 격돌'이라는 기사와 함께 '1991년 3월 대규모 위작단 검거 당시 천경자 화백이 위작이라 밝힌 「인도의 무희」에 대해 사건을 수사하던 검찰이 되레 화랑 관계자를 불러 진품이라고 확인해 주었다'는 기사가 실렸다.

검찰이 「인도의 무희」를 진품이라 확인해 주었다는 것은 생전 처음 들어보는 주장이었다. 나는 그 대목을 어디에서 취재했는지 알고 싶어 문의했더니 잡지사 측은 취재원 보호 차원에서 알려 주지 않았다. 나는 당시 수사를 담당했던 김성준 검사를 수소문했다. 기사 내용을 전해 들은 현 김성준 변호사(법무법인 산경 대표)는 바로 1991년 4월의 검찰 공보까지 인용하며 진지한 진술서를 써주었다. 《월간 조선》은 다음 호에 '유가족이 알려온 내용'을 게재하였다.

본인이 1989년~2001년 서울 중앙지검에 근무한 기간에 서울 중앙지검 특별수사 제2부 주임검사로서 수사관들 10여명과 함께 인지 사건으로 수사한 '유명화가 미술품 위작 사건'이 있었습니다. 이 사건 관련하여 천경자 화백의 그림을 위조한 위조범이 검거되었기에 작가 천경자 화백 본인에 대한 참고인 진술을 받았습니다. 당시 본인이 처리한 사건은 1991년 4월 검찰 공보에 실렸기 때문에 검찰 공보를 참조하여 진술합니다.

검찰 공보에 실리는 시점은 통상 사건이 종료(기소)된 후이기 때문에, 본인이 작가 천경자 화백에 대한 참고인 진술조서를 받은 시점은 아마 1991년 3월 초순이나 2월 하순으로 추정됩니다.

천경자 등 현대화 작가들의 작품을 모작한 가짜 그림을 위작, 판매하는 조직이 기승을 부리고 있어 가짜 그림이 범람하고 있다는 정보에 따라 국내 화단의 유통 질서를 바로잡기 위해 유명화가 그림 위작 조직에 대한 내사에 착수, 서양화 및 동양화 분야의 국내 최대 위작 조직으로 알려진 태희파, 석근파의 위작책 및 판매책을 검거하였습니다.

당시 수사관들이 수집한 정보에 의하면, 위조범들이 그린 그림을 유명 화랑이나 미술관에서 싼값으로 구입한 다음 수년간 묵힌 후 진품인 양 시중에 내어놓아 고가에 판매하는 경우도 있을 정도로 화랑과 위조범의 공생 관계가 심각하다는 것이었습니다.

당시 서양화 위작 조직인 태희파의 위작책 이○○(당시 45세)는 위작자들 사이에 천재 화가로 통용되고 있었고 천경자 화백의 그림 위작자도 이 사람이었던 것으로 기억합니다. 이들은 유명 화가의 화풍을 연구해서 이를 모방한 새로운 그림을 그리는 수법이었습니다. 이 사건으로 천경자 화백을 참고인으로 오시게 해서, 압수한 그림에 대한 위작 확인을 받았고, 처벌 의사를 확인한 참고인 조서를 받았습니다.

천경자 화백은 참고인 조사 당시 이 사건 이외에 자신의 그림을 위작하여 버젓이 화랑에까지 전시한 일이 있었다는 것을 본인에게 호소한 기억이 있습니다. 통상 참고인 진술은 당해 사건에 대한 것만 주로 기재하고, 다른 건에 대해서는 참고 정도로 기재하는데 참고인 진술 조사가 남아있다면 이점을 명확하게 확인할 수 있겠으나 보관 기간이 경과하여 폐기되었을 것으로 보입니다.

그러나 분명한 사실은 천 화백이 당시 호소한 다른 위조 그림 전시건 관련해서는 정식 고소를 받거나 별도 인지사건으로 수사를 개시한 사실이 없다는 것입니다. 그러므로 천 화백이 당시 호소한 화랑에 전시된 어떤 위작 그림 관련해서 본인이 수사를 해서 그 그림을 진품으로 판정했다는 어떤 보도가 있다면 그것은 명백한 허위임을 밝히는 바입니다.
본인이 처리한 위 그림 위조 사건은 91년 4월 검찰 공보에 실렸고, 그 후 본인은 독일로 유학을 떠났습니다. 명백히 기억하는 것은 본인이 처리한 위 사건 후에 국립현대미술관 미인도 사건이 발생하였습니다. 이 사건은 속전속결로 진품 판정이 났다고 하는데 그 과정에 작가의 의견이 철저히 무시당했다고 들었습니다.
본인이 만난 당시 천 화백은 너무도 정정하고 건강했으며 기억력이 명료하였습니다. 그림 애호가인 저는 천 화백님의 진솔한 고백을 전적으로 신뢰합니다. 이상은 틀림없는 사실임을 확인합니다.

진술인 김성준

화랑 관계자들이 「인도의 무희」에 대해 천 화백이 위작 주장을 철회했다는 소문을 퍼뜨린 것과 「미인도」 진품 판정에 열을 올리는 동기를 같은 선상에서 이해할 수 있을 것이다.

어머니는 고소한 적이 없었다

「미인도」 진품 만들기에 누구보다 적극적이었던 정준모 씨는 「미인도」를 이관시킬 때 "국립현대미술관 전문위원이었던 오광수가 천경자의 작품임을 확인했다."고 하기도 했다. 그러나 오광수 씨는 언론 인터뷰에서 "누가 감정을 했다고 하느냐, 쓸 만한 작품을 추리라는 지시에 따라 이관시킬 작품들을 대충 골라냈던 것뿐이다." 라고 항변했다. 국립현대미술관에 「미인도」가 들어온 것은 1980년 5월이라고 했지만, 그 후 1984년까지 미술관 내부에서 미인도를 봤다는 사람은 거의 없었다.

그뿐만 아니라 정준모 씨는 "1998년 국정감사에서 어느 국회의원의 「미인도」 진위에 관한 답변서에서 금성출판사 발간 『장우성, 천경자 화집』 104쪽에 해당 작품이 흑백 도판으로 수록된 것을 본인(정준모)이 발견하였다."라고 했다. 그는 이어 "이 작품은 작가 자신이 중요하다고 판단해 편집자와 의논해 수록했을 것"이라면서 "최소한 수차례 교정을 보았을 텐데 왜 천경자 화백이 그 과정에서 위작이라면 빼지 않았겠냐."라고 반문했다. 한발 더 나아가 "이 그림은 1977년 둘째 딸을 모델로 그린 것"이라고 덧붙였다.

그러나 이 화집은 이미 1991년 4월 12일 국립현대미술관 기자회견에서도 의미 없는 자료로 분류되었다. 왜냐하면 그 책의 편집 과정에서 어머니는 전혀 관여하지 않았다는 것을 당시 편집인 중 한 명이었던 이경성 관장이 누구보다 더 잘 알고 있었기 때문이다. 그 책의 책임편집자였던 이구열 평론가도 최근 한 언론과의 인터뷰에서 "작가(천경자)는 편집에 조금도 관여하지 않았으며, 그림 슬라이드는 편집인이 국립현대미술관에 가서 찍어왔다"고 분명히 증언했다.

그런데 정준모 씨는 또 "이 사건은 법정까지 갔다. 그러나 법원마저 '판단 불가 판정'을 내렸다"고 엉뚱한 거짓을 얘기하고 있었다. 어머니는 생전에 이 사건과 관련해 고소한 적이 없고 따라서 이 사건은 법정에 가지도 않았다. 그는 진실 왜곡에 그치지 않고 어머니의 인격까지 모욕했다.

그는 왜 이렇게까지 해야 했을까? 왜 순수한 예술가를 바닥으로 끌어 내리고 짓밟고 모독해야만 했을까? 왜 평생을 그림에만 바친 분을 한 번도 아니고 두 번 세 번 인격살인을 하려 했는지. 혹시라도 어머니가 여성이라서 좀 짓밟아도 된다고 생각해서였을까? 사실 확인이 본질인 연구직에서 공무원으로 10여 년을 지낸 사람이 허무맹랑한 허위사실을 공공연히 퍼트리고, 그것도 모자라 일반 언론에 보도됐던 사실들까지도 왜곡하거나 정반대로 기재하는 것은 불가사의한 일이 아닐 수 없다. 어떤 이익을 얻고자 그랬는지 모르지만, 그의 이 같은 행각은 어머니의 인격을 모독하고 크나큰 상처와 피해를 줬을 뿐 아니라, 나아가 국민을 오도해 거짓의 굴레에 갇혀 있게 했다.

개인의 절규에서 사회의 구조적 적폐로

어머니는 한을 안은 채 미국 땅에서 세상을 뜨셨다. 어머니이기 전에 그는 존경 받아 마땅한 위대한 예술가였다. 우리나라 채색화 분야의 거인이었고 평생토록 예술혼을 그림에 다 쏟았다. 그런 분이 생전은 물론 사후에도 '자기 그림도 몰라보는 정신나간 노인'으로 갖은 모함을 당했다. 결국 어머니는 분노와 애통함에 붓을 꺾고 한국 땅을 떠날 수밖에 없었다.

2016년 내가 어머니의 명예 회복을 위해 소송을 시작하자 또다시 주변에는 온갖 루머들이 떠돌기 시작했다.

1987년 압구정동 한양아파트 화실의 어머니 모습.

첫째, 내가 '어머니의 그림 값을 올리기 위해 해묵은 소송을 벌인다'는 루머이다. 나는 어머니의 그림을 단 한 점도 갖고 있지 않다. 따라서 어머니 그림 값과 나는 무관하다. 둘째, 변호인단이 몇 억 또는 몇십 억 호가하는 어머니 그림을 받기로 약속받은 건 아니냐는 식의 말도 흘러나왔다. 배금자 변호사를 비롯한 변호인단은 모두 무료 변론에 나섰다. 오히려 사비를 써서 소송을 진행하는 판국이다.

왜 이 사건은 26년간이나 끌며 투명하게 정리되지 못했을까? 왜 작가가 이 땅을 떠나면서까지 그렇게 피 끓는 호소를 했고, 유언처럼 '미인도는 내 작품이 아니다'는 공증서까지 남겼건만 철저히 무시당하고 말았을까? 왜 이 사회는 그랬어야만 했을까?

위작을 위작이라 선언했다면 너무도 담백하고 단순하게 정리되었을 사안이었다. 그런데 한 집단의 복잡한 이익이 개입되고 권력기관이 팔 비트는 왜곡에 가세하고, 나중에는 검찰까지 칼날을 휘두르자 이 사건은 이제 한 화가의 억울함이나 한의 차원을 넘어서 버렸다. 온갖 더러운 것들에 휘감겨 썩는 냄새를 풍기는 사회적 적폐가 되어버렸다.

2장

거짓의 구조

「꼬르꼬바이드 산의 그리스도 상」, 24×32.5cm, 종이에 채색, 1979년.

정치 논리 그리고 김영규김재규 전 중앙정보부장의 동생의 증언

영혼을 태우고 뼈를 녹이듯 열정적으로 그림을 그렸던 어머니는 위작「미인도」앞에서, 그리고 권력이 되어버린 거짓들 앞에서 낙담하고 절망했다. 끝없는 우주 그 망망대해에 홀로 선 느낌이었다고 어머니는 깊은 한숨처럼 토로했다. 그 많던 평론가들이나 화랑들, 동료 화가 대부분이 어머니와 거리를 두려고 했다. 감정위원들이란 마치 그림자 권력이 조정하는 마리오네트처럼 정치 논리의 회오리 가운데서 거짓 춤을 추었다. 무엇이 그토록 두려웠고, 무엇이 그토록 탐났을까?

「미인도」는 박정희 전 대통령을 저격했던 김재규 전 중앙정보부장의 집에서 압류된 물품 중 하나였다. 신군부는 김재규를 부정축재자로 몰아야 했지만, 세간에 알려진 바와 달리 값어치 있는 것이 그리 많지 않았다고 한다.「미인도」가 거의 기부채납 형식으로 처리할 수 있는 귀중품이었다. 당시 어머니의 그림은 최고가로 거래되고 있었기 때문에 어머니의 이름을 달고 나온「미인도」도 진품이어야 했을 것이다.

「미인도」는 1980년 재무부, 문화공보부를 거쳐 국립현대미술관에 이관되었다. 한때 재무부 청사에 걸려 있었다는 보도도 있었다. 하지만 그 그림이 지금 우리가 아는 「미인도」인지 확인할 길은 없다. 국립현대미술관에서 「미인도」 도판을 찍어 기록에 첨부한 시점이 1984년 이후이기 때문이다.

검찰은 김재규 전 중앙정보부장의 동생 김영규 씨의 증언과 김재규 씨의 집에서 「미인도」를 봤다는 김정웅 전 고미술상협회장의 증언을 바탕으로 그 그림이 「미인도」라고 결론 내렸다.

김영규 씨는 공동 변호인단의 배금자 변호사와의 전화 인터뷰에서 "글쎄 한 번이나 봤을까."라고 말했고, "그것이 그 집에서 나왔다고 '진품이다', '진품이 아니다'를 말할 수 있는 것은 아니다."라고 분명히 선을 그었다. 검찰 보고서에는 김재규 씨의 부인과 딸도 진술한 것처럼 되어 있다. 그러나 김영규 씨에 따르면 김재규 씨의 딸은 아예 이 문제에 관여하지 않았고, 그의 부인 역시 직접 진술한 적은 없었다고 했다.

검찰의 불기소 이유서에는 "1978년 9월경 김정웅 전 고미술상협회장이 김재규의 초대를 받아 서울 성북구 보문동에 있는 김재규의 사택을 방문하여 응접실에 걸린 「미인도」를 보았다고 진술하므로……"라고 기술되어 있다. 그러나 2017년 2월 18일에 방송된 〈SBS 그것이 알고싶다〉 '암살범의 압수 리스트 : 미인도와 김재규' 편에서 최종대 씨(당시 김재규 씨의 집사)는 "압수당한 그림은 손님들이 볼 수 있는 응접실에 걸려있지 않았고 내실인 2층에 있었으며, 김정웅이라는 사람은 그 집에 온 적도 없다."라고 증언했다. 김정웅 씨는 최종대 씨의 증언을 회피한 채 '머리가 아프다'며 카메라를 피했다. 설혹 누군가가 기억한다고 해도 약 40년 전에 봤던 그 그림이 현재의 「미인도」인지 확인하는 것은 어렵다고 본다.

2016년 12월에 발표한 검찰의 불기소 이유서는 부정확과 비논리로 가득 차 있다. 배 변호사는 특히 검찰이 '채증의 법칙'을 번번이 위반하고 있다고 강조했다. 채증의 법칙은 증거 능력과 가치를 판단함에 있어 객관적으로 타당한 증거를 논리적으로 취사선택해야 하는 원칙을 가리킨다.

『하버드 대학의 공부벌레들』(1970년대에 미국에서 만들어진 영화이자 인기 드라마 시리즈)에서 학생들의 공포의 대상인 극중 인물 킹스필드 교수가 이 보고서를 봤더라면 어떠했을까. 작성자는 아마 된통 혼나거나 강의실에서 쫓겨나지 않았을까 상상된다. 명문대학의 법과 교수가 아니라 일반 사람에게도 이 보고서는 억지와 불일치, 논리의 부재뿐이다. '김재규 집에서 나왔으니 진품이다', '김재규 부인과 오종해 부인 사이에 연결고리가 있으니 그림이 진품이다'는 주장이지만, '이 그림이 바로 오종해 씨가 어머니 집에서 가져간 그 그림'이라든지, 또 '이 그림이 김재규 집에 걸려 있었다는 그림과 동일한 그림'이라든지 하는 명확한 논증은 없고 추측만 무성했다.

위작 미인도 사건이 발생한 1991년 4월 1일로 다시 돌아가보면, 그날 국립현대미술관은 「미인도」 그림 원본을 어머니에게 가져왔다. 어머니가 '가짜다.'라고 천명한 뒤, 조목조목 왜 가짜인지 설명하면서 어머니는 가장 먼저 선화랑이 소유하고 있던 그림 「장미와 여인」을 떠올렸다. 누구나 알 수 있듯이 「미인도」의 포즈가 너무나도 「장미와 여인」의 판박이였기 때문이다. 이 점은 2016년 검찰 수사의 일환으로 국립과학수사연구소가 실시한 '얼굴 인식 프로그램을 이용한 컴퓨터 분석'에서도 증명되었다. 「미인도」와 「장미와 여인」은 얼굴, 눈, 코, 입의 윤곽이 97~98%까지 일치하는 결과를 얻었다.

그러나 어머니의 그 같은 추정은 「장미와 여인」이 1981년도 작품이라는 이유로 여지없이 묵살되고, 오히려 그래서 「미인도」가 진품이라는 억지까지 만들어졌다.

「미인도」가 김재규 전 중앙정보부장의 재산 환수 조치 때 압류된 그림이라는 얘기를 어머니는 1991년 4월 4일 조선일보 기자와 국립현대미술관 직원에게서 들었다. '중앙정보부'라는 말에 어머니는 "한 가지 생각나는 일이 있다"라며 1978~79년 무렵, 중앙정보부 대구 분실장이었던 '오종해'라는 사람을 만났고, 오 씨가 그림 한 점을 가져간 사실이 있다고 밝혔다. 오종해 씨는 분실장 시절, 대구에서 열렸던 이동전시회에 참석해 어머니와 처음 인사를 나눴다. 당시 대구에서 화랑을 하고 있던 이목화랑(1990년에 서울로 이전) 임경식 대표의 소개였다. 임경식 대표는 이렇게 회고했다. "그 이후에 그분이 천 화백을 찾아뵙고 싶다고 자주 연락해 온다면서 천 화백님이 원망조로 제게 말한 적이 있다."라고 했다.

결국 그분은 안사돈과 딸, 그리고 사위를 데리고 서교동 집을 방문하는데 성공했다. 어머니의 기억에 따르면, 그림 두 장을 가지고 갔는데 그중 하나는 꽤 큰 것이었고, 나머지 한 장은 2호짜리 작은 그림이었다고 한다. 2호짜리는 작품성을 떠나서 '아주 이쁜' 그림이었다. 그러나 그림을 가져간 후 연락이 없자 어머니는 불안했다. 자

「장미와 여인」, 33.4×21.2cm, 화선지 화판에 진채, 1981년.

기의 세속적인 지위를 이용해 '공짜로 그림을 원하는 사람들'을 너무나도 많이 겪어봤기 때문이다.

어머니는 그에게 연락해 "그림 둘 중 큰 그림은 돌려주고, 작은 그림은 그냥 가지세요"라고 말하고, 큰 그림만 돌려받았다. 어머니가 오 씨에게 준 그 작은 그림은 「미인도」의 포즈와 비슷하나, 2호짜리(A4의 2/3 정도 크기)였기 때문에 아마 '머리의 꽃'이나 '어깨에 나비'를 그려 넣지 않았을 것이라고 어머니는 분명히 말했다. 검찰은 오종해 씨의 부인이 김재규 씨의 부인과 친구여서 「미인도」를 선물했으며, 「미인도」는 바로 그때 오종해 씨가 어머니에게서 가져간 그림이라고 주장했다.

그러나 오종해 씨의 말은 이와 달랐다. 그는 "천 화백에게 두 점을 다 돌려주었기 때문에 한 점도 가지지 않았고, 물론 김재규 전 중앙정보부장에게 선물한 적도 없다."라고 했다. 그러나 그는 천 화백과 대질을 해보면 어떠냐는 제안은 거절했다. 1991년 5월 ≪여성동아≫에 그가 한 인터뷰가 남아있다.

동양화 전공인 그녀

오종해 씨도 그의 부인도 이미 고인이 되었다. 이 사건의 미스테리를 푸는 데 도움이 될 수 있는 사람은 악연이 시작된 날 현장에 있었던 오종해 씨의 딸뿐이다.

신혼이던 그녀는 남편과 시어머니와 함께 어머니 집을 찾았다. 많은 다른 젊은 여성들처럼 어머니를 동경했을 가능성도 크고, 특히 동양화 전공이었기에 어머니를 선망했을 수도 있으며, 그 그림들을 가지고 갈 때 많이 행복했을 모습도 상상해 볼 수 있다. 오종해 씨는 '안사돈이 어머니 그림을 보고 싶어 한다.'며 어머니에게 연락했다고 한다. 오 씨의 딸은 어머니가 주었던 작고 예쁜 그림이 본인의 아버지 집에 걸려 있었든 시어머니 집에 있었든, 어머니 집을 떠난 후에도 가까이 보았을 기회가 있었을 것으로 추정되는 사람이다.

여하튼 오종해 씨의 딸은 현장에 있었다.

오종해 씨가 가져갔던 그 '2호짜리' 그림이 4호 사이즈인 「미인도」로 둔갑했다면 그것을 증언할 수 있는 유일한 증인은 오종해 씨 딸이란 이야기다. 그녀는 아마 나와 같은 연배가 아닐까 생각되어 나는 그녀와 인간 대 인간, 같은 딸의 입장에서 이 이야기를 나누고 싶었다. 어렵게 전화번호를 알아낸 그분의 사촌 여동생을 통해 만나고 싶다는 뜻을 전했으나 소용이 없었다. 같은 학교 출신인 워싱턴의 친구를 통해 연락처를 알아보려고 갖은 애를 썼으나 그것도 허사였다. 그녀는 동창회와도 연락을 끊고 지내는 것으로 보였다.

그런데 그녀가 드디어 검찰의 불기소 이유서에 등장한다. 그녀는 '아버지가 가지고 있던 그림은 6호 정도의 「길례 언니」 풍의 그림이었다'고 진술한 것으로 되어 있었다. 그녀가 검찰에 나와 직접 진술했는지 아닌지는 모르나, 그렇게 진술했다면 검찰은 그녀로부터 아버지 오 씨의 손에 있었던 그림이 「미인도」라는 증언은 듣지 못한 셈이다.

그녀는 이화여자대학교 동양화과 출신이어서 4호와 6호 사이즈를 구별하지 못할 리가 만무하다. 더구나 「길례 언니」는 전체적으

「길례 언니」, 41×26cm, 화선지 화판에 진채, 1973년.

로 화사한 색상에 흰 모자를 쓰고 노란 원피스를 입은 처녀로 아주 정감이 넘치는 그림이다. 「길례 언니」는 어머니가 어린 시절에 동경했던 추억 속의 여인이다. 누가 봐도 음울한 「미인도」가 「길례 언니」 풍은 아니다

여기서 엉켜있는 또 하나 의문의 실타래는 오종해 씨의 딸 오 모 씨가, 위작 미인도 사건 때 한국화랑협회 감정위원이었으며 그 이후 감정계의 실세로 급부상한 송향선 씨와 이화여자대학교 동양화과 동창생이라는 사실이다. 송 씨는 검찰에서 "친구의 아버지인 오종해 씨가 천 화백의 그림 두 점을 구했다고 좋아하면서 자기가 운영하는 가람화랑에 들러 얘기하는 것을 들었다."라고 증언했다. 또 같은 불기소 이유서의 다른 페이지에서 송 씨는 '그 그림들을 봤다'고 말한 것으로 기록되어 있었다. 본 것이 사실인지 들은 것이 사실인지 아니면 둘 다 사실이 아닌지는 알 수 없다. 그러나 송향선 씨 역시 그 그림 중 하나가 「미인도」였다고 증언한 것으로는 기록되어 있지 않았다.

송향선 씨는 또 위작자 권춘식이 2016년 〈SBS 스페셜〉에 출연해 「미인도」를 그려 보였을 때, 권춘식 씨에게 전화해서 증언을 번복할 것을 종용했던 장본인이다. 고조된 억양으로 "착각했다고 하면 되겠네. 당신이 안 그렸잖아. 잘 부탁해요." 등의 말로 집요하게 번복을 요구했다. 그런데 그 전화통화 중에 권춘식 씨는 송 씨에게 "그 오 모 씨라는 분의 딸이 친구라면서요. 그분이 아직도 그림을 가지고 있다면 「미인도」는 천 화백 그림이 아닌 게 분명한 것 아니냐"라는 의도의 질문을 몇 차례 한다. 그러나 그 질문을 송향선 씨

는 못 들은 척 무시했다.

또 한 가지 주목할 사실은 동산방 박주환 대표가 검찰에서 한 증언이다. 그는 "천 선생은 항상 표구까지 해서 그림을 양도하지, 천 선생에게서 가져간 그림을 다른 사람이 와서 표구를 맡긴 일은 없었다"며 송향선 씨의 증언에 의문을 제기했다.

또한 2016년 12월의 검찰의 불기소 이유서에 따르면, 그는 1991년 4월 4일 국립현대미술관에서 열린 전문가 회의에서 「미인도」의 표구를 맡긴 사람을 60줄에 접어든 분으로 강남에서 골동품상을 경영하는 사람'이며, 2016년에는 '그 사람이 오종해를 의미한다.'고 진술한 것으로 되어 있다. 그러나 이는 사실이 아니다. 이날 열린 전문가 회의의 회의록에 의하면 박주환 씨는 그런 사람이 액자를 맡겼다고 한 적이 없었고, 회의 진행자가 오 씨를 먼저 거론했을 때도 박주환 씨는 '대구에 살던 골동품상'을 기억해 냈을 뿐 액자를 맡긴 사람이 오종해 씨라는 말은 전혀 하지 않았다. 그리고 2016년 검찰 조사에서도 그림을 맡긴 사람이 오종해 씨라는 진술을 한 적이 없다.

아마도 권력자의 집 벽에는 수많은 위작들이 걸려 있을 것이다. 화랑계의 한 원로 인사는 "권력자 집안에서 나오는 그림의 대부분이 가짜"라고 털어놓는다. 이는 그들이 그림을 보는 안목이 없어서이기도 하겠지만, 선물로 들어온 그림의 출처를 밝힐 수 가 없기 때문에 그 약점을 이용한 사람들이 마음 놓고 위작을 유통시킨다는 것이다.

거짓의 구조

가짜는 어떻게 진짜로 둔갑할 수 있을까?

「미인도」의 경우 어머니가 '가짜라고 아무리 악을 쓰고 부르짖어도' 대한민국의 대표 미술 권력 기관들인 국립현대미술관과 감정위원회는 철통같이 귀를 막아왔다. 지난 26년간 국립현대미술관을 거쳐간 관장들 가운데 아무도 이 문제에 개입하려 들지 않았다. 이제는 검찰까지 진품이라고 강변하며 나섰다.

그런데 권력 밖의 사람들은 '아니 작가가 아니라는데 왜 다들 진품이라 하는지 도무지 이해할 수 없다'며 고개를 흔든다. 세계적인 감정기관인 뤼미에르광학연구소는 도무지 납득할 수 없다는 입장이다. 프랑스 루브르박물관을 비롯해 세계적인 미술관들과 제휴하여 반 고흐, 테오도르 제리코, 니콜라 푸생 등 세계적인 거장들의 작품을 인증해온 명망 높은 과학감정기관이 뤼미에르이다. 일반적으로 뤼미에르광학연구소가 3가지만 검증을 해도 작품의 진위가 판명 나는데, 「미인도」의 경우는 9가지를 검증했고, 나중에 한 가지를 더 해 10가지 검증을 했는데도 대한민국 검찰은 믿으려 들지 않았다. 답답함에 분통이 터진 장 페니코 소장은 " 뭘 더 어떻게 하란 말이요?"라고 수화기에 대고 애꿎은 내게 음성을 높였다.

장 페니코 소장과 함께 「미인도」 분석에 참여했던 파스칼 코트 연구원은 이탈리아의 유서 깊은 대학인 볼로냐 대학교(1088년에 설립된 세계 최초의 대학) 문화유산학과에 신설된 '다중 스펙트럼 미술 감정 연구소'의 소장으로 부임했다.

이탈리아는 문화유산이 많은 만큼 위작 사건도 많아 경시청에 위작전담반까지 두고 있다. 2017년 3월에 볼로냐 대학교에서 열린 학술대회에서 코트 교수는 위작 「미인도」 사건을 발표했고, 그 자리엔 경시청의 위작수사 담당 수사관들이 참여해 깊은 관심을 보였다. 뤼미에르광학연구소가 「미인도」를 분석한 후, 15,000점 이상의 다중 스펙트럼 사진을 검찰에 제출하며 '99.9998% 위작이 확실하다'라고 했는데도 검찰은 '그림이 진품'이라니 어찌 기가 막힐 노릇이 아니겠는가!

서울옥션에서 이런 일이

이탈리아처럼 문화재 특히 미술품 보호를 대학이, 화랑이, 심지어 정부차원에서 적극적으로 나서서 하는 국가들이 많은 반면, 우리의 현실은 전혀 달랐다. 2016년 6월의 일이다. 국내 최대 미술품 경매사인 서울옥션에서 『천경자 기행화문』을 공개했다는 소식이 들렸다. 보니까 16개의 스케치 작품들이 들어 있었다. 인터넷판 옥션에는 이미 선을 보였고 곧 본 옥션에 출품될 예정이라 했다. 번들번들한 재질의 종이에 인쇄된 화려한 카탈로그에는 어머니의 작품

Mr. Park에 주었다는 영어로 쓴 가짜 편지

들이 올라 있었다.

서울옥션은 '스케치 화문집은 천 화백이 해외 여행지에서 그린 스케치 16점을 담은 작품집'이라며, 어머니가 '1983년 지인의 50번째 생일을 축하하면서 선물한 것'이라는 설명을 달았다. 그러면서 이 화문집이 일반에 공개되기는 처음이고 추정 경매가로는 4억~6억 원을 제시했다. 다시 말해 그림들은 'Mr. Park(미스터 박)'이라는 사람의 생일을 축하하려고 어머니가 선물했다는 것이다. 게다가 어머니가 그 미스터 박에게 썼다는 유창한 영문 편지까지 첨부되어 있었다. 가슴이 탁 막혀왔다. 그림도 우스웠거니와 생전에 기본적인 몇 마디 외에 영어를 구사할 줄 모르던 어머니가 영문 편지를 쓰셨다니?

이 스케치들은 전부 위작이었다. 움직이는 물체까지도 능숙하게 그리셨던 '선이 살아있는 어머니의 스케치'와는 판이했다. 어머니의 그림들을 여기저기서 따와 짜깁기한 것들이었다. 더욱이 화랑에도 그림을 잘 내어놓지 않기로 유명했던 어머니가 미스터 박에게 16점씩이나 되는 스케치 화집을 선물했다는 것은 상상할 수 없는 일이다.

후에 화랑계 원로인 공창호 '아트 스페이스' 대표를 만났더니, 공

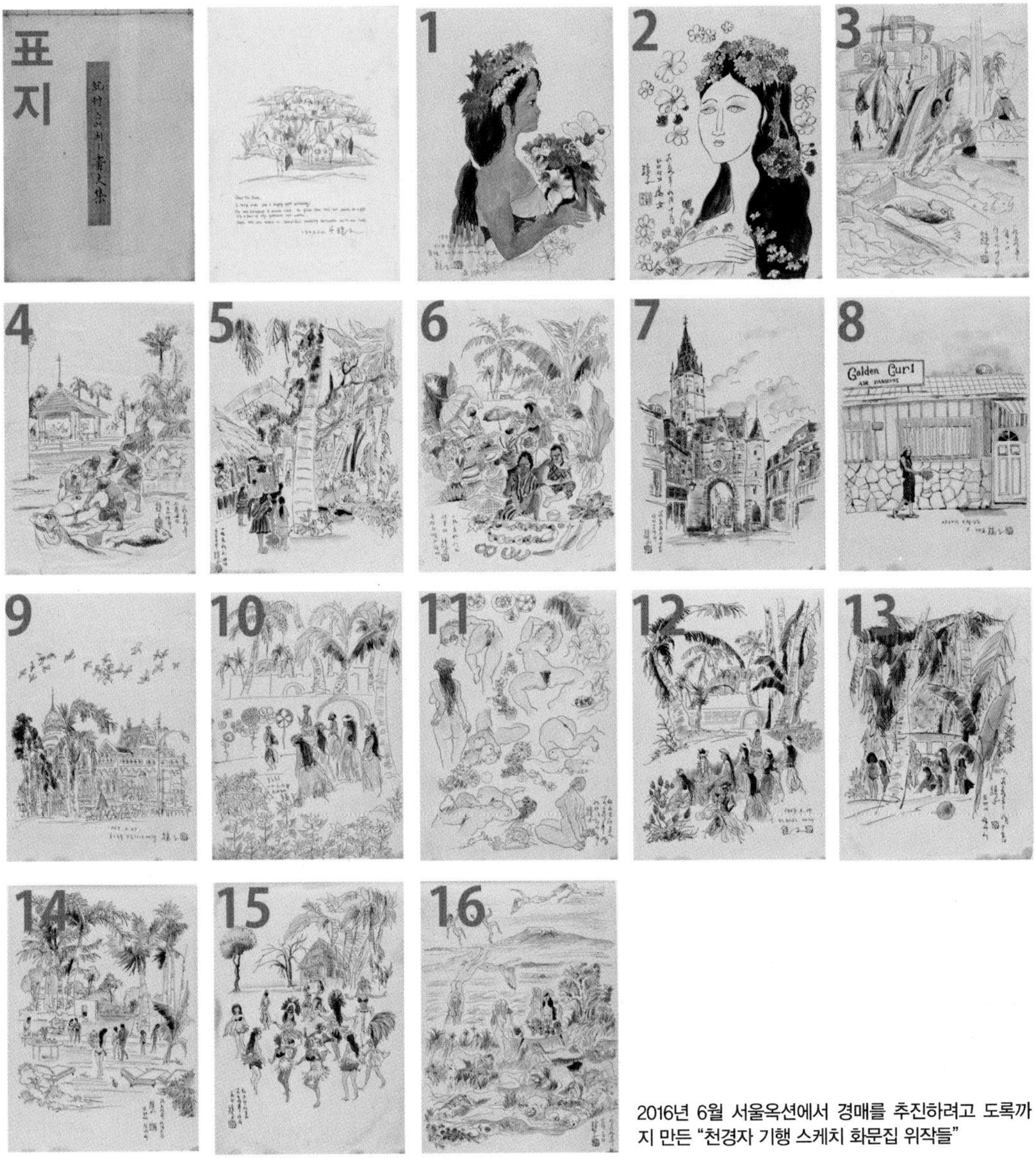

2016년 6월 서울옥션에서 경매를 추진하려고 도록까지 만든 "천경자 기행 스케치 화문집 위작들"

대표는 이미 서울옥션의 이호재 씨에게 연락해 '내가 이미 위작으로 감정했던 그림들이니 내리라'고 촉구했다는 것이다. 너무도 분명한 위작이었던 이 그림들은 한 평론가가 한겨레신문사의 노형석 기자에게 알려 기사화됐다.

언론에서 문제 삼자 서울옥션은 슬그머니 이 그림들을 본 옥션 목록에서 내렸다. 변명인즉 소장자가 찾아갔다는 것이다.

서울옥션의 미술품경매팀 최윤석 상무는 「연합뉴스」와의 인터뷰에서 "내부 감정을 거쳐 나온 작품이지만 외부에서 위작 의혹이 제기돼 일단 출품을 철회하고 한 번 더 검토 과정을 밟기로 했다."라고 말하며, "그러나 위작 의혹이 제기된 것일 뿐 위작으로 판명난 것은 아니다."라고 덧붙였다. 최 상무는 '다른 의견도 겸허히 듣고 수용하자는 의미에서 철회했으며 만약 위작 의혹에 대해 반박할 만한 충분한 근거가 나오면 다시 경매에 나올 수도 있다'는 식으로 뒷문을 열어두었다. 언제든지 분위기가 돌아오면 다시 진품으로 팔겠다는 속셈이었다.

서울옥션은 '작가들이 시차를 두고 그린 스케치를 조합해서 그릴 수도 있다'라는 둥 '옥션에서 제외한다고 해서 위작이라는 것은 아니다'라는 둥 도무지 수긍할 수 없는 이유를 둘러댔다. 오히려 자체 감정을 거쳤다는 당당한 태도까지 보였다.

현장 스케치라는 게 현장성이 생명인데 어머니가 하와이 스케치와 10년 뒤에 간 페루의 고산지대 풍경을 합쳐 제3의 스케치를 만들어냈단 말인가? 또 '1960년대 말에 그린 「남태평양의 어선」과 1993년의 「그라나다 시장 풍경」에서의 인물을 조합해 새로운 스케치를 만들어 냈단 말인가?

결국 그림들은 옥션목록에서 내려졌지만 그들은 조사는커녕 사과 한마디 하지 않았다. 이것이 미술계의 현실이다.

기이한「기행 스케치 화문집」

문제가 된 그림들을 분석해 보면 어떻게 가짜가 만들어지는지 쉽게 알 수 있다.

화집 스케치들은 한 작품만 제외하고 모두『천경자 CHUN, KYUNG JA』도록(세종문고, 1995년)에 인쇄되어 있는 작품들을 베낀 것들이었다. '8건의 위작 대조'를 할 원본 그림이 이 도록에 있다. 필체나 낙관의 위조도 명백했다.

위조한 낙관과 서명

이 작품은 도록 '천경자CHUN,KYUNG JA' (세종문고, 1995년)에는 들어있지 않으나 어머니의 전시도록 등을 통해 알려져 있는 작품이다.

2번 위작은 「일명 꽃무리 속의 여인 - 무제 스케치」(연대 미상)를 흉내 낸 그림이다.

「아마존 이키토스」, 24×33cm, 종이에 채색, 1979년.

3번 위작은 「아마존 이키토스」 중에 생선을 다듬는 여인을 그대로 따와 '1969년 8월 1일, 서모아 스케치'라는 그림으로 변행했다.

4번 위작은 날짜, 서명, 하단의 생선 두 마리를 「서모아」(1969년)에서 따왔다.

「서모아에서」, 1969년.

「호노루루」, 1969년.

「쿠스코 시장(페루)」, 24×33cm, 종이체 채색, 1979년.

쿠스코는 페루의 고산지대라서 기온이 서늘하다. 그래서 아기를 업은 두 명은 등에 페루 전통문양 담요를 두르고 페루 전통 모자를 쓰고 있었다. 그런데 5번 위작은 담요 쓴 그 두 명을 무더운 하와이로 옮겨 놓은 넌센스를 보이고 있다.

「사모아 추장의 딸」, 1969년.

「사모아 - 무릎을 올리고」, 1969년.

6번 위작은 「사모아 - 무릎을 올리고」, 「사모아 추장의 딸」 그리고 「그라나다의 시장」을 부분으로 따와서 그린 것이다.

「그라나다의 시장」, 37.5×45cm, 종이에 채색, 1993년.

이 위작은 「사모아 - 무릎을 올리고」, 「사모아 추장의 딸」의 인물과 「그라나다의 시장」의 그림 좌측 절반을 거의 베껴서 그린 그림이다.

10번 위작은 「타히티 파피에티 호텔」, 「웨스턴 사모아」의 인물을 조합하여 그린 것이다.

11번 위작은 거의 춘화 수준의 이상한 포즈를 취한 누드이다. 어머니의 누드 크로키와 완전히 다른 화풍이다. 게다가 여행 스케치에서는 그릴 수 없는 누드를 그려 놓고 '1969년 웨스턴 사모아'라고 했다.

「타히티 파피에티 호텔」, 1969년.

「웨스턴 사모아」, 1969년.

「황혼의 통곡 2」(일명 환상여행), 130×162cm, 종이에 채색, 1995~1999년(미완성).

16번 위작은 미완성들인 「황혼의 통곡 1」과 「황혼의 통곡 2」의 인물들을 모아 스케치로 표현한 그림이다.

「황혼의 통곡 1」,종이에 채색, 1995년(미완성).

그 밖에도 웃지 못할 위작의 증거들은 많았다. 30여 년간 세계 각지를 여행하며 생생한 여정의 기록을 남긴 어머니에게는 너무나 모욕적이고도 치졸하기 그지없는 위작 행위였다. 예술가에 대한 폭력이었다. 게다가 검찰이 '위작 미인도 사건' 수사를 한창 벌이고 있는 상황에서도 위작 스케치 화문집을 유명 경매회사에서 판매할 기획을 하다니! 그 무모함에 놀랄 따름이었다.

만약 서울옥션의 주장대로 이 스케치들이 자체 감정을 거쳤고, 감정을 통과한 게 사실이라면 문제는 더 크다. 과연 그 감정이 어떤 수준일 것인가? 옥션 회사의 감정인들과 일반 감정 기구의 감정위원들은 통상적으로 서로 오가며 감정한다. 이런 점을 고려하면, 전문가 부재, 공신력 있는 감정 기구 부재의 문제점이 크다고밖에 할 수 없다.

"그… 천"하고 성씨만 얘기했는데, 대뜸 "사흘이면"

오랫동안 인사동에서 사업을 해온 한 사업가를 만난 적이 있다. 그 자리에서 그분은 어디엔가 전화를 걸었다. '천경자'라는 말도 안 하고 그분은 "그… 천"하고 성씨만 얘기했는데, 상대방은 대뜸 "언제 필요하세요?" 하는 모양이다. 이쪽에서 "미국에 사는 분들이라 하루 이틀 안에 떠나셔야 하는데……."라고 했다. 그랬더니 저쪽 상대방은 "한 사흘은 필요한데요. 다음에 해드리지요."라고 답변했다.

사흘이면 뚝딱 그려낸다는 것이다. 어머니 그림의 위작들이 얼마나 많이 또 얼마나 쉽게 만들어지고 거래되는지 직접 본 기회였다. 검찰의 허황한 주장을 반박해 줄 수 있는 확증 자료들을 얻기 위해 절실한 마음으로 인사동을 왕래했을 때의 일이다.

그런데 접촉한 여러 인사들의 전화기에는 위작 미인도 사건으로 이름을 알린 위작자 권춘식의 이름이 저장되어 있었다. 권춘식 씨는 한때 자기가 위작 「미인도」를 그렸다고 주장해 유명해진 인물이다. 물론 검찰에 여러 번 불려가 조사받는 과정에서 '자기가 그린 게 아니다'라고 번복했지만……. 합법적인 간판을 건 사업자들과 비합법적인 행위인 위작 행위가 얼마나 쉽게 날줄 씨줄로 얽혀 있는지 짐작해 볼 수 있는 마음 무거운 경험이었다.

가짜의 가짜, 미인도와 미인도

위작 미인도 사건이 연일 언론의 관심을 끌자 몇몇 제보가 들어왔다. 강남의 어느 화랑에서 「미인도」와 똑같은 그림을 가지고 있다고 해서 2016년 봄 올케 언니와 오빠가 직접 확인차 방문했다. 그러나 유리액자와 종이로 마감된 뒷면은 열어 보여줄 수 없다는 화랑의 말에 오빠 일행은 액자가 된 상태로만 그림을 볼 수 있었다.

그림이 너무나 「미인도」와 똑같았다. 그런데 사이즈는 국립현대미술관이 '움직이는 미술관' 전시 당시 인쇄해 5만 원에 팔았다는 포스터 크기였다. 오빠는 인쇄물을 동양화 표구했을 가능성이 가장 크다고 결론 지었다. 그런데 이 사건은 어느새 '가짜라도 사겠다는 사람이 있다'라는 상식 밖의 타이틀로 여성지에 보도되었다.

1년 뒤 내가 서울을 찾았을 때 우연히 아는 분을 통해 그 화랑을 찾았다. 인쇄물이라는 확신이 있었지만 그래도 한번 보고 싶었다. 평론가 최광진 선생과 동행했다. 최 선생은 단번에 "포스터예요"라고 했다. 5만 원짜리 포스터를 표구한 액자 뒷면에는 '축 화혼' 그리고 신랑 이름과 선물을 한 두 친구의 이름이 나란히 달필로 적혀 있었다.

친구의 결혼을 축하하려고 26년 전 당시로는 300만 원이라는 큰 액수를 내고 산 선물이 5만 원짜리 포스터였다. 그 화상은 포스터를 표구해서 진품이라 속이며 300만 원에 팔았다. 그 그림을 받았던 신랑과 신부 그리고 돈을 합쳐 선물했던 두 친구는 26년 동안이나 그 포스터가 진짜 그림인 줄 알고 있었다고 한다. 그들은 그때 그 '그림'을 팔았던 화랑이 인사동의 어느 골목에 있었는지도 기억하고 있다고 한다.

동양화가 김순지 씨의 지인 한 분을 만난 적도 있다. 김순지 씨는 동양화가이자 작가로 KBS의 다큐멘터리 작업을 하던 중 어머니를 집중 취재한 적이 있다. 그 과정에서 그는 어머니의 화실에서 며칠씩 시간을 함께 보낸 경험이 있어 어머니의 화법에 관해 일가견이 있다. 그런데 김순지 씨의 지인도 「미인도」를 갖고 있다고 했다.

몇 달 동안 설득하여 김 화백과 함께 그 그림을 보게 되었다. 포스터 사이즈였다. 이미지도 같았다. 액자를 뜯자마자, 판화에도 조예가 있는 김 화백은 대뜸 '실크 스크린'이란 판정 내렸다. 처음에는 포스터에 누가 덧칠을 했나 생각할 정도로 질감이 도드라진 부분이 있었다. 실크 스크린은 실크를 팽팽하게 당겨 씌운 판을 여러 장 이용해서 각각 다른 색깔의 잉크로 밀어 만드는 일종의 판화기법이다. 이 그림(판화)은 위작 미인도 사건 직후 어느 유력자의 손에서 나왔다고 한다. 누가 판화를 동양화라 속여 팔았고, 그 그림이 다시 선물로 사용된 것이었다.

또 이런 사건도 있었다. 이름이 꽤 알려진 한 변호사로부터 최광진 평론가가 감정 요청을 받았다. 의뢰인 중에 한 분이 「미인도」와 아주 닮은 그림을 갖고 있는데, 그것도 2점이라고 했다. 최광진 씨가 가 보았더니 초보 수준의 위작이었다고 한다. 소장자는 물론 실망했고, 두 번째 그림은 보여주지도 않았다. 가짜가 범람하는 줄은 짐작했지만, 가짜의 가짜까지 이렇게 많은 줄은 정말 몰랐다.

권력이 된 거짓, 거짓이 된 권력

이 '짜비도 안 되는' 그림 하나 때문에 들어간 공력과 에너지는 산더미처럼 불어나고 있었다. 전체 과정을 돌아보면 그 아이러니에 기가 막힌다. 배금자 변호사는 국립현대미술관 측에 「미인도」에 성명 표시를 저지하는 소송을 준비하면서 「미인도」가 위작인 이유에 관한 여러 장의 진술서를 받았다.

공창호 대표 : "위작"이라 하니 "못 본 걸로 해 주세요"

공창호 대표는 1991년 4월 졸속으로 벌어졌던 한국화랑협회의 「미인도」 감정에 관해 이렇게 진술했다. "당시 한국화랑협회는 서울 지역 화랑 대표들의 친목 단체에 불과했고, 그 아래 감정협회라는 것도 화랑협회의 자문기구 역할을 하며 막 자리를 잡아가던 중이었다." 공창호 대표는 당시 감정협회의 발기인이었으며 감정 수칙의 작성자이기도 했다.

공 대표는 한자와 고문에 능통하고 고미술과 현대미술 감정에 탁월하다고 알려져 있다. 그의 지론은 현대미술을 알아야 고미술도 제대로 감정할 수 있다는 것이다. 그는 이렇게 진술서를 써 주었다.

1991년 4월, 송향선 씨가 본인에게 설립이 얼마되지 않은 한국화랑협회에 잠깐 와달라고 하여 갔더니 「미인도」 그림을 보여주는 것이었습니다. "이 그림에 대해 어떻게 생각하냐"고 물어서, "위작"이라고 했습니다. 단번에 수준이 떨어지는 그림이었고, 천경자 화백의 그림을 짜깁기한 모조품인 것이 역력했으며, 안료도 싸구려 티가 나는데다 우중충하고 그림이 천화백 그림과는 차이가 너무 역력했습니다. 그러자 송향선 씨는 "그럼 못 본 것으로 해 주세요"라고 하는 것입니다. 나중에야 본인이 「미인도」 감정위원회에서 배제된 것을 알게 되었습니다.

그 후 「미인도」 감정위원들 중에 어떤 사람은 인사동에서 길가다가 붙들려 들어가서 얼떨결에 감정위원이 된 사람도 있었다고 증언했는데, 그 장본인 송영방 씨는 수묵담채화가로 채색화 전문가가 아니라 모른다는 의견을 냈다고 말했습니다. 또한 감정위원 9명 중에 두 명은 발표 직전에 사퇴했는데, 김창실 한국화랑협회장이 '만장일치로 진품 결론'이라고 발표하는 것을 보고 이 모든 절차나 결과에 대해 어이가 없을 따름이었습니다.

지금까지 한국화랑협회에서 감정을 많이 하였지만 한 번도 생존 작가의 증언을 무시하는 경우를 본 적이 없습니다. 감정에 있어서 최고의 전문가는 작가 자신이기 때문에 반드시 작가의 의견을 묻고 작가의 의견을 최우선으로 합니다.

(중략)

검찰은 「미인도」에서 석채가 나왔다며 진품의 증거라고 하는데 이것은 검찰이 너무나도 그림에 대해 무지하다는 것을 보여줍니다. 석채는 한국에서 예전부터 민화를 그리는 사람들도 사용한 재료입니다. 위작자도 석채를 씁니다.

(중략)

「미인도」가 그려졌다는 1977년도 당시에 석채는 인사동 재료상에서 흔하게 팔던 재료입니다. 「미인도」에 사용된 것은 국산 분채와 석채로 보이며(「미인도」에 석채가 많이 사용된 것 같지 않음), 천 화백이 일본 최고품을 쓴 진품과 비교해 보면 알겠지만, 색감에서도 아주 크게 차이가 있습니다.

위작의 동기는 수백 가지가 된다고 봅니다. 당시 고관대작에게 상납하는데 천경자 화백의 그림은 정말 인기가 있던 때였고, 천 화백이 그림을 잘 팔지 않으므로 그림을 구할 수 없어서 위작의 수요는 넘치고도 남았습니다.
아무리 국립현대미술관이지만 작가가 알게 되어 위작이라고 선언한 당시에 인정할 것은 인정하고 잘못한 것을 바로 잡았더라면 일이 이렇게까지 확대되지는 않았을 것으로 봅니다. 국립현대미술관의 요청을 거부하지 못해서 한국화랑협회 일부 관련자가 가짜를 진짜로 우기고 없는 사실까지 날조한다면 그 죄가 너무 무겁다고 봅니다.

2017년 6월 5일
진술자 공창호

임경식 대표 : 천경자 화백에게만 지켜지지 않은 감정 수칙

북촌에 자리한 이목화랑. '이목'이란 특이한 이름은 화가 변종하 씨가 지은 것이다. 임경식 대표의 성이 수풀 임(林) 자라서 나무 둘, 이목이 되었단다. 임 대표는 1976년 어머니를 처음 만난 후 화랑 대표로는 유일하게 어머니와 교분을 쌓았다. 화랑계에서는 임 대표가 어머니 그림을 많이 거래했을 것이라고들 하지만, 정작 어머니 그림으로 크게 성장한 화랑들은 따로 있었다. 현대화랑의 박명자 대표, 선화랑의 김창실 대표가 그들이다.

현대화랑은 1970, 80년대에 최고 인기 작가였던 어머니 전시회를 몇 차례나 열었다. 선화랑 역시 어머니에게 찾아와 눈물로 사정하다시피 그림을 얻었다는 에피소드로 알려져 있듯이 어머니 그림을 거래한 것을 바탕으로 컸다 해도 과언이 아니다.

임 대표가 어머니와 친분이 유지될 수 있었던 것은 "본인이 그림을 달라고 하지 않았기 때문"이라고 회상했다. 그래도 1년에 한두 점은 중요한 전시회에 출품해 주었다고 했다. 어머니가 가끔 미국에 있는 내게 전화해 "이목화랑 전시회가 다가오는데 뭘 내야 쓸까 모르겄다"라고 했던 기억이 난다. 1991년 위작 미인도 사건이 일어났을 때 경황없던 우리 집에 찾아와 같이 시간을 보내며 어머니를 위로했던 사람도 바로 임경식 대표였다.

또 화랑 주인으로는 유일하게 2015년 어머니 추모식에 참석하였다. 추모식에서 임 대표를 만났을 때 서교동과 한양아파트에 살던 시절이 눈앞에 떠올라 반가우면서도 한편 몹시 서러웠다. 2017년 여름, 검찰의 불기소결정과 항고기각에 불복, 법원에 재정신청을 한다는 기사를 보고 나에게 연락했다. "이렇게 억울할 데가 있냐"면서 "본인이 해 줄 수 있는 일이 없겠는가"하고 물었다. 한국화랑협회장을 지내고, 감정협회에서 오래 감정도 했으므로 감정 수칙에 관한 말씀을 남겨 달라고 요청했다. 그리고 가까이서 본 어머니의 성품에 대해서도 주문했다. 임 대표는 정성껏 그리고 꼼꼼하게 진술서를 써주었다.

임 대표는 "한국화랑협회 감정단의 오랜 전통은 감정위원들끼리 결론을 내지 못하면 작가에게 감정을 받는 것이 원칙으로 지켜지고 있다"며, "작가가 '맞다', '아니다' 하면 그것으로 결말이 나는 것"이라고 말했다. 그런데 "이러한 감정 수칙이 유일하게 천경자 화백에게만 지켜지지 않았다"는 것이다. 그는 "외국은 물론이지만 국내에서도 미술품 감정의 종결자는 화가"라고 확언했다.

"다작도 아니고 작품 하나하나에 온 심혈을 기울여 제작했던 천 선생님이 그렇게 아니라고 강경하게 주장하는데 작가와 작품에 대해 잘 알지도 못하는 사람들이 왜 천 선생님이 그렸다고 우기는지 알 수가 없습니다."

임 대표는 어머니에 관해 자세하게 회상했다.

"천 선생님은 1년 365일 하루도 거르지 않고 새벽 다섯 시에 일어나 3~4시간 전심전력으로 그림을 그리셨습니다. '그 시간이 가장 정신이 맑고 기운이 생동하는 시간'이라고 말씀하셨습니다. 점심을 먹고 선생님 집에서 커피를 마시며 대화를 나누다 보면 어디서 전화가 옵니다. '내가 드릴 그림이 없네요. 죄송해요.' 항상 그렇게 답변하며 그림을 구하는 화상에게 양해를 구했습니다.

천 선생님이 가장 싫어하는 일이 바로 자기 그림을 파는 일이었습니다. 한번은 '임 사장, 나는 그림을 팔고 나면 꼭 자식 팔아먹은 애미 심정과 같아요. 작품 달라 하지 마세요.'라고 말한 적이 있습니다."

임 대표는 어머니가 작품을 어쩔 수 없이 떠나보낼 때는 항상 표구까지 직접해서 넘겼다고 증언했다. "나한테서 사랑을 받고 떠나야 가는 곳에서도 사랑받지 않겠느냐"면서.

어머니 그림을 수십 년 가까이서 지켜본 임 대표는 어머니가 어느 화가보다 데생이 뛰어난 화가임을 증언하면서, "「미인도」를 보면 얼굴과 어깨의 비례와 균형이 전혀 맞지 않으며 머리카락의 켜가 나타나지 않고, 입술이 비뚤어지고 비웃는 듯한 모습인데, 천 선생님은 이렇게 험악한 얼굴을 그린 적이 없다."라고 덧붙였다. 그리고 "선생님은 작품마다 다른 우아하고 분위기 있는 미인을 그렸다."라고 설명했다.

임 대표는 나에게 "마음이 아플까 봐 말을 못 했었는데 종우가 살아있었으면 일이 지금 이렇게까지 어렵게 꼬이지 않았을 텐데하고 생각했습니다. 사람이 꼼꼼해서 옆에서 엄마를 참 잘 돌봐 드렸거든요."라며 말꼬리를 흐린다. 종우는 10여 년 전에 세상을 뜬 남동생이다.

그 많던 제자들은 다 어디에……

적어도 채색화가라면 「미인도」가 얼마나 어쭙잖은 그림인지, 채색에서나 데생에서나 얼마나 어머니 그림과 다른지 쉽게 설명할 수 있을 것 같았다. 어머니한테서 직접 채색화를 배운 제자들을 수소문했다. 그런데 그게 쉽지 않았다. 졸업 후에도 채색화를 꾸준히 한 화가도 많지 않았지만, 무엇보다 현 미술계 권력 구조 안에서 불이익을 우려해서인지 선뜻 나서지 않았다.

"나는 담채를 하는 사람이니 채색화는 모릅니다,"

"나는 욕을 먹더라도 조용히 있으렵니다."

"D 화랑으로 부터 나온 말을 들은 게 있어서 나는 빠지렵니다."

교수나 단체장을 했던 사람일수록 피하려는 게 더욱 역력했다. 전화번호를 서로 안 가르쳐 주니 연락을 할 수도 없었다. 내 어린 시절, 가난한 우리 옥인동 집에 버스를 타고 또는 걸어서 인왕산 자락까지 방문하곤 했던 그 제자들은 다 어디에 있는 것일까.

한 사람은 '어머니의 수제자'란 타이틀을 열심히 달고 동양화단에서 출세했으나, 어머니 그림인지 아닌지조차 몰라 검찰에 가서 '이게 진품이다'고 진술했다. 또 다른 사람은 본인이 '어머니의 가장 중요한 제자'라며 '왜 「미인도」가 가짜인지 긴 설명을 하면서도 '자녀들이 반대한다'며 결국 진술서는 쓰지 않았다.

이런 척박한 토양에서 "그 어쭙잖은 그림이 어떻게 우리 은사님이 그린 그림이란 말입니까?" 하고 목청을 높인 세 분이 있었다. 그리고 제자는 아니지만 어머니의 작법을 가까이 보았던 동양화가 한 분이 분연히 나서서 진술서를 써 주었다.

홍상문 : 천 선생님 그림에는 쇄골과 목 근육에 대한 표현이 뚜렷합니다.

제자 홍상문 화백을 처음 만난 것은 2015년 10월 30일 어머니의 추모식에서였다. 한 남자분이 와서 인사하는데 제자 홍상문이라고 자신을 소개했다. 어머니로부터 그 성함을 자주 들었던 나는 "그럼요. 어머니한테 말씀 많이 들었습니다."하며 반가워했다.

그로부터 몇 달 뒤 남편이 홍 화백을 우연히 다시 만나게 되면서 인연이 시작되었다. 채색화의 전통을 끈질기게 이어온 홍 화백은 흔쾌히 「미인도」에 관해 진술하였다.

홍 화백은 항상 어머니를 은사님이라 불렀다. '은사님의 은덕에 조그마한 갚음이라도 되겠다'라며 의지를 보였다. 이어 홍 화백의 화실을 방문한 배 변호사와 나에게 동양화 채색에 대한 강의를 반나절 넘게 했다. 홍 화백의 신실함과 전문가적 지식은 대단했다. 채색화 기법에 관해 저서까지 출판했다고 한다. 석채, 분채, 호분 등 재료를 다 보여주며 안료와 기법을 상세히 설명했다.

작은 비닐봉지에 담긴 화려한 석채와 분채들을 볼 때 어머니 화실의 기억이 물밀듯 밀려왔다. 특히나 어머니가 즐겨 쓰던 값비싼 푸른색 석채는 이루 말할 수 없이 아름다웠다.

"「장미와 여인」을 위작과 비교해 보면 차이는 확연합니다. 천 선생님 그림에는 쇄골과 목 근육에 대한 표현이 뚜렷합니다. 그것은 작가가 오랜 세월 인물화를 그려온 연륜 그리고 해부학적 인체 구조에 해박한 지식을 지니고 있다는 말이지요."

홍 화백은 어머니가 은퇴하여 1973년 홍익대학교로 돌아가 딱 1년 더 가르쳤을 때의 제자이다. 말하자면 어머니의 마지막 제자들

중 한 명인 셈이다.

어머니는 제자들에게 재료나 기법에 관해 많은 대화를 나눴기 때문에 홍 화백은 '어머니가 일본의 전통 깊은 수제 안료상인 유벤도 제품만을 썼다는 것'을 뚜렷이 기억하고 있었다. 그는 어머니와의 대화 중에 "그림을 싸게 팔지 말아라.", "팔거든 표구까지 해줘라." 하셨던 것 등 어머니에 관한 추억을 소중하게 간직하고 있었다. 어머니는 제자의 개인전에 가면 좋다고만 하지 않고 한두 마디씩 비평을 해주었다고 했다.

이화자 : 그림의 작법

이화자 전 부산경상대학교 교수는 다시 「미인도」에 세상의 관심이 쏠렸을 때 알게 되었다. 이 교수는 홍익대학교에서 어머니와 박생광 화백에게 채색화를 배운 채색화 화가다.

이 교수는 전문적 통찰력으로 '미인도가 왜 위작인가'를 어머니의 그림과 비교하며 무려 10여 페이지에 달하는 논문 수준의 글을 써 보냈다. 또 몇 달 뒤 추가로 분석한 여러 분량의 부록도 보내주었다. 1969년 홍익대학교 졸업 시 전체 수석을 차지한 제자답게 채색화 기법 연구에 조예가 깊었다.

이화자 교수는 '「미인도」에서 호분이 나왔다 혹은 석채가 나왔다'는 검찰의 주장이 진품의 근거가 될 수 없음을 밝혔다. 동양화 재료 중 가장 흔한 안료가 호분인지라 채색화에 호분이 안 들어 가는 예가 없다고 반박했고, '그 당시 석채를 쓴 사람이 거의 없었으므로 「미인도」가 천 선생의 작품'이라는 주장에 대해도 반대 논리를 폈다. 이 교수가 학생이었던 1960년대에 대학생들도 이미 일본산 석채와 분채를 구해 사용했고, 1970년대에는 석채를 주로 사용해 그린 화가들이 무수히 많았다고 했다.

이것은 이화자 교수뿐만 아니라 다른 제자들 그리고 인사동의 명소인 필방(구하산방)의 홍수희 대표 역시 증언했던 사실이다. 홍 대표는 석채는 한국의 전통 민화, 탱화를 그리는 사람들을 비롯해 많은 사람들이 사용하고 있는 재료라고 설명했다. 그리고 그 종류가 다양해서 값비싼 일본산 안료가 있는가 하면 값싼 인조 석채도 있고, 더구나 원석의 가루에 따라 그 값이 천차만별이라고 했다.

이화자 교수는 상당한 분량의 의견서에서 「미인도」와 어머니 그림의 작법을 비교했다. 그중 아주 작은 일부분 만 간추리면 다음과 같다.

- **'꽃'**을 비교해 보면, 천 화백은 꽃을 단순하고 특징만 살려 순결하고 상큼하게 표현한다. 윤곽선을 잘 처리하여 꽃과 꽃 사이의 원근이 또렷하다. 꽃잎이 세워져 뵈거나 눕혀져 보이는 모습이 자연스럽다. 전체적으로 확실하고 소신 있는 붓질로 주저함이 없이 산뜻하게 정돈되어 있다. 반면, 「미인도」의 꽃은 끝부분이 무겁고 두껍게 되어 있다. 밝은 곳과 어두운 곳의 대비가 강해서 생물같이 보이지 않는다. 꽃의 깊이로 표현되는 노란색이 아주 지저분하다.
- **'여인의 머릿결'**을 비교해 보면, 천 화백의 그림들에서는 볼륨을 위해 면을 명암 처리하고 깊이 있는 입체적인 표현이 나타난다. 반면, 「미인도」의 머리는 평면으로만 칠해져 있다. 원근

「6월의 신부」, 34.8×27.3cm, 종이에 채색, 1977년.

법적 처리가 없다. 머릿결의 방향, 형태가 없다. 색깔이 일률적이다. 머릿결과 귀밑, 목 사이에 전혀 공간 표현이 되어 있지 않다.

- **'명암을 나타내는 선'**에 천 화백은 부드러운 채색필을 사용한 반면, 「미인도」의 위작자는 면상필을 사용해 날카로운 선을 나타냈다. 이는 채색화에서 붓 사용법의 무지함을 드러낸 것이다. 위작자가 붓의 각도를 잘못 잡아, 세워서 그리다가 다시 황급히 뉘어 사용한 모양새가 보인다.

이승은 : 손가락을 깨물어 쓴 혈서와도 같은 공증 서류

위작 미인도 사건이 났던 1991년 말, 어머니는 흡사 손가락을 깨물어 쓴 혈서와도 같은 "국립현대미술관 소유 천경자 작이라 되어 있으나 「미인도」는 위작이며 내가 그린 것이 아니다"라고 친필로 써서 공증 받은 확인서를 만들어 놓았다. 그 서류 가운데 한 장은 어머니 본인이 간직하고 또 한 장은 제자 이승은에게 맡겼다.

이승은 화백은 장롱 안에 오랜 세월 간직하고 있던 그 공증 확인서를 2017년 2월 7일 공개했다. 그는 어머니가 1971년 홍익대학교를 그만 두고 '꿈을 파는 미술연구소'라는 부제를 달고 신촌에 화실을 개업했을 때, 1호로 수강신청한 제자이다. 홍익대학교 졸업 후 전주에서 교편을 잡고 있다가 어머니가 화실을 열자 즉각 상경하여 어머니 밑에서 수업을 받았다. 얼굴도 배우 김지미 씨 못지 않게 예쁜 점잖은 성격의 여성 화가이다.

이 화백은 특히 어머니의 제자 이숙자 씨에 대해 분개했다. 검찰

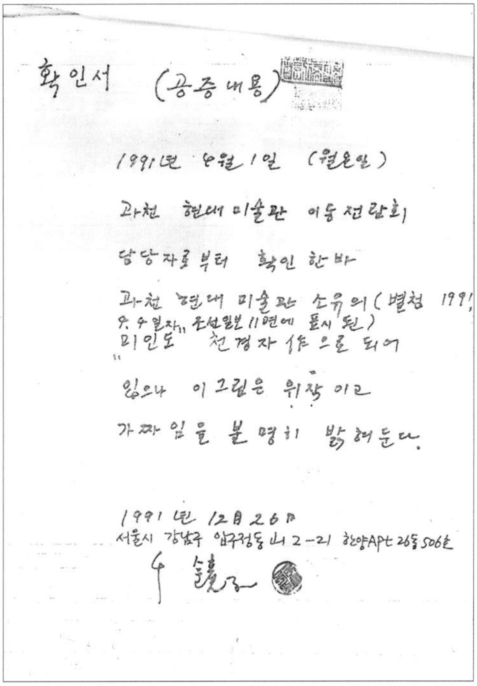

확인서 (공증내용)

1991년 9월 1일 (월요일)

과천 현대미술관 이동전람회

담당자로부터 확인한바

과천 현대미술관 소유의 (별첨 1991. 9. 4일자, 조선일보 11면에 표시된)
"미인도" 천경자 作으로 되어

있으나 이 그림은 위작이고

가짜임을 분명히 밝혀둔다.

1991년 12月 26日
서울시 강남구 압구정동 山 2-21 한양APT 26동 506호

1991년 12월 26일, 어머니가 '국립현대미술관에 있는 미인도는 가짜'라고 천명한 내용을 공증받은 확인서

의 불기소 이유서에 이숙자 씨의 증언이 인용되었는데, '1977년 당시 석채를 쓰는 화가가 천 선생 외에 드물어 이 그림은 위작이 아니라고 증언했다'라는 것과, '그림에 나타난 압인선(송곳 같은 도구로 눌러서 생긴 선)은 선생님이 노루지의 거칠거칠한 면에 목탄을 고루 칠한 뒤, 화판에 목탄 칠한 면이 닿도록 덮고, 그 위에 밑그림을 놓고 눌러 본을 뜨며 잡으면서 생긴 자국 같다'한 것이었다.

이승은 화백은 석채가 이미 자신이 신입생이던 1961년에도 구할 수 있었고, 1977년 무렵에는 수많은 학생과 화가들이 석채를 쓰고 있었다고 했다. 압인선에 관련해서도 어머니는 밑그림의 본을 뜨는 그런 작업은 하지 않았다고 강력하게 반박했다.

2017년, 국립현대미술관에 전시된 「미인도」 앞에서 인터뷰하는 모습

그 정도는 초보 작가거나 정밀한 표현을 목표로 하는 작품특성의 작가에게나 해당되는 일이다. 내가 기억하는 어머니는 지속해서 화풍의 변화를 시도했던 화가였다. 하도를 그리고 그것을 본뜨기 위해서 눌러 자국을 내는 작법은 사용하지 않았다. 1960년대에는 한창 초현실주의 그리고 반추상적인 실험적 작업을 했고, 이어 1970년대 이후에는 겹겹이 그렸다 지웠다 하는 작법으로 한 작품에 수없이 많은 켜가 쌓이는 작법을 썼다. 심지어 도감에서 어머니를 서양화가라고 소개할 정도였다. 실제 서양화가라고 잘못 알고 있는 사람들도 많았다. 밑그림이 필요하지 않았다.

국립현대미술관은 검찰 발표를 등에 업고 지난 4월 우격다짐으로 「미인도」를 '균열'이라는 기획전에 포함해 전시했다. 그 같은 행위는 아직 아무런 결말도 나지 않은 사건에 "이제 이겼다!" 하는 경솔한 승전고처럼 보였다. 위작이 분명한 「미인도」를 강화유리까지 끼워 버젓이 전시한 것은 어떤 아이러니를 표현하기 위한 수단이었는지 모르겠지만, 그 그림에 가짜 서명이 들어있는 이상 화가와 유가족에 대한 조롱이자 국민을 우롱하는 행위가 아닐 수 없다.

그러나 한 가지 얻은 것이 있다면 많은 사람들이 「미인도」 그림의 실체를 볼 수 있었고, 이승은, 이화자, 홍상문 같은 제자들과 동양화가 김순지 씨에게 충분히 분석할 기회가 주어져 내가 지금 어머니를 위해 하는 일에 대한 확신을 더욱 공고히 해주었다는 점이다.

3장

검찰, 과학을 부정하다

「내 슬픈 전설의 49페이지」, 162×112.1cm, 종이에 채색, 1976년.

한 푼도 부담할 수 없다는 검찰

검찰이 고소인인 나에게 해외 감정기관을 추천해 보라고 했을 때 나는 기뻤다. 이제야 어머니의 눈물을 닦아드릴 수 있을 것 같아서였다. 어머니는 "아닌 걸 기라고 하면 당장은 편할지 모르겠지만, 죽을 때까지 괴로워서 어떻게 살겠나?" 라며 위작을 위작이라고 선언했다. 나 역시 이 해괴한 「미인도」 사건의 실체를 보지 않고서는 평생을 괴로워할 것 같았다.

서울 중앙지방검찰은 「미인도」의 자체 과학감정을 시도하며 현미경 검사, 웨이블릿 검사, 심지어 유전자 검사까지 해도 뾰족한 수가 없자, 2016년 9월 해외 유명 감정 기관인 프랑스의 뤼미에르광학연구소를 초청하기로 했다. 뤼미에르란 프랑스어로 '빛'이란 뜻이다. 뤼미에르광학연구소는 빛의 행태와 원리에 근거한 과학 감정을 수행하는 연구소이다.

사실 검찰의 과학 감정 기관의 추천 요청을 받고 제일 먼저 떠오른 과학 감정 전문가는 제임스 마틴이었다. 2016년까지 수년을 끌었던 뇌들러화랑(Knoedler) 위작 사건이 있었다. 뇌들러화랑은 소호의 전통 깊은 화랑이다. 1960년대 미국 추상표현주의(Abstract

Expressionism)의 대가들인 잭슨 폴락, 로스코 등의 그림을 포함, 굵직한 화가들 작품을 취급하며 세계적 명성을 얻은 화랑이었다. 그런데 이 화랑에서 지난 수년간 팔아온 작품들이 위작 시비에 휘말렸다. 이때 제임스 마틴이 과학 감정에 나섰는데, 일부 그림에 사용된 페인트가 그 시대 즉 1960년대 초반에는 생산되지 않던 자동차용 페인트라는 검사 결과가 결정적인 증거로 채택되어, 화랑 주인이 소장자들로부터 고소를 당했다. 이 화랑이 소더비 경매회사 이사를 지낸 소장자를 포함, 엘리트 중 엘리트 고객들에게 팔아온 작품들은 뉴욕 퀸스의 어느 허름한 가정집 차고에서 중국계 화가에 의해 만들어진 가짜였다. 위작자는 진실이 드러나자 중국으로 도망가 버렸지만, 잭슨 폴락에서 로스코에 이르기까지 다양한 화풍의 위작을 그려내어 큐레이터와 미술사학자, 경매사 간부 등 전문가들을 속였으니 대단한 실력가였던 모양이다.

그러나 제임스 마틴은 「미인도」의 경우에는 적당하지 않은 것으로 판단했다. 그가 하는 화학적 분석 방법, 즉 안료나 재료의 시대적 일치 여부 분석은 동시대 작품을 비교하는 「미인도」 감정에는 유효할 수가 없기 때문이었다. 2016년 여름, 그는 뉴욕 소더비경매회사 안에 신설된 과학감정 연구소에 영입되었다. 끊임없는 위작 논란에 소더비경매회사가 자체적으로 과학감정 연구소를 차린 것이다.

사실 제임스 마틴보다 과학 감정에서 더 신뢰가 가는 감정 연구소는 뤼미에르광학연구소였다. 제임스 마틴은 미국에 거주하는 나로서는 접촉상의 편의로 먼저 관심을 갖게 되었지만, 뤼미에르연구소는 프랑스라는 거리감에도 불구하고 세계적인 인지도에서나 위작 미인도 사건의 성격상 훨씬 더 적합한 기관이었다.

나는 미국의 NBC, CBS, 영국의 BBC 등을 통해 알려진 그들의 단층 분석 방법에 관해 공부하고 책들을 읽어본 다음 연락을 시도했다. 예상했던 것처럼 쉽지 않았다. 제자 중에 프랑스 여성인 나탈리의 도움을 구하기로 했다. 나탈리는 기초 드로잉부터 페인팅까지 수강하면서 젊은 학생들 틈에서 열정적으로 그림을 배웠던 중년의 학생이다.

나탈리는 흔쾌히 뤼미에르광학연구소에 연락했다. 대강의 사건 개요도 미리 설명해 주었다. 다행히 나도 장 페니코 소장과 통화가 되었다. 그는 일단 광학전문가인 파스칼 코트 연구원과 상의해 봐야 하고, 여행이 잦은 자기들의 스케줄도 살펴본 뒤 대답해주겠다고 했지만, 선뜻 내키지 않는 말투였다. 그는 「미인도」와 비교 대상 작품들을 파리로 갖고오면 쉽지 않겠냐고 제안했다. 수사를 담당한 양선순 검사가 비교 대상 작품 네다섯 점과 「미인도」를 들고 프랑스로 갈 수만 있다면 간단한 일이었다. 그러나 비교 대상군이란 작품들이 하나에 수십만 달러씩 하는 고가의 작품들이라 소장자들로부터 빌리기도 어려운 데다 해외 반출은 더더욱 불가능한 일이라고 한참 설명해야 했다.

몇 주간의 고심 끝에 장 페니코는 한국행을 결정했다. 600킬로그램이 넘는 장비를 수송해야 하고 페니코 소장과 파스칼 코트 연구원이 최소 열흘 동안 서울에 머물러야 하므로 대대적인 준비 작업이 필요했다. 운송비, 체재비 그리고 감정료 등 수만 달러에 달하는 경비가 만만치 않았다. 나는 공동 변호인단의 배금자 변호사를 통해 검찰에 경비를 부담해 줄 것을 수차례 요청했다. 전액이 아니라면 절반이라도 고소인과 나누어 부담할 수 있는지를 거듭 문의했다. 그러나 수사 예산이 없어 한 푼도 부담할 수 없다는 검찰의 답변이 돌아왔다.

둘 다 직장 생활을 하는 우리 부부의 형편은 빤했다. 단번에 수만 달러를 지출해야 하는 것은 큰 부담이었다. 하지만 그 무엇보다 고소인이 경비 전액을 부담하고 고소인에게 유리한 결과가 나올 때, 검찰이 뤼미에르광학연구소의 보고서를 거부할 구실로 삼지 않을까 하는 점이 우려되었다. 배 변호사를 통해 수차례 담당 검사에게 문의하였다. 법정 증거로 채택하는데 흠이 되지 않겠는가 하는 것이 핵심 질문이었다. 그러나 검찰은 그 결과를 수용하는데 아무런 문제가 되지 않는다고 거듭 확인해 주었다.

그동안 학술 토론 한번 없이 소문과 거짓말로 일관됐던 「미인도」의 진위 논쟁에 과학적인 근거를 제시할 이 기회를 쉽게 포기할 수는 없었다. 남편과 나는 고민을 거듭하던 끝에 남편의 직장 은퇴연금에서 돈을 변통하기로 했다.

친애하는 박원순 시장님

뤼미에르광학연구소의 계약서는 '검증 결과에 관한 어떠한 책무도 없으며 자기들은 오직 객관적 진실만을 탐구할 것'이며 '오직 검찰의 지휘만을 받을 것'이라는 문구를 포함하고 있었다.

나는 앞으로 다가올 검찰의 불가사의한 태도를 예상하지 못한 채 그 문항을 무척 맘에 들어 했다. 그들에 대해 더욱 신뢰가 갔기 때문이다. 계약서에 서명하며 나는 기뻤다.

검찰의 지휘 아래 뤼미에르광학연구소의 촬영 일정이 잡혔다. 장 페니코 소장과 파스칼 코트 광학연구원이 9월 19일 인천국제공항에 도착했다. 고가의 카메라와 컴퓨터 장비는 뤼미에르 연구팀이 도착하기 전 이미 세관을 통과하여 운송회사 창고에서 최종배송지 결정을 기다리고 있었다. 뤼미에르 연구팀은 진동이 없고(미국의 어느 미술관에서 작업할 때 지하철이 바로 옆으로 지나가 그 진동 때문에 애를 먹었던 경우가 있었다고 한다.) 카메라 장비를 설치한 공간에서 두 사람이 같이 컴퓨터 영상을 볼 수 있을 정도의 작업장을 요구했다.

서울시립미술관에 있는 어머니 작품 목록을 보니 「미인도」가 흉내 낸 인물화 제작 방식과 같은 작품 중 동시대 작품이 3점 있었다. 1977년 작품인 「내 슬픈 전설의 22페이지」, 1984년과 1985년 작품인 「어느 여인의 시 Ⅰ」과 「어느 여인의 시 Ⅱ」였다. 서울시립미술관에 3점이 있으니 그곳에서 감정 작업을 할 수 있으면 최상일 것 같았다. 그러나 서울시립미술관 측은 모든 감정 절차와 소송 등 법적 행동에 극구 반대하는 언니를 의식해서인지 협조적이지 않았다. 어머니 추모식을 서울시립미술관에서 치를 때 관계자들을 설득하기 힘들었던 기억이 있어서 나는 박원순 서울시장에게 편지를 쓰기로 했다.

박 시장과 부인은 어머니 추모식(2016년 10월 30일)에는 참석하지 못했지만, 그 다음 날 따로 와서 작품들을 둘러보며 한참 대화를 나눈 적이 있었다. 나는 고은 선생이 모델이 됐던 「기타 치는 남자」와 같은 모티브가 들어간 어머니의 1995년 작품 「황혼의 통곡 2」(일명 환상여행) 앞에서 설명하기도 하고, 해외 스케치 여행에 얽힌 이야기도 나누었다.

친애하는 박원순 시장님.

최근 트위터에 "진실은 송곳처럼 뾰족해 영원히 주머니에 넣어둘 수 없다" 하신 시장님 말씀에 공감합니다.

「미인도」는 그간 곪을 대로 곪아온 미술계 병폐의 상징입니다. 그림을 위해 평생을 바친 한 작가의 영혼을 마구 짓밟았던 문화 권력, 이익집단의 횡포였고, 불행히도 그 사태는 어머니가 돌아가신 후에도 이어지고 있습니다. 사건 당시의 거짓말을 그대로 반복하면서 돌아가신 분의 명예를 훼손하는 그들의 행태에 참다못해 저희는 고소·고발이라는 방법으로 검찰에 호소하였습니다. 이제는 소문과 거짓에 가려져 있던 진실이 밝혀져야만 합니다.

어머니 천 화백님은 자식과 같이 여기시던 필생의 소중한 작품 대부분을 서울시에 기증하셨고, 사후 70년까지 지속되는 권리인 저작권까지도 서울시에 양도하셨습니다. 이런 파격적인 권리 양도는 대한민국 문화 역사상 초유의 일이기도 합니다. 이번 위작 「미인도」 수사는 평생 예술가의 삶을 사셨던 어머님의 명예 회복을 위해 중대한 법적 절차라고 봅니다. 평소에 인권을 무엇보다 귀하게 여기시는 박원순 시장님이시기에, 엄정한 수사를 위한 시장님의 리더십을 기대하면서, 검찰 수사에 지속적인 협조를 간절히 요청합니다.

박원순 시장은 시립미술관에서 해외 감정팀이 작업할 수 있도록 조치했다. 그러나 검찰은 서울시립미술관에 적당한 장소가 없다며 서울옥션에서 감정하자고 했다. 서울옥션에서 비교군으로 1977년도 작품을 여럿 구해 주었지만, 소장자들이 그림은 빌려주되 그림이 서울옥션 건물 밖으로 나가는 것을 원치 않는다고 했다. 어떤 소장자는 서울옥션 근처에 숙소까지 정해놓고 대기하고 있다고 했다.

그럴려면 중단합시다

배 변호사와 내가 3개월 전 서울옥션에서 있었던 어머니 위작 그림 사건을 상기시키며 검찰에 불편한 내색을 하자 양선순 검사는 "그럴려면 중단 합시다"라는 극단적인 옵션을 제기했다.

1977년 무렵의 작품을 모아준 것이 감사해서인지, 서울옥션에서 과학 감정을 함으로써 그들의 위상을 높이려는 것인지, 진정 그림의 안전 문제 때문에 그러는 것인지 도통 짐작할 수가 없었다. 그것도 서울옥션의 평창동 본사도 아닌 강남지점으로 막판에 장소가 변경되었다. 그런데 문제는 그런 대형 화물을 하역할 공간이 그곳엔 없었다. 결국 마지막 순간에 누군가 지게차를 부르자고 하여 장비는 감정 장소로 옮겨졌다.

뤼미에르광학연구소에서 과학감정을 시작한 이후, 검찰과의 관계는 여간 껄끄럽지 않았다. 검찰은 일관되게 고소인 측을 배척했다. 수사 진행에 대해서도 일체 말하지 않았다. 나중에 알았지만, 검찰은 그간 계속 송향선, 박주환 등 화랑계 관계자들과 국립현대미술관 관계자들의 증언을 토대로 수사를 진행하면서도, 고소인 측에는 단 한 번도 사실 확인을 요청하지 않았다.

그런가 하면 뤼미에르 연구팀이 위작인 7가지 이유를 밝힌 보고서 초안을 제출하고 프랑스로 돌아간 후에도, 검찰은 영어 소통이 가능한 이치현 검사를 내세워 내내 그들과 연락을 취했다. 그러면서 '절대로 유가족과 접촉하지 말 것', '절대로 유가족에게 결과를 미리 알리지 말 것' 등을 요구하며 갈등을 고조시키고 있었다. 우리는 검증 결과의 객관성이 혹시라도 저해될까 봐 일부러 뤼미에르광학연구소와의 접촉을 피하고 있던 터였다.

뤼미에르광학연구소장 장 페니코는 투철한 직업 의식 때문인지 철저하게 법 절차를 지키겠다는 의지에서였는지 무조건 검찰의 말에 순종하며 우리에게는 철통같은 방어벽을 쌓고 있었다. 뤼미에르 연구팀이 서울을 떠나기 전 이미 7개 항의 검증에서 「미인도」가 위작이라는 보고서 초안을 제출했지만, 일말의 불안이 스멀거렸다.

배 변호사는 처음부터 검찰의 태도를 미심쩍어했다. 또한 검찰 말만 듣고, 의뢰인인 나에게 결과 통보조차 하지 않겠다는 식의 뤼미에르 연구팀도 못마땅해했다. 혹시라도 검찰의 회유에 넘어가 결과를 조작하는 게 아닐까하는 의심까지 든다는 것이다. 나는 '국제적인 명성이 있는데 그 사람들이 설마 그러겠느냐'라며 철저히 그들을 신뢰했다. 그렇다고 그들의 최종 결과가 무엇일지는 알 수 없었다. 엉성하기 짝이 없는 위작인데도 혹여 '판정 불가'라고 결론 내리지는 않을까? 만약 그렇다면 1차 보고서는? 7가지 검증 전체에서 뚜렷한 차이를 보인다고 했지만 혹시 결과가 바뀌지는 않을까? 불안하기만 했다.

뤼미에르광학연구소의 감정 결과

몇 번의 지연 끝에 2016년 11월 3일 드디어 뤼미에르광학연구소는 최종 보고서를 나와 검찰에 동시에 이메일로 발송했다. 미국 시각으로는 새벽이었다. 집에 있는 컴퓨터로 파일이 열리지 않았다. 나는 아직 동도 트지 않은 새벽, 철 이른 성에가 자동차 앞 유리창에 가득 낀 걸 녹일 틈도 없이 학교 사무실로 가려고 자동차 시동을 걸었다. 그러나 채 1분을 가지 못하고 골목길 건너편 집의 잔디밭에 차를 꼬라박고 말았다. 흥분해서 서두른 탓이다.

학교에 도착해 요동치는 심장을 간신히 진정시키며 컴퓨터를 켰다. 최종 보고서는 모두 9개의 검증 과정에서 「미인도」는 비교 대상군인 천경자의 동시대 작품 9점과 비교하여 일관성 있게 '가짜'로 나왔다고 확정했다. 그들의 분석에 따르면, 'K5(미인도)는 다른 아홉 개의 그림을 그린 같은 사람(천경자)에 의해 그려졌을 확률이 거의 0%'였다. 9개의 검증 중 두 가지를 여기 소개한다.

〈윤곽선〉

뤼미에르광학연구소는 데생의 진화 과정을 객관적으로 비교하려고 많은 이미지를 분석했다. 뤼미에르광학연구소는 단층 촬영 기술을 활용하여 한 작품당 1,650장의 단층 사진을 추출하였고, 제일 밑층부터 시작해 상층으로 분석해 갔다. 이 비교에는 진품 가운데 정면상인 7점이 사용되었다.

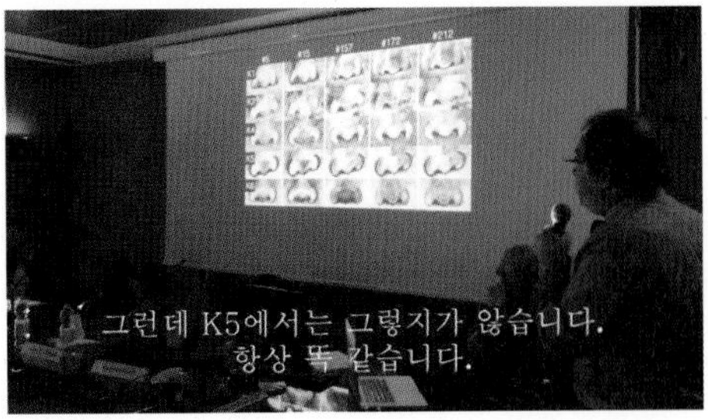

볼로냐대학교 국제학술대회 발표

진품 7점의 코 윤곽선은 아주 연한 붓질로 시작해 불규칙적인 선이 반복되며 서서히 뚜렷한 윤곽선으로 진화되었다. 작가가 작품을 완성해 가는 과정에서 얼마나 공을 들였는지 보여주는 부분이다. 반면, K5(미인도)는 완전히 달랐다. K5는 처음부터 윤곽선이 진하고 두껍고 검은색으로 뚜렷했다. 게다가 단층 사진의 가장 아래층에서 중간층에 이르는 동안 아무런 변화가 없었다. 이 검증에서 K5는 천경자 화백의 작법과 판이하게 다르다는 점을 확인할 수 있었다.

〈흰자위의 두께〉

어머니는 「미인도」를 처음에 봤을 때 "눈에 힘이 없는 허깨비 같다."라고 했다. 어머니의 여인상들에 대해 사람들이 가장 많이 하는 말은 "눈빛이 무섭도록 강렬하면서도 애수를 띈 눈"이다. 어머니는 "저는 눈에 광이 날 때까지 그립니다."라고 했다.

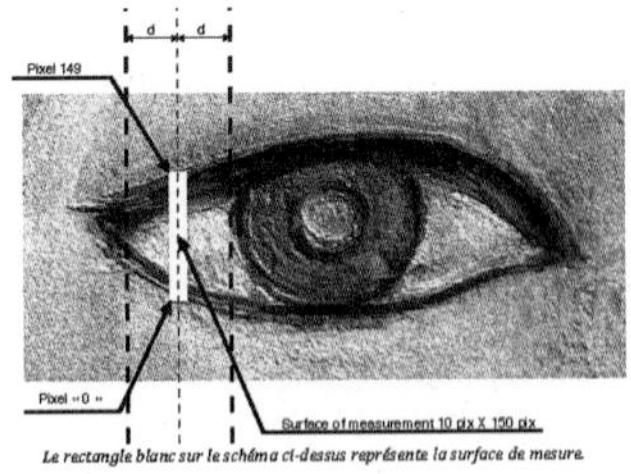

그림의 눈의 광휘는 반짝이를 붙인다고 표현되는 것은 아니다. 그림에서 느껴지는 광휘는 오래 밴 화

가의 몸의 제스처, 공력, 붓질의 밀도, 색상, 물감의 농도 등이 조합되어 일어나는 효과인 것이다. 이 개념에 직접적으로 연결되는 뤼미에르 보고서의 항목이 있다.

"이 조사를 위해서 우리는 붓 터치가 쌓인 두께에 주목했다. 칠해진 물감의 두께는 화가가 행하는 몸짓의 회화적 표현으로 무수히 많은 매개변수를 반영한다. 가령 화가가 자신의 화법을 어떤 방식으로 구사하는가, 안료를 어느 정도 희석 하는가, 어떤 붓을 사용하며 색상의 강도는 어느 정도인가, 어떤 방식으로 붓을 잡으며, 어떤 세기로 붓을 누르는가 등이다. 그러므로 칠해진 물감의 두께는 화가의 개성과 그의 몸짓과 매우 밀접하게 연결되어 있는 기준이라고 본다."

뤼미에르 감정팀은 눈의 흰자위를 시선에 강도를 부여해주는 특별히 민감한 부분으로 간주, 비교 작품의 눈 흰자위에서 동일한 부위를 선택하여 디지털화 하여 측정했다. 화면층을 뚫고 들어가는 적외선의 광학적 특성에 근거, 두 개의 다른 파장을 이용해 흰자위의 두께를 측정할 수 있었다.

그 결과 K5, 즉「미인도」가 나타낸 수치는 10개 작품의 평균값에서 현저히 떨어졌다.

3개의 시나리오

수사 개시 8개월, 뤼미에르광학연구소의 보고서를 받고도 한 달 반 이상 줄곧 침묵을 지키고 있던 검찰이 수사 결과를 전격 발표한다고 서울의 배 변호사로부터 연락이 왔다. 검찰의 기자 회견이 끝나면 언론에서 우리의 반응을 물을지 모르니 간단한 성명을 마련해 두면 좋겠다고 했다. 마침 학기말 고사도 끝나 다음날 수업이 없던 터라 간단한 소감을 쓰기 시작했다. 다행히 서울 시각으로 아침에 한다던 기자 회견이 지연되면서 시간을 조금 더 벌 수 있었다.

그동안 검찰이 보여준 방어적인 태도로 보아 확신은 없었지만, 검찰이 「미인도」를 가짜로 확인하고 피의자들에게는 적절한 혐의로 기소 처분을 내리는 시나리오를 1번으로 가정하고 '입장문 1'을 쓰기 시작했다. '검찰의 열성적인 진실 규명 의지에 감사하며 불행했던 위작 미인도 사건을 계기로 앞으로 더욱 투명한 사회, 정직한 사회 구현에 도움이 됐으면 한다'는 내용이었다.

'입장문 2'도 생각했다. 검찰이 「미인도」 진품 여부를 판단 불가로 정리하고, 조작된 허위사실 유포, 사자명예훼손, 허위공문서 작성 혐의 등에는 기소 처분을 내린다는 시나리오였다.

그러나 아무리 가능성이 희박하다 해도 세 번째 시나리오도 무시할 수는 없었다. 그간 검찰이 보여준 이해할 수 없는 태도들을 생각한다면 그러했다. 특히 뤼미에르광학연구소의 보고서를 받았을 때 즉각 피의자 측인 국립현대미술관에 그 보고서를 넘긴 선례가 있었기 때문에 검찰이 「미인도」를 진품으로 판정하고 혐의자들의 범죄 사실도 그 판단에 연계해 무혐의로 결정했을 가능성이다. 설마 그럴 리야 하는 생각이었지만 세 번째 시나리오를 가상하고 성명서 초안을 쓰려는데 배 변호사로부터 또 전화가 걸려왔다.

미인도가 진품이라는 검찰의 기습 발표

2016년 12월 19일 노승권 서울중앙지방검찰청 1차장 검사(속칭 우병우 직속 라인으로 2017년 6월 대구 지검장으로 발령)가 「미인도」 실물과 포스터를 배경으로 스포트라이트를 받으며 직접 기자 회견에 나섰다. 검찰은 고소 · 고발 내용과 피의자들에 대한 처분은 전혀 언급 않고 '자체 과학 검사와 안목 감정을 통해 「미인도」가 진품이라는 결론에 이르렀다'는 놀라운 결과를 밝혔다.

고소 고발된 피의자 가운데 단 한 명 전 국립현대미술관 학예실장 정준모 씨를 제외하고는 마리 국립현대미술관장 및 학예관 등 다섯 명 모두에 대해 혐의를 인정하지 않았다. 게다가 유일하게 기소된 정준모 전 학예실장의 피의 사실은 기자회견이나 보도 자료 어디에서도 찾아볼 수 없었다.

배 변호사의 충격은 컸다. 화상 중에 거의 유일하게 어머니를 위해 항변해 온 이목화랑 임경식 대표는 "검찰의 발표를 듣고 저는 너무나 놀랐습니다."라며 울분을 토했다.

"언제부터 우리나라 법무부에서 미술품 감정을 했습니까? KBS 녹화 화면에서 거의 통곡하듯 천경자 선생님이 '목에 칼이 들어와도 이 그림은 내 그림이 아니에요' 하시면서 일일이 지적하시는 것을 보았습니다. 그림을 그린 작가 본인이 그렇게 강하게 부정하면, 감정은 끝나는 것입니다. 거기다 국제적인 과학감정 연구소의 결과까지 무시하다니요? 흡사 천 화백이 그 그림을 그리는 것을 목격한 것처럼, 천경자 화백과 전혀 일면식도 없는 사람들이 '이 그림은 천경자 화백이 그렸다'고 우깁니다. 이렇게 억울한 일이 세상에 어디 있습니까?"

검찰의 통계 왜곡

검찰의 기습 발표 후 충격을 받은 것은 뤼미에르광학연구소 측도 마찬가지였다. 검찰에 대해 '스마트하다'면서 칭찬 일색이었던, 그래서 우리를 도외시하고 검찰 말에만 순종해 왔던 뤼미에르광학연구소 장 페니코 소장의 충격은 더 컸다. 그는 자진해서 서울에서 기자회견을 열고 자신들의 보고서를 설명하겠다고 했다.

검찰의 기습 발표 가운데 언론들이 가장 앞다퉈 보도한 부분은 뤼미에르광학연구소의 통계 방식이 틀렸다며 보고서 전체를 배척한 검찰 측 주장이었다. 검찰은 뤼미에르광학연구소의 검증 포인트 #1b '빛의 균형'에 대해 트집을 잡았다. 사람은 눈으로 보고 뇌가 이를 인지한다. 검증 포인트 #1b란 '위작자는 화가의 콘트라스트 표현 즉 명암 대비를 그대로 흉내 내려 하지만, 명암 대비를 인식하는 뇌의 인지도는 사람마다 다르다. 따라서 위작자는 똑같은 명암 대비를 재현해 낼 수 없다'는 이론에 바탕을 둔 콘트라스트 측정 분석이다.

'빛의 균형'에 관한 검증 포인트는 이렇게 시작된다.

'화가는 대개 작품 안에서 빛의 균형을 맞춘다. 다시 말해서 밝은 부분과 어두운 부분을 적절히 배분한다. 빛의 균형에 대한 지각은 매우 주관적이다. 따라서 화가들은 같은 방식으로 이를 지각하지 않는다. 이러한 균형을 측정할 수 있는 수학 도구가 있는데 최대 엔트로피가 바로 그것이다. 한 작품에 있어서 빛의 균형은 그림 전체를 놓고 맞추어지며, 그렇기 때문에 작품의 배경도 이에 포함된다.'

'빛의 균형'에 있어서 「미인도」는 나머지 작품들에 비해 현저한 차이를 보였다. 진품들은 대부분 98~99%의 확률이었다. 그중에 85%가 하나 있었고, 유독 확률이 낮게 나온 작품이 「수녀 테레사」로 42.5%였다. 뤼미에르광학연구소는 보고서에서 「수녀 테레사」의 경우 까만 베일이 작품의 많은 부분을 차지하고 있는데도 (결과에 큰 영향을 미치는 어두운 면적이 큰데도) 확률이 42.5%까지 올라가 있다는 점을 주목하라고 했다. 미인도는 0.0002%로 나왔다. 42.5%가 낮다고 해도 0.0002%와는 엄청난 차이이다.

그런데 검찰은 「수녀 테레사」가 비교 대상군 중 확률이 비교적 낮은 데에 착안, 두 가지 가정과 전제를 변경해 왜곡된 통계 수치를 만들어 낸다. 「수녀 테레사」가 엄연히 공인된 진품이건만 흡사 이 작품이 위작 의혹이 있는 그림인 양 가정해 비교 대상군에서 빼냈다. 그런 다음 나머지 진품들과 비교하였다.

진품 「수녀 테레사」의 수치를 다른 8개 진품들의 수치와 비교한 것이다. 「미인도」는 그 계산에서 제외시켰다.

검찰의 통계 방식에 따르면 「수녀 테레사」는 4.1%의 진품 확률을 보였다. 그런데 「미인도」를 검찰과 같은 방법으로 비교하면 진품 확률은 0.0000000006%로 곤두박질친다. 그 차이는 무려 60억 대 1이었다. 검찰은 이 사실은 감췄던 것이다.

뤼미에르광학연구소의 '빛의 균형' 검증 결과		검찰 측의 통계 방식	
구분	진품 확률	구분	진품 확률
진품 대부분	98~99%	「수녀 테레사」(위작으로 가정)를 나머지 진품 8점 그림과 비교	4.1%
「수녀 테레사」(진품)	42.5%	「미인도」를 진품 8점 그림과 비교	0.0000000006%
「미인도」(위작)	0.0002%		

진품 그림을 위작으로 가정해 계산해 낸 왜곡된 통계 수치를 내세워 검찰은 '진품도 진품일 확률이 4%밖에 안 되는 믿을 수 없는 통계'라며 뤼미에르과학연구소를 공격했다. 언론은 어떻게 그 수치가 나왔는지, 공정한 대비인지 알아보지도 않고 앞다투어 이를 보도했다. 사실, 뤼미에르과학연구소도 나도 처음에는 어떤 방법으로 검찰이 그런 수치를 도출해냈는지 몰랐다. 검찰은 '같은 방법으로 계산했더니'란 말만 반복했다. 그런데 검찰이 사용한 이 통계 왜곡은 사실 국립현대미술관 측에서 제안한 것으로 그 후 알려졌다.

가정을 바꿔서 나온 확률

2017년 1월 1일 JTBC는 〈이규연의 스포트라이트〉 프로그램에서 위작 미인도 사건을 다뤘다. 나날이 확대되는 최순실 국정 농단 사태로 온 신문 방송이 도배되다시피 한 상황이어서 〈스포트라이트〉는 1시간 예정과 달리 30분으로 단축해 위작 미인도 사건을 방송했다.

그 프로그램에 두 통계학자의 인터뷰가 짧게 등장했다. 한 사람은 경기대학교의 이동희 교수이고, 다른 한 사람은 고려대학교의 박민규 교수였다. 박민규 교수는 '가정을 바꿔서 나온 확률을 원래의 통계에 직접 대비하는 것은 타당치 않다'며, '워낙 데이터 수가 작은 상황에서 그 수가 줄어들 때 생기는 변화는 크다'고 설명했다. '특히 법적인 문제에 있어서 자타가 공인하는 진품을 의혹 있는 작품으로 가정해서 통계를 내는 것은 옳지 않다'는 의견을 냈다.

이동희 교수는 '통계 수치는 이 보고서 전체 내용의 극히 일부인데, 가정과 범주를 바꾸어서 내놓은 결과를 가지고 보고서 전체를 일축하는 것은 옳지 않다'고 덧붙였다.

그로부터 한 달 뒤 나는 두 교수의 학교 이메일 주소로 편지를 보냈다. 바쁘시더라도 돌아가신 어머니를 생각하는 딸의 간절한 마음이라 여기시고, 좀 더 설명을 해달라는 요청이었다. 감사하게도 두 교수 모두 답장을 보내왔다.

경기대학교 이동희입니다.
메일 확인과 답장이 늦어 죄송합니다.

우선 늦게나마 고 천경자 화백님의 명복을 빕니다.
일단 문의하신 부분에 대해 간단하게 제 생각을 말씀드리도록 하겠습니다. 우선 저는 통계학 전공자이지 예술품 감정이 전공이 아니라는 말씀부터 드려야 할 것 같습니다.
뤼미에르광학연구소가 사용한 방법이 통계적인 개념에서 검찰이나 김○○ 교수님이 말씀하시는 것처럼 틀린 방법은 아니라는 점을 말씀드릴 수 있습니다. 앞서 말씀드렸다시피 제가 진위를 구분하는 전문가가 아니라서 이러한 방법들이 널리 사용되는지 모르겠지만, 최소한 검찰 측에서 진품 근거로 사용했던 통계적 방법들만 한정해서 볼 때, 미술품에 대한 분석과 관련해서는 보다 객관적이고 과학적인 방법이라고 말씀드릴 수 있을 것 같습니다.
사실 검찰이 제시한 4.1%, 4.3%(또 하나의 검증을 같은 방법으로 해서 나온 수치)라는 것은 무의미하며, 도리어 이 수치는 일종의 유의 수준과 같은 기준으로 파악할 수 있는데, 이후 새로운 작품에 대해 이와 같은 과정을 거쳐 수집된 데이터를 가지고 분석했을 때 이와 같은 확률보다 낮게 나타나면 위작으로 볼 수 있는 근거로 이용할 수 있습니다.

이 점은 고려대학교 박민규 교수 역시 지적했다. 아주 쉬운 예를 들어 주었다.

기본적으로 프랑스 측 주장은 미인도를 제외한 나머지 9개의 작품이 진품이라는 가정 하에서 미인도를 그린 작가가 다른 9개 작품 중 하나 이상 그렸을 확률을 구한 것으로 이해할 수도 있습니다. 그리고 동일한 방법이 사용된 검찰 측의 4%는 해당 그림(수녀 테레사)을 제외한 나머지 8개(미인도 제외)의 작품을 진품으로 가정하고 '수녀 테레사'를 그린 작가가 다른 8개 작품 중 하나 이상 그렸을 확률을 구한 것으로 이해할 수도 있습니다.

즉 두 수치를 단순히 비교하는 것은 그 가정이 다르기 때문에 적절하지 않을 수 있습니다. 그리고 검찰 측이 제시한 수치 4%가 비교 가능한 수치라고 가정할 때 이를 다음과 같이 해석할 수도 있습니다. 즉, '천 화백께서 그린 작품으로 인정되는 9개의 작품 중 다른 작품들과 가장 차이가 많이 나는 「수녀 테레사」의 확률이 4%이기 때문에 이보다 더 작은 확률 값을 갖는 미인도를 진품으로 보기 어렵다.'

예를 들어, 적어도 항상 40점 이상을 획득하는 A라는 학생이 있습니다. 마지막 시험에서 이름을 기록하지 않은 학생들이 여러 명이며 A학생 역시 이름을 적지 않았다고 가정합시다. 채점 결과 2점을 받은 답안지가 있다면 과연 이 답안지를 A학생이 작성했다고 할 수 있나요? 당연히 아닐 것입니다. 이는 A학생의 일반적인 실력으로 최소 점

2016년 12월 27일, 검찰 발표를 반박하는 뤼미에르광학연구소 장 페니코 소장의 기자회견.

수는 40점이며 따라서 이보다 낮은 성적을 받기는 매우 어렵기 때문입니다.

성의 껏 답변해 준 두 분께 감사드린다. 이분들은 통계상의 해석과 오류에 대해 답변한 것일 뿐, 미술품 감정과 감식결과 분석에 관한 전문가는 아니란 점을 분명히 해둔다.

'내 슬픈 전설' 앞의 장 페니코

2016년 12월 27일, 서울 프레스센터에서 뤼미에르광학연구소 장 페니코 소장의 기자회견이 열렸다. 뤼미에르광학연구소의 보고서를 설명하는 장 페니코 소장의 동영상은 인터넷에서 쉽게 볼 수 있다. 그는 '진실이란 무엇인가' 라는 말로 시작하는 연설을 30여 분에 걸쳐 했다. 그런 다음 보고서 설명으로 말을 이었다. 길어지는 기자회견에 기자들의 주의가 점차 산만해져 가는 것을 느낄 수 있었다. 이윽고 장 페니코 소장의 설명이 끝나고 질의 응답 시간이 왔다.

기자들의 질문이 쏟아지는 가운데 계속해서 손을 드는 점잖은 신사가 있었다. 드디어 그의 차례가 돌아왔다. 그는 왜 '진품을 진품들과 대비시키는 통계는 계산하지 않았느냐' 고 공격적으로 물었다. 나는 그가 검찰이나 국립현대미술관에 '4%라는 통계 왜곡의 무기' 를 제공해 준 사람인지 아닌지는 모른다. 그러나 그는 공개되지 않았던 뤼미에르광학연구소의 보고서를 미리 입수했고(그는 "다 아는 수가 있습니다"라고 했다.), 검찰과 똑같은 논리를 펴고 있어서 관계성이 없다고 보기는 어려웠다. 그는 자신을 통계학자는 아니고 빅데이터 전문가로 모 대학교의 경영대학 교수라고 했다.

검찰 입장을 대변한 그의 무례한 질문과 우리 측의 항변으로 인해 기자 회견장은 일시에 혼란스러워졌다.

기자회견 다음 날 장 페니코 소장은 딱 반나절 여유가 있다며 서울시립미술관을 방문하고 싶다고 했다. 그는 어머니 전시실을 찾아 유독 「내 슬픈 전설의 22페이지」 작품 앞에 오래 서 있었다. 흡사 작가에게 경의를 표하는 자세라고 할까. 같이 서소문로를 걸어가면서도 그는 아무 말이 없었다.

그날 오후 《월간 조선》의 김동연 기자가 장 페니코 소장을 인터뷰했다. 장시간에 걸친 인터뷰였다. 김동연 기자는 프랑스어 통역을 데리고 왔지만, 두 사람은 주로 영어로 대화했다. 김 기자는 뤼미에르광학연구소의 과학적 증명에 대해 자세히 물어보았다. 인터뷰가 거의 끝날 무렵 김 기자는 불쑥 "작가가 일부러 위작이라고 말했을 가능성이 있다고 생각하느냐"고 물었다. 장 페니코는 "그런 문제는 자신의 영역이 아니다. 왜냐면 뤼미에르광학연구소 감정팀은 그런 가정이나 추측 등 어떠한 주관적 요소도 배제하고 오직 과학적으로 측정할 수 있는 데이터에만 의존해서 결론을 냈다."라고 답변했다.

그리고 한 30초 정도의 시간이 흘렀다. 장 페니코 소장은 다시 말을 이었다.

"나는 오늘, 천경자 화백의 그림이 걸려있는 전시실에 다녀왔습니다. 마침 우리 검증에 비교 작품으로 나왔던 「내 슬픈 전설의 22페이지」가 거기 걸려 있었지요. 나는 그 앞에서 엄숙한 감동을 느꼈는데, 그것은 이 작품에 대해서 나만큼 속속들이 알고 있는 사람은 이 세상에 없다는 자부심과도 같은 것이었습니다. 나는 천경자 화가의 그림들을 보며 알 수 있었어요. 이 사람은 돈을 위해서 그림을 그리는 사람은 아니구나. 이 화가가 추구했던 것은 높은 경지의 정신 세계였던 거지요."

「내 슬픈 전설의 22페이지」 앞에 선 장 페니코 소장

적폐 중의 적폐

2016년 12월 19일 검찰의 수사 결과와 불기소 발표 이후 공동 변호인단은 즉각 항고를 결정했다. 검찰은 6명의 피의자 가운데 정준모만 약식 기소했던 것이다.

배 변호사는 추운 겨울날에도 새벽같이 광화문 사무실에 출근해 매일 항고 서류를 준비하고 있었다. 2017년 1월 24일, 임통일 변호사, 김선양 변호사와 함께 배 변호사는 서울 고등검찰청에 불기소 처분을 재고해 달라고 항고장을 접수시켰다.

나는 봄 학기가 끝나자마자 서울행 비행기에 올랐다. 첫 번째 목적은 5월 24일에 열리는 정준모 재판에 피해자 진술을 하는 것이고, 두 번째는 항고 담당 부장검사를 만나 고소인 진술을 하고자 하는 것이었다. 서울은 문재인 정부 출범 후 희망과 기대로 출렁이는 듯했다. 그동안 계속 들어왔던 황사먼지조차 느껴지지 않았다. 항고장 접수 후 4개월이 지났으나 서울 고등검찰청은 결과를 발표하지 않고 있었다. 5월 17일 나는 서울고등법원 앞에서 기자 회견을 열었다. 거듭된 피의자 진술 요청을 거부하고 있던 서울 고등검찰청에 항의하며, 편향적인 서울 중앙지방검찰청의 허점투성이 수사 결과를 지적하고 불기소 처분을 재고해 줄 것을 다시 한 번 촉구했다. 공동 변호인단은 검찰 측에 수차례나 피해자 진술을 요청해 둔 터였다.

서울 고등검찰청은 한 줄의 설명도 없이 항고 기각

묵묵부답으로 일관해온 서울 고등검찰청은 5월 23일 그간의 침묵을 깨고 항고 기각을 통보했다. 기각 이유에 대한 단 한 줄의 설명조차 없었다. 수십 페이지의 항고장과 수없이 제출한 추가 자료를 읽어보지도 않은 게 분명했다.

기각 결정이 발표되자마자 공동 변호인단은 반박 성명을 냈다. "통지서에는 항고를 기각한다는 취지만 기재돼 있을 뿐 판단의 이유조차 설명돼 있지 않다"며 "이 사건의 중대성에 비춰보면 검사가 판단 이유를 기재하지 않는 것은 무성의한 처리"라고 비판했다. "수없이 제출한 보충 증거와 전문가 진술서, 뤼미에르광학연구소의 추가 검증 결과 등 변호인단이 제출한 모든 증거를 열어보지도 않은 정황이 역력하다. 항고인 진술 요청을 해달라는 신청을 거부하고 미국에 사는 딸 김정희 교수가 귀국해 서울 고등검찰청 앞에서 면담 신청을 해도 거부한 것은 비난받아야 한다."고 덧붙였다. 또한 "수사 과정에서 보여준 검찰의 비리와 직권남용, 횡포, 수사 발표에서 보여준 국민에 대한 기만은 정치검찰이 저지른 적폐의 한 유형"이라며 "차제에 국정조사가 필요하다"고 강조했다.

서울 고등검찰청에서 항고가 채택될 확률은 극히 적어 큰 기대를 하지 않았지만, 서울 고등검찰청을 방문하고 돌아온 공동 변호인단의 얼굴에는 역시 실망한 기색이 역력했다. "추가로 제출한 수많은 자료 중 어느 것 하나라도 담당 검사가 읽었으리라고는 상상되지 않는다."고 했다. 회전의자에 앉아 이쪽저쪽으로 빙빙 돌리며 '그냥 다 알아서 한다니까요'하는 분위기였다고 한다. 게다가 '천 화백의 그림 값이 수십 억이라는데 공동 변호인들이 억대의 수임료를 받고 있는 것 아니냐'며 비아냥대는 분위기도 감지됐다고 한다. 이런 분위기였으니 기각 결정이 나와도 놀랄 일이 아니었다.

재정신청

우리의 고소와 항고 내용을 간과한 채 '서울 고등검찰청마저 진품이라는 입장'을 취했다는 보도는 한국화랑협회 내 기득권 세력과 국립현대미술관 관계자들을 의기양양하게 해주었다. 겉으로는 '담담하게 받아들인다.'는 반응이었지만, 이는 그들의 세력 규합을 공고하게 다져주었다. '도대체 그동안 어떤 음모가 있었던가?'라는 의혹의 화살은 다시 한 번 그들을 피해가고 말았다.

지방검찰청의 결정에 불복하는 항고 절차가 소진된 이상 법원의 판결을 구하는 재정신청만 남아있을 뿐이다. 재정신청은 법원에 검찰의 처분이 부당함을 호소하는 절차이다.

서울 도착 후 공동 변호인단 중 몇 분을 만나 뵙고 인사할 기회가 있었다. 위작 미인도 사건을 '예술가에 대한 국가의 인권 침해로 규정'하며 그 중요성에 신념을 갖고 무료 공동 변호인단에 참여한 분들이다. 그날 만난 분들은 원로 인권변호사인 박용일 변호사와 임통일 변호사, 헌법재판관 물망에 오른 김선수 변호사, 고소장을 제출할 때 동행했던 김선양 변호사다.

이들은 재정신청을 할 것인가 말 것인가를 놓고 토론을 벌였다. 결론은 '재정신청은 하되 그 범위는 허위사실 유포, 허위공문서 작성에 제한한다. 저작권법 위반에 관한 부분은 따로 새로운 소송에 들어가 국립현대미술관이 전시하고 있는 「미인도」에 있는 천 화백의 성명 표시에 대한 조처를 강구한다'는 것이었다.

실무를 책임져온 배 변호사는 며칠에 걸쳐 수십 페이지에 달하는 재정신청서를 완성하고 추가 증빙자료들을 정리하였다. 재정신청은 법원에 호소하는 절차이지만 서류는 지방검찰청 민원실에 접수해야 한다. 재정신청서를 제출한 며칠 뒤, 재정신청이 서울고등법원으로 이관되어 사건번호를 부여받았다는 사실을 확인했다.

이게 무슨 인권 침해 사건이야!

공동 변호인단은 2016년 3월 28일 '위작 미인도 폐기와 작가 인권 옹호를 위한 공동 변호인단'이라는 이름으로 발족했다. '위작 미인도 사건에서 국립현대미술관이 보여준 행태는 과거 국가권력에 의한 인권 침해 사례와 유사하다. 대한민국 현대미술사에 이러한 비극이 재발되어서는 안 되며 작가의 인권이 유린되는 일이 있어서는 안 된다'는 취지에서 뜻있는 변호사들이 모여 무료 공동 변호인단을 구성한 것이다.

배금자 변호사를 포함 공동 변호인단은 단 한 푼의 수임료 없이 진실을 밝히기 위해 동분서주하고 있다. 배 변호사는 오히려 사재를 털어 경비로 쓰고 있을 만큼 헌신적이다. 뜻을 함께한 공동 변호인단은 다음과 같다.

- 배금자 변호사(전 한국저작권위원회 위원), 해인법률사무소 대표
- 위철환 변호사(전 대한변호사협회 회장), 동수원종합법무법인 대표
- 오욱환 변호사(전 서울지방변호사회 회장), 한원국제법률사무소 대표
- 박영수 변호사(전 대검중수부장, 후에 박근혜 대통령 국정농단 사태 특별검사에 임명되어 사임.), 법무법인(유한) 강남 대표
- 이삼 변호사 (전 서울 고등검찰청 검사), 법무법인(유한) 정률 대표
- 박용일 변호사(전 부패방지위원회 위원), 변호사 박용일사무소
- 김선수 변호사(전 사법제도개혁추진위원회 단장), 법무법인 시민 대표
- 임통일 변호사(전 대한변호사협회 인권위원), 법무법인(유한) 강남 대표
- 김선양 변호사(현 국회입법지원 위원), 법무법인 한백 구성원

공동 변호인단 발족 후 한 달 뒤인 2016년 봄, 공동 변호인단 대표로 배금자변호사, 오욱환 변호사, 김선양 변호사가 고소 고발장을 제출하기 위해 서울지방검찰청을 방문했을 때의 일이다. 수사를 맡은 배용원 부장검사는, "이게 무슨 인권침해 사건이야!"하고 소리를 버럭 질렀다고 한다. 왕성하게 활동하던 예술가의 붓을 꺾게 하고, 위작이라고 공증까지 남긴 그림을 검찰까지 나서서 진품이라

고 우기는 것이 과연 작가에 대한 인권 유린이 아니고 무엇인가.

배 변호사는 나보다 훨씬 젊고 분야도 다르고 감성도 판이하지만, 그를 보면 어머니를 떠올린다. 어머니는 신문 삽화를 그릴 때나, 본격적인 작품을 할 때, 또는 잡지 인터뷰를 할 때 어느 것 하나 소홀히 하지 않았다. 배 변호사를 보면 혼신을 다하고, 완벽을 추구하는 성정이 꼭 어머니를 닮았다.

다른 수임 건수를 줄여 가면서 위작 미인도 사건에 매진하는 배 변호사와 어머니는 만나본 적은 없건만, 전생에 무슨 인연이 있어 2년 가까이 이 일에 매달려 분투하고 있는지!

1원도 받지 않는 무료 변호, 게다가 남들로부터는 뭐 그림 한 장이라도 받지 않았겠냐는 애먼 소리까지 들어가며 혼신을 바치는 배 변호사께 감사한다. 누구와 만나든 헤어질 때 하는 "이제 시작입니다. 승리할 겁니다."라는 배 변호사의 인사는 어머니의 "사필귀정, 언젠가 뽀얀 안개가 걷히고 진실이 밝혀지리라고 봅니다."는 말을 떠올리게 한다. 지금 그는 나의 횃불이다.

아! 억장이 무너지고

국립현대미술관은 검찰이 진품 판정을 내리자 기다렸다는 듯이 '소장품 특별전 : 균열'을 통해 「미인도」를 일반에 공개했다.

바르토메우 마리 국립현대미술관 관장은 "진위를 가리거나 특정 결론을 유지하기 위한 것이 아니라 「미인도」가 감상의 대상이 되길 바란다."며 전시 의도를 설명했지만, 이는 어머니를 향한 모욕이 아닐 수 없었다. 「미인도」에 관해 아직 법원의 판단이 나온 적이 없고, 법적 절차도 진행 중이다. 최광진 평론가는 한 언론사 잡지를 통해 "국립현대미술관 전시는 검찰의 진품 판정에 힘입은 바가 크지만, 문제는 검찰의 판정을 존중하는 국민이 많지 않다."고 강조했다.

최광진 평론가는 호암미술관 큐레이터로 일하던 1995년 '천경자 회고전'을 열며 어머니와 인연을 맺었다. 그는 2016년 6월 출간한 천경자 평전에서 60쪽에 이르는 '위작 미인도 논란'을 다루었다. 검찰은 최광진 평론가를 불러 조사하였고, 「미인도」 감정에도 참여하면서 혼자 2시간 동안 「미인도」의 실물을 보는 기회를 얻었다고 당시 상황을 묘사했다.

그는 사진으로 봤을 때보다 물감이 두꺼웠고, 완성작이라고 하기엔 허술한 점이 많아 이해가 안 되었다고 했다. 그러고는 미학적인 요소와 기법적인 요소 등 10가지 정도 문제점을 적시하며 위작임을 명확히 결론지었다.

그런데 얼마 후 최 평론가는 담당 검사로부터 "이거 그냥 진품이라고 보면 어때요?"라는 전화를 받았다는 이야기를 털어놓았다. 뤼미에르광학연구소의 감정 결과도 나오기 전이었다. 그는 "검찰이 「미인도」를 진품이라는 결론을 내려 놓고, 그쪽으로 무리하게 몰고 가려 한다는 인상을 받았다."며 뤼미에르광학연구소의 감정 결과를 애써 무시한 것도 그런 맥락이라고 말했다. 최 평론가는 전문가의 충분한 논의를 거쳐야 하며 무리하게 결정하지 말라고 담당 검사에게 의견을 보냈다고 한다. 그럼에도 검찰은 허술한 근거로 진품 판정을 내렸고, 이에 힘입어 국립현대미술관은 버젓이 「미인도」를 전시하는 상황이 벌어졌다.

작가에게 폭력이 된 전시

최광진 평론가는 「미인도」는 천 화백의 1974년 스케치 「바리의 처녀」와 1975년 작 「발리 섬의 처녀」 그리고 1977년 작 「고」에서 꽃, 풀잎, 나비 등의 요소를 따와 조합한 그림이라고 밝혔다. 「발리 섬의 처녀」의 꽃을 가로로 옮겨 그린 후 몇 개의 꽃을 임의로하고 발리 섬에서 빠른 속도로 현장 스케치한 것을 옅은 담채로 색을 입힌 「바리의 처녀」에서 우측 이파리를 베꼈다. 그리고 어깨의 나비는 1977년에 완성된 작품 「고」에서 따왔다. 이렇게 여러 작품에서 부분을 가

「발리의 처녀」 (부분), 35×25.5㎝, 연도 미상.

「바리의 처녀」, 1974년.

「미인도」

「미인도」에 그려진 이파리는 「발리의 처녀」, 「바리의 처녀」와 비슷하고 어깨의 나비는 「고」에 그려진 나비와 똑같다.

「고」, 40×26cm, 화선지 화판에 진채, 1974년.

져와 짜깁기하는 것은 위작의 전형적인 방식이다.

「미인도」의 태생이 이러할진데 국립현대미술관은 전문성이 의심스러울 만큼 '위작 미인도 사건의 진실을 밝히려 하기보다 미인도가 진품임을 증명하려고' 노력했다. 국립현대미술관 측의 주장은 대부분 가짜 뉴스와 진실로 둔갑한 소문들에 의존했다.

아직 아무런 법적 결론이 나오지 않은 「미인도」를 국립현대미술관에서 전시해도 되는 일일까? 어머니가 "목에 칼이 들어와도 내 작품이 아니다"라고 절규하였는데, 버젓이 전시되어 있는 위작을 본다면 어떨까? 어머니가 느꼈을 모욕감에 가슴이 불에 데인 듯 아파왔다. 최광진 평론가는 "자신들의 소장품이라고 해도 작가가 원하지 않는 작품을 전시하는 것은 작가에게 폭력과 다름없다."라며 나와 비슷한 생각을 내놓았다.

국립현대미술관의 「미인도」 전시 행태는 어머니를 조롱하는 것이었다. 위작 미인도 사건으로 피눈물을 흘리며 절필까지 선언하고, '미인도는 내 작품이 아니다'는 공증 확인서까지 남기고 돌아가신 어머니에 대한 최소한의 예의를 보여주어야 했다.

서울시에 보낸 공개서한

1998년 어머니는 서울시에 모두 93점의 귀중한 작품을 기증하면서 저작재산권 일체를 양도했다. 국립현대미술관이 「미인도」 전시를 강행했을 때 나는 「미인도」의 폐기나 철수를 요구할 권리가 없었다. 다만 유족에게 남은 것은 저작인격권으로 '성명 표시를 저지할 수 있는 권한'뿐이었다. 저작권법 전문 변호사인 배 변호사는 서울시에 공개서한을 보내 저작재산권을 가지고 있는 서울시가 나서서 이 문제를 해결해 줄 것을 촉구했다.

배 변호사는 '역사적으로 어떤 작가가 자신의 분신처럼 아끼던 93점의 작품 기증 이외에 창작한 모든 작품에 대한 저작권까지 양도한 사례는 보기 힘듭니다. 서울특별시는 이 저작권 양도 계약에 의거하여 천경자 화백으로부터 기증받은 작품은 물론이고 다른 모든 작품에 대해서까지 저작권료를 받고 있습니다.'라고 적시하며 '서울시는 천경자 화백 작품의 저작재산권자로서 천경자 화백의 작품인 양 가짜 서명이 들어가거나 작풍을 흉내 낸 위작 저작물이 나타나면 이에 대해서 저작권자로서 강력하게 법적으로 대응하여 고발하거나 전시, 판매 등 금지가처분은 물론이고 폐기청구 등 법적 조치를 할 권리가 있고, 이는 고인과 유족에 대한 의무'라고 강조했다.

유족의 입장에서는 어머니의 전 작품에 대한 저작권을 양수받아 저작권료를 받고 있는 서울특별시가 권리 침해에 대해 방치하는 행위는 이해하기 어려웠다.

《조선일보》는 지면을 할애해 이 상황과 문제점을 상세히 짚었다. 국립현대미술관의 「미인도」 공개와 관련하여 저작권법 위반, 사자 명예훼손 등을 거론하며 "위작 저작물은 국가기관이 이를 수거 폐기할 의무가 있고, 통상 위작으로 지목되어 법적절차가 진행되면 전시하다가도 내리는 것이 수순임에도 국립현대미술관은 정반대의 행동을 취하고 있다"며 나와 공동 변호인단의 입장을 상세히 실어주었다. 그리고 국립현대미술관이 「미인도」를 전시할 권한이 있다는 것은 소유권과 저작권의 차이를 전혀 모르는 행태라고 꼬집었다.

수수방관 서울시

2017년 6월 12일 월요일이었다. 서울시 문화정책과로부터 다음과 같은 회신을 받았다.

저작재산권 침해를 근거로 법원에 전시 금지가처분 신청을 하기 위해서는 작품의 여러 곳에서 짜깁기했다는 주장을 뒷받침 할 수 있는 최소한의 근거, 어떤 작품의 어떤 부분을 복제한 것인지를 제시할 수 있어야 하나, 이 부분은 고도의 예술적·전문적 판단이 필요한 사안으로서 사실상 서울시에서 판단하기 어려운 점이 있습니다. 그리고 유족 분들의 의사를 존중하는 차원에서 유족 분들의 판단과 의견을 받아들여 법적 조치를 취한다고 하더라도, 서울시가 이러한 법적 조치를 하는 것에 대해 다른 유족 분께서는 생각하시는 바가 달라 이에 시에서 바로 법적 조치를 취하기 어려운 점이 있음을 널리 양해해주시기 바랍니다.

공문에 첨부하여 국립현대미술관장 앞으로 보내 달라며 서울시 측에 아래 요청문을 보냈다.

현재 귀 기관이 전시중인 미인도는 서울 중앙지검에서 진품 판정을 받았으나 여전히 진위논란이 있는 상황이며, 생전에 고인께서 위작이라고 주장하셨던 작품입니다. 현재 고인의 유족께서 미인도 전시가 해당 작품을 진품으로 몰아가고 있어 전시 중단 등의 조치가 필요하다고 서울시에 요청하신 바, 저작권 양수자로서 미인도의 전시에 대하여 전시 중단 등 유족 분들의 의사가 반영될 수 있도록 충분한 협의 후 진행하시기를 요청합니다.

서울시의 반응은 애매했다. 국립현대미술관에 「미인도」 그림을 폐기하거나 내려달라는 강력한 요구는 없었다. 나는 서울시 문화정책과에 '작품의 여러 곳에서 짜깁기했다는 주장을 뒷받침할 수 있는 최소한의 근거, 어떤 작품의 어떤 부분을 복제한 것인지를 제시할 수 있어야 하는지'에 대한 자료를 보여주고 설명하겠다고 제의했다.

서울시립미술관 본관에서 멀지 않은 곳에 위치한 서울시청 별관 4층에 있는 문화정책과 사무실은 칸막이와 책상들로 텁텁한 분위기였다. 내가 서울에서 직장 생활을 했던 1970년대 말이나, 미국에서 직장 생활을 했던 1980년대의 사무실을 연상시킬 만큼 시간이 잠시 정지한 듯했다. 박인숙 팀장과 약속이 잡혔으나, '(시의원인 듯) 의원으로부터 시급한 요청이 있어 잠깐 다녀와야 한다.'며 나갔다. 우리는 과장실로 안내받았다.

배 변호사는 처음에는 차분하게 사건 개요와 고소 이유를 설명했다. '어머니가 돌아가신 직후 국립현대미술관 관계자들에 의해 언론에 유포된 황당한 조작과 거짓을 그냥 두고 볼 수만은 없었으며 심지어 국회보고서에까지 거짓말이 난무하는 것을 어떻게 자식이 그냥 보고만 있겠느냐'라는 설명을 40분 이상했다.

누가 당신 어머니의 무덤에 침을 뱉는다면 어떠시겠습니까?

배 변호사는 '국립현대미술관이 아직 법적 결론도 나지 않은 상태에서, 생전에 천 화백이 그렇게 자기가 그린 그림이 아니라고 절규한 그림을 검찰 발표가 나자마자 버젓이 전시하고 있는 것은 천 화백을 농락하고, 두 번 세 번 다시 죽이는 행위'라고 분개했다. 그런데 모든 저작권을 양수한 서울시가 남의 일 보듯 하는 것은 타당치 않다는 얘기였다.

배 변호사는 "저는 소송 전에는 천 화백님의 저작권이 모두 서울시에 양도되었다는 사실을 몰랐습니다. 저작권이 없는 우리는 국립현대미술관에 대해 어떻게 할 수가 없어요. 저작권 양수자인 서울시가 그 권리를 행사해 주셔야 해요. 그래서 그 그림을 내리게 해주셔야 해요. 유가족한테 있는 인격권만으로는 우리는 그 그림의 성명 표시 금지가처분 신청 권리밖에 없어요." 배 변호사는 점점 격앙되어 갔다.

"만약에 본인의 어머님의 무덤에 누가 침을 뱉는다면 어떠시겠습니까?"

비유도 점차 강도를 더해갔다.

"서울시는 천 화백으로부터 전 작품이라 해도 과언이 아닐 주옥같은 작품 93점을 기증받았습니다. 서울시는 천 화백의 대리인이어야 합니다."

서울시는 유족 중 언니가 서울시에 절대 아무런 조치를 취하지 못하도록 막고 있기 때문에 무척 곤란한 입장인듯 보였다. 일단 어머니가 생전에 위작이라 천명했으면 그만이지 그 일을 가지고 왈가

왈부하고 싶지 않다는 것이 언니의 입장이다.

배 변호사의 열변은 계속되었다. 흡사 그가 어머니의 통한으로 피를 토하는 딸과 같고 나야말로 방관자로 보였다. 서울시청 별관을 나와 우리는 조그만 찻집에 앉았다. 배 변호사가 감연히 말했다.

“사실 저는 앞으로 3년만 변호사 생활을 더 하고 이후 저술 활동이나 하며 조용히 살려고 했습니다. 그런데 이제는 생각이 달라졌어요. 10년이 걸리든 20년이 걸리든 천 화백의 한을 풀어드리겠습니다.”

4장

눈이 싸늘하게 타는 여인

「아열대」, 73×91cm, 종이에 채색, 1978년.

응축된 에너지와 밀도 있는 질감이 절정이었던 1977년

1977년 2월 21일 《매일경제》는 어머니와 인터뷰한 내용을 '창조하는 사람들'이라는 코너에 실었다.

"화가는 이제 완숙기에 깊숙이 들어가 있는 것 같다. 세상을 초월한 세계를 호흡하려고 하는 …… 그래서 길동무는 유일하게 그림이다."라고 어머니의 예술 세계를 평했다. "아~ 별에서 온 여자를 그리신다구요?"라는 기자의 질문에 "마녀가 될지, 성녀가 될지 그려봐야 알겠지요. …… 눈이 싸늘하게 타는 강렬한 사람이 되는 걸 보면……."

어머니의 1977년은 여느 해와는 달랐다. 다가오는 전시회 준비로 해외 스케치 여행도 안 하고 화실에서 창작에만 몰두했다. 눈이 싸늘하게 타는 강렬한 여인들을 그리기 위해.

그림 속 여인들은 어머니의 자화상이기도 했지만, 어머니가 항상 동경하고, 현 세계를 초월한 존재이며 자신을 지켜줄 것만 같은 수호신과도 같은 존재였다. 눈에 광채가 나도록 그리다 보니 선뜻 말을 걸기도 어렵다는 어머니 그림 속의 여인들.

어머니의 작품 세계가 어느 시기보다도 무르익어 가고, 작품 완

서교동 화실 응접실의 어머니, 식구들은 이 응접실에 자주 모였다.

성도를 끌어올리기 위한 집착도 절정을 향했다. 이 해에 「수녀 테레사」, 「내 슬픈 전설의 22페이지」, 「나비와 여인의 초상」, 「아열대」와 같은 원숙한 작품이 태어났다. 하필이면 위작 「미인도」도 '1977년'이란 꼬리표를 달고 세상에 그 음울한 얼굴을 드러낼 준비를 하고 있었다.

같은 해 어머니의 네 번째 수필집 『한』이 출간되었다. 책은 제법 잘 팔리고 있었다. 그러나 어쩐지 돈 쓸 일이 자주 생기다 보니 어머니가 종종 한숨을 쉬셨다. 외할머니는 "아이, 한(恨) 팔아서 번 돈 아니냐, 하안~"이라고 하셨다.

나는 대학 졸업 후 막 직장 생활을 시작했고 오빠는 현대건설의 건축설계사로 근무했다. 그리고 막내는 대학교 신입생이었다.

언니는 1976년 대한민국미술전람회(흔히 국전)에서 「옛 이야기」라는 날염 작품으로 대통령상을 받아 '공예 부문'에서 대통령상이 나오는 이변의 주인공이 되었다. 10년간 꾸준히 입선만 하던 언니가 최초로 공개 심사로 국전을 치뤘던 그해에 대통령상을 받았다. 한 신문사로부터 이 소식을 전해 들은 외할머니, 어머니 그리고 언니는 쇼크로 방바닥에 나란히 뻗어버렸다고 한다. 여러 언론사에서 주목할 정도로 크게 보도되자 군대에 있던 대학 동창으로부터 '모전여전'이라는 타이틀의 신문기사를 스크랩한 편지가 올 정도였다. 대통령상 수상 이후 언니는 새로운 진로를 모색하기 위해 미국행을 결심했다.

식구들을 모아 그림평 듣기

1977년 여름 언니가 뉴욕으로 떠나기 전까지 어머니, 외할머니, 언니, 오빠, 남동생, 일하는 처녀 봉순이, 애교 덩어리 흰 강아지 꽃순이 그리고 나까지 여덟 식구가 서교동 단독주택에 함께 살았다. 앞으로 다가 올 「미인도」라는 광풍을 예감하지 못한 채 어머니는 작업에만 열중했다. 특히 그해엔 어머니가 어느 때 보다도 역동적이며 파격적인 질감을 표현했고, 그림은 더욱 더 두터워졌으며, 작품당 작업 시간도 더욱 길어졌다. 미학적 완성도가 높은 작품들이 탄생했다.

작품을 그리다가 잠시 쉴 때면 어머니는 온 식구를 종종 2층 화실로 불렀다. 외할머니는 몸이 무거워서 우리가 할머니 뒤에서 엉덩이를 떠받쳐 밀면서 2층으로 올라갔다. 어머니는 식구들이 모이면 그림 평 듣는 걸 즐겼다. 그림에 시적인 제목을 붙이기를 좋아한 어머니는 제목 몇 개를 지어 놓고 식구들에게 여론 조사를 했다. 그렇게 해서 「탱고가 흐르는 황혼」, 「누가 울어」 같은 제목들이 태어났다.

그 무렵 이런 일도 있었다. 온 식구가 어머니 화실과 연결된 응접실에 모였을 때였다. 어머니는 잡지 표지로 발표할 그림을 완성해 놓고 반응이 어떨 것 같냐고 물었다. 즉석에서 투표가 이루어졌다. 한 사람씩 종이쪽지에다 동그라미 아니면 가위표를 하게 했다. 개표 결과는 물론 전부 동그라미였다. 단 한 표만 제외하고! 외할머니는 그 쪽지에다 연필로 '힛또'라고 적었고, 이를 본 식구들은 폭소를 터뜨렸다. 히트할 것이라는 최고의 지지 표시를 한 것이다. 어머니

「누가 울어」, 79×99cm, 화선지 화판에 진채, 1988년.

와 식구들은 그렇게 친밀한 공간에서 함께 숨 쉬며 생활했고, 어머니의 작품들 역시 그 밀접한 공간에서 같이 호흡하며 탄생했다.

나는 1977년 봄 서강대학교 영문과를 막 졸업하고 동아방송(DBS · 1980년 KBS로 통폐합)의 아나운서실 수습사원으로 일하고 있었다. 방송 경험이 없었을 뿐더러 언론에 대한 투철한 사명감이 있어서 취직한 것은 아니었다. 직장을 구하다가 다행히 필기시험 성적이 좋았고, 간단한 읽기 마이크 테스트를 통과했고, 간부들 면접에서 '성격이 쾌활하다는' 평을 들은 덕에 취직되었다.

면접시험장에는 김상만 회장이 별말없이 나와 앉아 있었고 전영우 아나운서 실장도 함께 있었다. 그 외 간부 몇 사람이 있었는데 그중 한 분이 《동아일보》를 읽느냐, 가장 열심히 보는 기사가 어떤 기사냐고 물었다. 나는 때마침 《동아일보》에 게재된 박완서 씨의 사회 비평적 연재소설 「휘청거리는 오후」를 읽고있던 터라 '휘청거리는 오후를 잘 읽고 있다'고 대답하였다. 면접을 마치고 돌아와서 나는 "엄마, 갑자기 소설 생각 밖에 안 나서 '휘청거리는 오후'라고 대답했어."라고 했더니 어머니는 "오늘 오후가 바로 휘청거리는 오후였구만."하고 응수해 주었다.

나는 서툰 방송국 일에 스튜디오에서 실수하기 일쑤였고, 어머니는 온종일 그림을 그리며 내 방송을 모니터 해 주었다. 방송국에서 내가 레코드판에 전축 바늘을 잘못 놓아 엉뚱한 노래가 나간다든지, 30초씩 방송 공백이 생긴다든지 하면 온 식구의 가슴이 쿵 내려앉았다. 집으로 돌아와 "엄마아~"하고 통통통 2층으로 올라가면 어머니는 일과를 끝내고 화실의 윗목에 자리를 펴고 누워 문예잡지나 소설을 읽고 있었다. 어머니와 나는 온갖 인물평, 실수담으로 저녁 내내 많이도 웃었다.

한번은 내가 진행하던 가요프로그램에 지적인 이미지의 남자 가수가 초대 손님으로 나왔다. 그 시기가 복 철이었던 탓에 내가 그만 불쑥 보신탕을 드시냐고 묻고 말았다. 그랬더니 초대 가수는 약간 당황하면서 "쪼끔-"이라고 했다. 그런 일들을 놓고 "먹으면 먹고 아니면 아니지, '쪼끔-'이라고 했다" 면서 둘이 웃곤 했다.

언젠가 대학생이던 나의 딸이 "엄마 웃는 게 외할머니하고 똑같아."라고 했다. 내가 "진짜? 어떻게?" 하고 묻자, 처음에 끼이익 하는 그런 소리가 목에서 나다가 마악 크게 웃는다는 것이다.

대학 내내 옷이라면 청바지와 티셔츠, 오빠 스웨터 그리고 어머니한테 물려받은 1950년대 체크무늬 코트가 전부였던 내가, 난생 처음 명동의 노라노양장점에서 블라우스와 스커트를 맞추어 입은 해가 1977년이기도 하다. 그해 어머니는 「내 슬픈 전설의 49페이지」라는 제목으로 《문학 사상》에 자서전을 연재하고 있었다. 어머니가 소반 위에 원고지를 놓고 글을 쓰며 옛일을 회상할 때는 상상할 수 없을 만큼 불행한 일이 겹쳤던 엄마의 청춘이 슬펐던지 눈물을 글썽거렸다. 하지만 어머니의 이야기에는 항상 슬픔만큼 웃음이 따라왔다.

「내 슬픈 전설의 22 페이지」, 34.6×42.5cm, 화선지 화판에 진채, 1977년.
어머니가 첫 딸(이혜선)을 낳았던, 22살의 그때를 생각하며 붙인 제목이다.

온 식구들이 비비고 살던 공간에 「미인도」는 없었다

침실 겸 화실로 쓰던 어머니 방과 마루에 걸려 있던 어머니의 그림들이 바로 엊그제인 듯 눈앞에 떠오른다. 어머니가 한 작품에 몇 달씩 공을 들이다 보니 그림들은 완성을 기다리며 화실의 연장인 응접실에 항상 세워져 있었다. 그림을 놓고는 담배 한 대를 태워 물고 보고 또 보았다. 그러다 고치고 싶은 데가 생기면 다시 화실로 들고 가셨다. 그럴 땐 콧노래가 흘러나오기도 했고, '갈매에기이이 바다 위에 울지이~ 말아요.' 하는 옛노래가 나올 때도 있었다.

1977년 그 화실에는 「미인도」 같은 그림이 끼어들 틈은 결코 없었다. 매일 드나들던 그 공간에 작품을 펼쳐 내놓고 온 식구가 같이 웃고 작품을 품평하던 그 무렵 어느 구석에도 「미인도」는 없었다. 어머니가 "목에 칼이 들어와도 아닌 것은 아니다"라며 가짜라고 잘라 말했던 그 그림은 우리 식구들이 비비며 살던 장소에 존재하지 않았다.

개인전 준비로 창작에 혼을 불태웠던 1977년에는 다른 해 보다 비교적 작품 수가 많았다. 그래도 기껏해야 10여 점이었다. 나는 어릴 때부터 어머니의 모델이었다. 1977년에 등장하는 모든 여인상 역시 나의 모습에서 출발했다. 창작가인 어머니도 모르고 모델인 나도 모르는 그림이 1991년에 갑자기 '나도 천경자의 자식'이라고 나타났으니, 기가 막힐 일이 아닌가. 그 정체불명의 여인을 두고 '어머니가 창조한 게 아니라는 사실'을 증명해야 하는 부조리한 사건이 소위 '위작 미인도 사건'이다.

구도자처럼 꿇어 엎드려

그림 그릴 때 어머니는 가끔 "물 좀 갈아 오니라"하고 심부름을 시켰고, "뽀끔 짜오니라" 하며 물걸레를 빨아오라고도 했다. 그렇게 도와드리면 큰일을 덜어낸 듯 고마워했다. 온종일 그림을 그려야 했던 날에는 아예 도시락을 싸 달라고 해서 2층으로 가지고 올라갈 때도 있었다.

어머니가 최초로 독립된 화실을 갖춘 곳은 1962년부터 살았던 옥인동 국민 주택이었다. 초등학생이었던 남동생과 내가 "엄마아, 있어?"하고 대문을 열고 들어가 앵두나무가 있던 마당을 지나 2층으로 올라가면 "내 새끼 왔는가" 하면서 항상 팔을 벌려 반겨주었다. 그리고 밖에서 묻혀온 냄새를 맡으러 볼을 비볐다. 그럴 땐 '푸푸 푸푸 뿌뿌야' 같은 뜻없는 소리를 장단 맞춰 내기도 했다.

어머니는 항상 2층 화실에서 이미자의 노래나 판소리를 틀어놓았다. 어떨 때는 흥얼흥얼 따라 부르기도 하며 그림을 그렸다. 그런 자세는 인왕산 밑 옥인동에 살 때나 서교동의 슬라브식 주택에 이사와서 살 때도 마찬가지였다.

그 후 압구정동의 아파트 시절에도 어머니가 그림 그리는 자세

1980년대 스케치하는 어머니 모습.

는 항상 같았다. 화판은 낡은 담요를 깐 방바닥에 내려놓고서 무릎 꿇고 구부려 앉은 자세로 평생 그림을 그렸다. 어머니는 몇 시간씩 그렇게 작업을 해도 '평생에' 허리 아프다고 말한 적이 없다. 그게 참 신기하다. 작업복으로는 늘어진 내의나 티셔츠에 고쟁이라 부르던 헐렁한 한복 바지 같은 것을 입었다. 어느 해인가는 외할머니, 어머니, 언니, 나까지 삼대가 집 안에서 비슷한 고쟁이를 입고 있다가 서로 보며 깔깔 웃었던 기억도 난다.

어머니가 그림을 그릴 때는 담요 위에 화판, 물감을 개는 작은 접시들, 아교를 녹일 때 필요한 전기풍로, 몽당이가 된 것을 포함해 붓 수십 개, 물을 담는 우동 그릇 크기의 큰 사발이 두어 개 그리고 붓 닦는 물수건 서너 개가 마룻바닥에 놓여 있었다. 어머니가 쓰던 화구는 그대로 보존되어 물감이 그대로 말라 붙은 접시들까지 서울 시립미술관 어머니 전시실 입구에 영구 전시되고 있다.

벽에 걸어놓거나 기대놓고 그리는 서양화 방식의 작법이면, 사다리를 타고 올라가 큰 그림을 그린다. 바닥에 놓고 그리는 어머니의 작법으로 대작은 어떻게 했는지 궁금할 것이다. 어머니는 큰 그림을 그리다 팔이 안 닿는 부분은 기다란 널빤지를 바닥에 있는 그림 위에 걸쳐 놓고 그 위에 올라가 역시 무릎을 꿇고 앉아 그림을 그렸다. 긴 나무판 양쪽에 다리를 붙여 그림 위에 걸쳐 놓을 수 있게 한 그 널빤지가 어릴 때 나는 도마 같이 생겼다고 생각했다.

널빤지 위에서나 그냥 바닥에서 그릴 때나 무릎 꿇고 엎드려 몇 시간씩 그림 그리는 어머니 모습은 구도자의 모습과 다를 바 없었다.

전라도 사투리와 영광 굴비

나는 1954년 광주광역시 금동이라는 곳에서 태어났다. 나를 낳던 그해는 어머니가 서른 되던 해였다.

어머니는 내가 갓난이일 때 홍익대학교에 교수로 부임하면서 서울로 왔다. 청파동 셋집에 갓난이인 나를 어린 가정부에게 맡겨 놓고 출근하는 전차 안에서 둥근 손잡이를 잡고 포플린 저고리 소매가 다 젖도록 운 적도 많았다고 한다. 그것은 아기를 떨어뜨려 놓고 일하러 가는 엄마의 마음이기도 했지만, 광주에 있는 아버지와의 미래가 불확실한 상황에서 북받쳐 오르는 설움이기도 했을 것이다.

《문학 사상》에 「내 슬픈 전설의 49페이지」를 연재할 때 그린 삽화로 화선지에 먹으로 그렸다.

내가 자란 환경은 어른들의 호남 사투리가 진하디진했던 환경이었고, 학교 들어가기 전까지는 완전히 전라도 아이였다. 우리 집의 대소사를 돌봐주었던 기춘이 어머니라는 아주머니는

"웬 애기가 그렇게 전라도 말을 잘하는지 희한하더라."고 기억했다.

오랫동안 우리 집에서 일하던 처녀가 시집을 갔다가 이내 다시 돌아와 살게 되었는데 어머니한테 물려받은 저고리를 그대로 입고 왔다고 한다. 이를 본 내가 저고리 섶을 만지작거리며 "찍기도 하다 와(질기기도 하네, 응)" 했다는 것이다. 전라도 사투리도 진했지만 다섯 살도 채 안 된 아이의 입에서 '아직도 이 저고리를 입고 있느냐'는 처자의 신세를 측은하게 여기는 말이 나와 여간 잔망스럽지 않았다고 했다.

어쨌든 지금도 호남 사투리를 들으면 정감을 느낀다. 어릴 때 할머니가 쓰셨던 어휘가 몇십 년 만에 내 입에서 튀어나오기도 한다. "여주 참사 꿀젓 먹고 나주 참사 물 씌인다.", "빈퉁산이 없이, 속창아리 없이, 퉁산이 듣게 생겼다(핀잔 듣게 생겼다)." 등 그런 말들을 들으며 컸다. 초등학교 2학년 때는 '빼깐'이라는 말을 선생님 앞에서 했다가 선생님이 못 알아들었던 기억이 난다. 빼깐의 서울말은 서랍이라는 걸 그때 배웠다.

가끔 그리운 어린 시절의 음식이 있다. 하나는 퇴근 시간에 맞춰 어머니, 나, 동생이 나가서 아버지와 함께 먹었던 무교동 한밭식당의 설렁탕이고, 또 하나는 오동통하고 하얀 살이 포실포실 부서지는 구운 영광 굴비다. 그런데 요즘 먹는 굴비는 그때 영광 굴비처럼 통통하지도 고소하지도 않은 것 같다.

술 마시고 늦게 들어온 아버지는 식사는 안 하고 나와 동생을 앉혀 놓고 이야기를 많이 했다. 특히 "긋때에…… "하고 시작하여 "똥통칸의 파리냐 불란서의 파리냐……"로 이어가는 변사의 사설 흉내를 즐겼다. 아버지는 '젊은 사자들'이라는 말론 브랜도 주연의 2차 대전을 소재로 한 영화를 보고는 말론 브랜도가 마지막에 죽는 장면을 '윽~으윽' 하며 한 번, 두 번도 아니고 세 번째 되어서 드디어 꼬꾸라진다는 점을 강조하며 흉내 내기도 했다.

나는 허스키한 남자의 음성에 끌리곤 한다. 적당한 허스키에 철성이었던 아버지의 음성이, 변사 흉내에 딱 어울렸던것 같다.

어느 날 아버지는 "맨 전라도 것들이 지는 전라도 출신이 아니라고 하는디, 전라도 것이 아님시로 전라도 행세 하는 놈이 딱 한 가지 있제. 굴비 말이다."고 말했다. 당시 인천 굴비들이 영광 굴비 행세하다가 소비자를 실망하게 하는 사례가 흔했다.

나는 텔레비전에서 배우가 전라도 말을 과장되게 하면 금방 귀에 거슬리고, 또 전라도 사람의 억양은 아무리 희미해도 금방 알아듣는다. 내가 좋아하는 가수 중에 남진 씨가 텔레비전에 나오면 그 전라도 사투리의 솔직한 화법이 아주 매력적으로 느껴진다.

권력 좋아하는 욕심이 너울너울

박정희 대통령 부인 육영수 여사는 여류 문화인들을 가끔씩 초청해 다과를 나누었고, 그 틈에 끼어 어머니도 청와대에 한번 다녀오신 적이 있다. 그날 청와대를 다녀온 어머니의 얘기가 아직도 생생하게 기억난다.

어느 여류 문인을 두고 어머니는 그대로 흉내를 냈다. "오매, 육

여사가 선생님은 고향이 어디십니까 하니까, 그분이 전라도 사람인 걸 세상이 다 앙만, '충북 옥천입니다' 그러대." 하고 그 정황을 전하는 것이었다. 충북 옥천은 육영수 여사의 고향이다. 어느 여류 문인에 관해서는 "그 얼굴 양쪽 볼따지에 권력을 좋아하는 욕심이 물결처럼 너울너울 번지드라."하고 그분의 웃는 표정을 묘사했다.

어머니는 권력 옆에 가는 것을 좋아하지 않았다. 그러면서도 내가 미국에서 유학 생활을 할 때는 별로 달갑지 않은 보이프렌드를 떨치고 근사한 신랑감이라도 만나기를 바랐다. 1980년대 초 로널드 레이건이 대통령일 때이다. 어머니는 "니가 레이건 아들이라도 만나면 안 좋컸냐 잉" 하고 뜬금없는 말씀을 한 번 했다. 아마 미국 대통령 며느리라는 타이틀을 안고 금의환향이라도 하기를 환상해 본다는 뜻이었다. 하도 현실성이 없어 어머니와 나는 같이 폭소를 터뜨렸다.

내가 알기로 레이건 대통령에게는 아들이 두 명 있었다. 첫 번째 부인인 영화배우 제인 와이만 사이에 난 큰아들은 이미 그때 50줄은 되어 보였고, 낸시 레이건하고 사이에 난 작은아들은 어머니 낸시 레이건을 닮아 눈은 굵은 쌍거풀에(흔히 우리 집에서는 그런 눈을 소라 눈이라고 불렀다), 턱도 가파른 게 영 내 타입이 아니었다. 지금은 정치평론가가 되어 아주 가끔 뉴스채널에 얼굴을 내밀기도 하는데(그의 정치철학은 공화당의 우상인 아버지 레이건과는 달리 진보적인 것으로 알고 있다), 그때는 아마 안무가가 지망생이었던 것으로 기억한다.

나는 결국 화가와 결혼하여 어머니에게 세속적으로 든든한 빽은 한 번도 되어 드린 적이 없다. 어머니는 결혼 전 나의 남편이 될 사

1984년 5월, 미국문화원에서 열린 사위의 전시회에 어머니. 왼쪽에서 세 번째가 미국문화원에 근무하던 김환수 선생, 맨오른쪽은 영화배우 김지미 씨.

람을 지칭하며, 그 애만 생각하면 뭔가 먹구름이 잔뜩 낀 듯한 느낌이라고 했다. 남편은 서강대학교 신문방송학과를 졸업하고 미국에서 학부부터 다시 미술 공부를 했다. 어느 날 어머니가 서강대학교 이근삼 교수에게 문 아무개라는 신문방송학과 학생이 우리 딸과 사귄다고 했다. 이 교수는 그 아이는 허리가 아파서 군대에서 큰 수술을 받고 제대한 뒤 복학했다며 말끝을 흐렸다고 했다. 이 일로 어머니의 마음에는 먹구름이 더 짙게 깔렸다.

남편은 메릴랜드주립대학교 대학원의 졸업을 앞둔 1984년 5월 서울의 미국문화원에서 첫 전시회를 했다. 남편은 동판화를 전공했다. 그때 친정 어머니도 오고, 천 선생의 사위가 전시한다고 영화평론가 이명원씨가 전갈을 해 영화배우 김지미 씨가 전시장에 나왔던

게 기억난다. 김지미씨는 논란 중이었던 여승의 얘기를 다룬 「비구니」라는 영화를 준비하느라 머리를 삭발했었는데 전시장을 찾았을 때는 짧은 머리가 송긋송긋 돋아난 모습이었다. 그 머리에 화려한 원피스 양장이 더 멋져 보였다.

국립 박물관장을 지낸 고고학자 김원용 박사는 문화원의 초청장 판화 사진을 보고 특이한 감성이라 생각되어 전시장에 왔다가 "그림을 나누기도 합니까" 라는 점잖은 말로 작품 하나를 구입했다. 그 분은 내가 만삭일 때 모델을 한 「비오는 날」이라는 동판화에 빨간 점을 찍었다. 김원용 박사는 어머니가 존경하던 분으로, 전시장에서 어머니를 만나 '작가가 어머니의 사위'라는 사실을 아시곤 깜짝 놀랐다.

누하동과 옥인동 시절

내게 가장 오래된 기억이 무엇이냐고 묻는다면, 그건 아른한 봄날 동생이 태어나던 날이다. 남동생은 음력으로 4월이 생일이니 아마 5월 어느 날이었을 게다.

종로구 누상동의 초가집에 살고 있었는데, 산파가 방으로 들어갔고, 출산이 임박했는지 어른들이 방에 들어오지 못하게 했다. 나는 심심하여 초가집 대문의 문턱에 말 탄 듯 걸터앉아 못 같은 뾰족한 것으로 홈에 들어간 흙을 파 내며 하릴없이 놀고 있었다.

그후 이사한 집은 누하동의 작은 한옥이었다. 이 집에서 아버지가 참의원이 되었고, 5 · 16 군사 정변 후에 투옥되었다. 당시 나는 초등학생이었다.

아직 아버지가 수감 중이던 초등학교 1학년 때였다. 학부모들 중에는 참 인정머리 없는 사람들이 있었다. 나에게 방긋방긋 웃으면서 "지금 아버지 어디 계시지?"하고 물어보는 것이다. 나는 배시시 웃으며 "몰라요."라고 대답하곤 했다.

어머니는 동양화단에서 채색화는 왜색이라고 천대 받았던 그 시대에 채색화를 고집했다. 그 고집이 결국 채색화의 독보적인 경지를 개척하게 했다. 그러나 어머니가 직접 홍익대학교에서 가르친 제자들 중에도 수묵화로 바꾼 사람들이 많다. 위작 미인도 사건이 나고서야 채색화를 제대로 연구하고 계승해 가는 사람들이 많지 않음을 새삼 알 수 있었다.

그 가운데 이화자, 이승은, 홍상문 화백 등 어머니 직계제자들로부터 '왜 미인도가 가짜인지' 채색화 기법과 안료에 대한 지식과 경험을 바탕으로 한 전문적인 진술들을 들을 수 있었던 것은 참으로 다행이었다.

채색화가 괄시받던 시절에 홀로 버티며

1965년 홍익대학교에 입학한 이화자 교수는 어머니에 관한 두 가지 잊지 못할 일화를 들려주었다. 당시 홍익대학교 동양화과는 수묵화 반과 채색화 반으로 나뉘어 있었고, 수묵화 반 학생은 배렴 선생이, 채색화 반 학생은 어머니가 가르쳤다.

동양화에서 채색화를 일본화로 몰아세워 괄시했던 시절이었다. 그러나 우리나라의 채색화는 일본의 채색화보다 더 오랜 전통이 있다. 고구려 고분 벽화에 쓰인 채색이 오늘날 우리가 말하는 석채이다. 고려 시대에 사용된 불교 탱화와 민화 역시 석채화이다.

조선 시대에 들어와 화려한 채색은 유교 사상에 위배된다고 해서 탄압했지만 궁중 화가들은 개인적으로 채색화를 그렸고, 중인 계급은 집 안을 꾸미거나 집안 경사를 기념하려고 채색화를 주문했다. 채색화가 민화로 이어졌을 뿐 그 뿌리는 아주 깊어 일본과 비할 바가 아니다.

이화자 교수에 따르면, 수묵화 반과 채색화 반으로 양분된 홍익대학교 동양화과는 교수들도, 학생들끼리도 서로 친하지 않은 분위기였다. 갈등의 극치는 1967년 국전이었다. 수묵화 반에서 출품한 학생들은 몽땅 입선하고 채색화 반의 학생들이 몽땅 낙선하는 사태가 벌어졌다. 그래서 이경수 학생(나중 홍익대학교 동양화과 교수 역임) 등을 중심으로 낙선전을 열자는 움직임이 벌여졌고 덕수궁에서 낙선 작품 전시회를 열어 언론의 주목을 받았다.

여하튼 어머니는 홀로 채색화를 가르치며 동양화 전통을 이어가는 데 앞장섰다. 이화자 교수는 어머니는 특히 실물 사생을 강조했다고 한다. 붕어를 그리는 날이면 어항에 붕어를 가져오게 했다. 어머니의 가르침을 그대로 따른 학생 중에 김예자 학생이 있었다. 그는 국전 출품작을 준비하면서 암탉과 수탉 한 쌍을 학교에 가져와 실기실에 묶어놓고 그리고 있었다. 그런데 출품일이 임박해 작품 완성에 박차를 가해야 할 순간, 한 마리가 실종되는 사건이 일어났다. 김예자 학생은 울고 불며 닭의 행방을 찾아다녔다. 결국 학생회의를 열어 조사하자 어느 남학생이 간밤에 술안주로 삶아 먹었다고 자백했다. 어머니는 학교에 출근하자마자 그 이야기를 듣고 박장대소를 했다고 한다. 그리고 모델 닭을 잡아먹은 그 학생에겐 '정학 3일'을 벌로 내렸다.

이화자 교수는 홍익대학교 실기실에 불이 나서 학생들 작품이 전소됐던 사건도 들려주었다. 국전 출품작들을 그리고 있던 학생들은 허탈했다. 그러자 어머니는 여름방학을 이용해 일본에 가서 안료를 사와 학생들에게 나눠주며 격려했다. 이화자 교수는 어머니가 화방의 종이로 싸서 납작하게 접어 나눠주던 안료 가운데 아직도 간직하고 있다며 술회했다.

어느 날 어머니가 이화자 학생을 교수실로 불렀다.

"니는 얼굴도 이쁘고 얌전하고……. 좋은 데 시집을 가지 그림을 꼭 그려야겠니?"

"선생님 무슨 말씀이세요. 저는 그림이 좋아서 학교에 들어왔는데 평생 그릴 거예요!"

잠시 아무 말씀 없이 있더니, "여자가 그림을 그린다는 게 얼마나 어려운 일인지 모른다"라면서 "업보를 갖고 태어난 사람이 그림을 그린다"고 말씀했다고 했다.

이화자 교수는 나와의 대화 끝에 이렇게 덧붙였다.

"저는 선생님께 평생 약속을 지켰습니다."

"무슨 약속이요?"

"그때 학생들은 오직 국전 출품을 목적으로 작품을 했지, 새로운 걸 시도한다든가, 자기 전공 밖의 기법을 공부한다든가 그런 게 없었습니다. 그저 3, 4학년들은 국전 작품에만 매달렸습니다. 그런데 어느 날 선생님께서 말씀하셨어요. 국전에 상을 받으려고 그림을 그리지 말라고요. 그러면서 국전 출품 대신 개인전을 준비하라고 하셨죠. 그래서 2~3년간 작품이 모이면 개성도 기를 수 있고 작품 세계도 깊어진다고요. '선생님, 저는 그 약속을 평생 지켰습니다'라고 말할 수 있어요."

그의 눈가에 눈물이 살짝 비쳤다. 이화자 교수에게 물었다.

"어머니 별명은요?"

"오홋홋홋, 다리 미인이요. 다리가 참 날씬하고 이쁘셨잖아요. 선생님께서 실기실에서 가르칠 때 뒤에서 선생님 다리를 막 크로키 했거든요."

청전 선생 댁과 같은 골목에서

누하동 176번지는 우연히도 수묵화의 대가이며 채색화를 경멸했던 청전 이상범 선생의 자택과 같은 좁은 골목 안에 있었다. 우리 집은 좁은 골목으로 들어가면 왼편에 있고 골목의 깊숙히 막다른 곳에 청전 선생의 자택이 있었다. 어머니와 청전 선생은 같은 학교에 재직하면서도 화단에서의 관계 때문인지 전혀 교류가 없었다. 단 한 번 어머니가 청전 선생님 댁에 가서 화선지 한 폭을 빌려오라는 심부름의 기억이 있을 뿐이다. 이 시기에는 어머니가 종종 수묵담채도 그렸다.

청전 선생은 작은 아들 내외, 그리고 월북한 장남 이건영 화백의 딸인 손녀와 함께 살았다. 손녀는 그때 양갈래 머리를 딴 여고생이었고 이름도 가녀린 그녀와 닮은 '인하'였다. 인하는 어머니와 떨어져 할아버지 집에서 자라고 있었다.

어떤 날은 동네 아줌마들이 "인하가 오늘 엄마 만나고 왔대. 그래서 울고 들어왔대." 하는 말이 들리고, 그러면 어린 나에게도 애처로운 감상이 밀려들었다. 그 집엔 항상 위엄이 감돌았는데 그런 적막함을 가끔 깨워주는 것이 둘째 아들, 미나 아빠였다. 미나 아빠는 여름에는 잠방이 같은 편한 차림으로 동네에 나올 때가 많았다. 어느 날은 미나 아빠가 오랫만에 외출복 차림으로 어디를 가길래

1960년 무렵, 누하동 골목 청전 선생님의 막내 며느리 집 담벽에서 찍은 사진. 왼쪽은 동네 친구(진숙), 가운데가 나, 오른쪽은 동생 종우.

나와 동생이 흡사 사립탐정처럼 신작로 국민대학교까지 따라가 보았던 기억도 있다.

좁은 골목을 마주하고 우리 집 맞은편에는 청전 선생의 막내 아들 내외가 살았다. 그 집 돌담에 따사롭게 햇볕이 들고 그 밑에서 또래 조무래기들과 이야기를 풀고 있으려면 돌담 윗편에 옆으로 길게 난 유리창이 스르륵 열리면서 청전 선생의 막내 며느리가 얼굴을 내밀었다. 아직 아기도 없고 젊고 고상하고 이뻤던 아줌마가 웃으면서 "그-랬어~" 하고 맹랑하고 귀엽다는 듯이 말해주었다.

인왕산 밑자락 옥인동 시절

집안 형편이 좀 나아지자, 1962년에 옥인동으로 이사했다. 국민주택이라고 불리던 똑같이 생긴 허술한 이층집들이 인왕산 밑에 나란히 들어선 주택 단지의 집이었다. 시멘트를 바른 앞마당에 펌프가 있고 할머니가 계신 건넛방, 그 옆에 부엌, 그리고 본채라고 하기에는 좀 초라했지만 마루를 가운데 두고 방들이 있었다. 언니 방과 오빠 방이 마주 보고 있고 언니 방에 붙어서 막내동생과 내가 쓰던 네모난 작은 방, 어머니와 아버지가 쓰던 안방은 그 작은 방을 통해 들어가는 구조였다.

내가 초등학교 다니던 1960년대 중반에 어머니는 이미 이름이 나 있었다. 초등학교 선생님이 어머니 연세가 어떻게 되느냐 물어, "40 그쯤" 했더니 "그렇게나 드셨어? 49쯤?" 하며 깜짝 놀라는 표정이었다. "아니요. 40이요 40." 엄마가 젊은 게 좋던 나는 막 손사래 쳤던 기억이 난다. 그 남자 선생님은 부드러운 표정으로 "어머니는 글도 참 잘 쓰시고……."라고 했다.

옥인동 인왕산 밑자락에 살 때는 동네 친구들과 나에겐 인왕산이 놀이터였다. 미끄럼 바위라고 불렀던 넓적하고 경사진 바위가 있어 친구들과 나는 그곳에서 항상 미끄럼을 타고 놀았다. 어떤 때는 동네 할아버지가 올라왔다가 "부모님이 고생해서 사준 옷을 그렇게 닳게하면 어떻게 하냐"고 무섭게 호통을 치는 바람에 줄행랑을 치며 산에서 뛰어 내려온 적도 있었다. 한겨울에도 미끄러운 눈길을 올라가 산에서 많이도 놀았다. 웬 젊은 남자가 가끔 나무 밑에서 성기를 드러내기도 했다. 우리는 꺄악! 소리를 지르고 도망치곤 했었다. 지금 같으면 당장 경찰에 신고했을 일이다.

나는 청운초등학교에 다녔다. 5 · 16 군사 정변 이후 박정희 대통령의 작은 딸인 근령이가 나와 같은 학년으로 전학을 왔다. 같은 반은 된 적이 없었으나, 어느 날 교감 선생님이 갑자기 미술대회에 출품할 그림을 그리라며 근령이와 나를 교무실로 불렀는데 그때 처음 가까이 보았다.

미술 시간도 제대로 없던 때에 갑자기 그림을 그리라니……. 나는 시키는 대로 크레파스로 전봇대가 들어간 풍경을 꼬박꼬박 그리고 있는데 근령이는 그림 그리고 있는 나의 옆모습을 연필로 쓱쓱 스케치해 놓고는 나가버렸다. 그 그림을 내가 집으로 가져왔는데 우리 식구들이 다 나를 닮았다는 평이었다.

초등학교 시절에는 6학년 1학기 때까지 전교 1등을 할 정도로 모범생이었다. 6학년 중간에 최은희라는 자그마한 친구가 전학와서 1등을 차지하기 전까지는 1등을 유지하고 있었다. 은희도 같은 중·고등학교에 진학했고, 중학교 2학년 때부터 성적이 떨어진 나와는 달리 은희는 고등학교까지 줄곧 전교 1등을 하며 나중에 서울대학교 법대에 진학해 법관이 된 것으로 알고 있다.

성적이 떨어지자 제일 먼저 나를 괴롭힌 것은 '누구 딸'이 공부를 못한다는 소리 들을까 하는 걱정이었다. 다행히 중학교 2학년 때 인기있던 유경순 담임 선생님이 가정 방문을 오셨을 때, 엄마는 "성적은 떨어졌지만 아주 명랑합니다"하고 호호호 웃으며 얘기하는 것이 아닌가.

그러다 내가 눈이 번쩍 뜨인 것은 고등학교 1학년 1학기 성적표를 받았을 때였다. 동네 친구와 같이 금천교 시장을 지나 집으로 걸어가면서 얼핏 석차부터 보았다. 63이라는 숫자가 눈에 들어왔다. 그러면 반에서 꼴등이라는 소리다. 기가 막히고 참담했다.

1968년 대천 해수욕장. 왼쪽은 나, 가운데는 어머니, 오른쪽은 동생 종우.

평소에 나보다 분명히 공부를 못한다고 생각한 누구도 있고 또 누구도 있는데……. 교단에서 성적표를 주며 유난히 측은하고 이해 안 된다는 표정을 지었던 선생님이 떠올랐다. 드디어 천경자 딸이 꼴등했다는 얘기가 교무실 내에 퍼지고 있을 것이란 상상도 떠올랐다.

방바닥에 누워 이불을 뒤집어쓰고 있는데 한참 만에 번득 스치는 생각이 있었다. 그 당시 성적표는 45/63 즉 63명 중에 45등, 이렇게 석차를 적었다. 혹시 내가 잘못 봤나 하고 나는 성적표를 다시 꺼내 확인했다. 다행히도 63명 중에 45등이었다. 그 안도감과 기쁨이란! 하지만 나는 그때 받은 충격으로 공부를 다시 시작했고 학교 도서관에도 드나들었으며 수업시간에는 책상 위에 책을 꺼내 놓고 선생님을 기다리는 준 모범생이 되었다.

노력은 헛되지 않아 가을의 중간고사 성적표를 나누어 주던 선생님은 몇몇 학생을 지목했다. 가장 석차가 많이 오른 학생, 그것도 20등 이상 성적이 오른 학생으로 내 이름이 호명되었다. 친구들은 키가 커 뒷쪽에 앉았던 나를 일제히 돌아다 보았는데 지난번에 얼마나 못했으면 그렇게 등수가 많이 올랐나 하는 표정이었다. 여하튼 그 이후론 내 성적은 상위권을 유지했다.

성적 이야기가 길어졌지만, 그만큼 어머니의 유명세는 형제 중에도 특히 나에겐 피할 수 없는 부담의 테두리를 만들어 주고 있었다. 그래서 아마 남을 위해 항상 양보하고, 비교적 도덕적인 편이고, 남의 칭찬을 좋아하는 그런 매력 없는 평범한 인간으로 성장하게 되었는지도 모른다.

미도파 그리고 세피아, 산스타

별명을 좋아하는 것은 우리 집의 오래된 전통이었던 것 같다. 내가 태어난지 얼마 안 돼 어머니는 나를 포대기에 싸서 방바닥에 눕혀 놓았다. 마침 옆에 펼쳐져 있던 신문에는 미도파백화점의 상호가 왜색이냐 아니냐에 관한 기사가 큰 제목으로 실려 있었다고 한다. 어머니는 볼이 핑크색인 여아에게 '미도파야' 하고 리드미컬한 이름으로 불러 봤더니 쌩긋 웃더라고 했다. 그날부터 내 별명은 '미도파'가 되었다.

동생의 별명은 쫑쫑이다. 어머니 그림 중에 모기장 안에 누워 눈을 또록또록 뜨고 있는 모습을 그린 그림 속 주인공이 동생 김종우다. 기어다닐 무렵 동생은 아랫목에서 윗목의 자개 장롱까지 돌진하곤 했는데 어느 날은 아기 이름인 "종우야!" 대신 "쫑우야!" 했더니 휙 돌아보고 쌩긋 웃었단다. 이 일로 내 동생은 쫑쫑이가 되었다.

어머니가 그린 동생 아기 때 그림은, 작품 발표 후 50년이 지난 어느 날 우리 가족 앞에 가슴 아프게 다시 나타났다. 아버지는 전남일보 평기자로 시작해 사장이 된 언론인이자 호남의 사업가였다. 어머니 집안처럼 할아버지대에 몰락하여 아버지는 집안을 일으켜야 한다는 사명감과 일가 친척을 다 책임져야 한다는 의지가 강했다.

1970년 무렵 아버지는 광주 금남로에 광주 최초의 호텔인 광주관광호텔을 지었다. 5~6층 정도 되는 건물이었던 것 같다. 호텔이 신축됐을 때 아버지는 호텔에 걸겠다고 어머니의 큰 그림들을 많이 빌려 갔다. 그중에는 시인 고은 선생님의 승려 시절을 모델로 한 그림과 동생이 모기장 안에서 눈을 뜨고 엄마를 보는 그림도 포함돼 있었다. 그 당시에 빌려 간 그림들은 어머니에게 다시 돌아오지 못했다. 광주관광호텔의 그림 문제는 이후 두 분 사이가 안 좋으면 가끔 불거지는 싸움거리였다.

어머니는 그림은 포기하더라도 슬라이드라도 찍어두기를 간절히 원했다. 내가 고등학교 2학년 때 두 분이 헤어진 후에도 어머니는 나를 통해 아버지에게 슬라이드 사진이라도 찍게 해달라고 몇 번 부탁한 적이 있었다. 아버지는 그때마다 왠지 곤란하다는 듯 웃음으로 흘려버렸다.

그런데 백일도 안 된 동생을 그린 「방장 안의 쫑쫑이」 그림이 몇 해 전 어느 옥션회사의 경매에 나왔다. 아마 그 그림을 물려받은 광주의 조카 중 한 명 즉, 아버지 첫 번째 부인의 소생인 광주의 김종태 오빠 딸들 중의 한 명이 소장하고 있던 것을 내어놓았던 것 같다. 그 사실을 알게 된 동생 댁은 울음 섞인 목소리로 미국에 있는 나에게 전화했다. 동생이 2007년 암으로 세상을 뜬 후 얼마 안 되어서의 일이다.

"형님 어떻게 해요? 제가 돈이 있어야 사지요. 그 그림이 몇 억

1963년 동경 니시므라 화랑 전시회. 어머니가 「방장 안의 쫑쫑이」 그림을 가리키며 웃고 있다. 오른쪽은 배의환 당시 주일 대사이다.

이래요. 우리 집에 꼭 가져와야 하는데" 하며 울었다. 옥션하우스까지 가보았다는 것이다. 남편이 백일도 안 된 아기 때 모기장 안에 누워 똘망똘망 어머니를 쳐다보고 있는 그림을 옆에 두고 싶었던 그는 내내 애통해했다. 어머니가 특히 예뻐했던 막내, 그러나 명이 길지 못해 50을 갓 넘기고 세상을 뜬 그가 쫑쫑이다.

어머니는 내가 대학생이 되어 집에 데리고 간 남자 친구들에게도 하나같이 별명을 지어주었다. 이 별명 역시 세 글자였다.

1학년 때 우리 집에 몇 번 왔던 영문과 동기 남학생으로 강명윤이 있다. 그는 키가 자그마한데 얼굴은 약간 브루투스 석고상을 닮은 듯했고 피부색은 가무잡잡했다. 그리고 무엇보다 고등학교 때는 시도 썼고 영어도 동급생들보다 수준이 꽤 높은 것 같았다. 그러나 그에 대한 나의 관심은 일방적인 것이어서 명윤이는 도통 나한테 관심이 없었다. 그래도 집이 같은 동네고 또 내가 명윤이를 동생의 독일어 가정 교사로 소개해 몇 번 서교동 우리 집에 온 적이 있었다. 명윤이의 인사를 받은 어머니는 당장 별명을 붙였다. 그날부터 그는 우리 집에서 '세피아'가 되었다. 세피아는 진한 갈색깔 이름이다.

두 번째 집에 데려온 남학생은 얼굴이 희고 너무나 진지한 사학과 학생이었다. 야학에서 학생들을 가르치는 데다 대학 내 탈춤반까지 만들어 활동하였다. 눈이 서양사람처럼 깊게 쌍꺼풀 지고 속눈썹까지 길었다. 이렇게 잘생긴 남학생이 도대체 왜 나에게 관심이 있을까 궁금해하면서 만난 이훈상에게는 당시 인기 있던 안약 이름 '산스타'라는 별명이 붙었다.

엄마는 "웬 남학생을 덴고 왔나 했드만 눈이 이삐게 생겼드란 말다" 하면서 예쁜 눈땜에 안도했다는 말씀이었다. 그날부터 "산스타는 잘 있냐" 하는 식으로 그는 우리 집에서 산스타로 불렸다. 야학 교사였고 탈춤, 학문 토론을 좋아하던 훈상이는 아마도 자기 별명이 안약 이름이었는지 몰랐을 것이다. 오랫동안 사귀지는 못했고, 나중에 국사학자가 되어 대학교에서 교편 잡고 아주 어여쁘고 학구적인 동창생과 가정을 꾸렸다는 소식을 들었다.

내가 적당히 가난하고, 서울에 눈이 내리고

어머니에 대한 첫 기억은 언제였을까. 아마 서울 종로구 누하동에 살던 서너 살 때였을 것으로 짐작한다. 안방의 장롱 위에는 초록색 시폰의 황홀한 드레스를 입고 모자를 쓴 프랑스 인형이 있었다. 그 인형을 갖고 놀겠다며 내려달라고 졸랐던 기억에서 어머니의 모습이 시작된다.

당시 아버지가 참의원을 하던 시절이라 외국제 선물들이 들어오곤 했다. 어느 해에는 느닷없이 칠면조 한 마리가 선물로 왔다. 영문도 모른 채 그 칠면조는 시멘트 마당 위 펌프가에 애완견인 양 묶였다. 그때 우리 집에는 귀하디 귀한 전화도 있었다. 어머니가 외출 중에 집으로 전화를 했더니 공순이 엄마가 칠면조 때문에 기겁을 했다면서 흥분한 목소리로 "오매 오매, 이것이 얼굴이 갑자기 뻘개졌다가 노오래 졌다가 하네. 이것이 곧 죽을랑 갑네." 했다고 한다. 잠시 후엔 "배추잎삭을 중께 얼굴색이 쬐깐 되돌아 옴망." 했더라고 한다.

추수감사절이 뭔지도 모르고 칠면조를 먹어본 적도 없었던 식구들은 그 칠면조의 의미를 알 수 없었다. 나는 이십대 후반 미국에 와서야 처음으로 칠면조 고기를 먹어 보았다. 구운 칠면조를 얇게 저며 샌드위치에 넣어 먹는 고기 맛은 생각보다 나쁘지 않았고 요즘도 잘 먹는 편이다. 어쩌면 선물을 보낸 이는 우리가 외국물도 먹고 칠면조 고기도 해먹으며 서양식 키친을 갖춘 그런 집에 사는 줄을 상상했을 것이다.

병약했던 나. 첫돌 무렵 어머니가 나를 안고 있다. 그때까지 머리가 하나도 안나서 밥풀로 머리에 리본을 붙여줬다고 한다.

당시 우리 집 형편은 프랑스 인형이나 칠면조와는 거리가 멀었다. 나는 선물로 들어왔을 프랑스 인형을 갖고 놀게 해달라고 어머니를 졸랐다. 그런데 어머니는 안방 아랫목 벽에 기대 앉아 한참 대답하지 않았다. 그때 어머니 얼굴을 보니 눈 한쪽에서 눈물이 주르르 흘러내리고 있었다. 그때가 내가 기억하는 어머니의 첫 얼굴이고 평생 동안 엄마가 우는 것을 본 유일한 기억이다.

엄마는 나를 당겨 안고 "훈이야, 세상에 돈이 제일 중요한 것은 아니다. 알았재?"라고 말했다. 그때 내 이름은 '훈'이었다. 어머니는 아마 그때 돈이 없어 고달파서 그런 이야기를 하셨는지 모르겠지만, 그래도 어머니는 돈을 지상 목표로 살지는 않았다.

광주에서 사업을 하고 있던 아버지는 어머니에게 풍족한 생활비를 대 주지는 않았다. 동네 구멍가게 하던 성순이 엄마, 쌀집 주인, 연탄집 주인들에게서 돈을 빌리고, 월급이 나오면 갚는 그런 살림살이였다. 가불도 많이 했다. 어머니의 그림이 팔리기 시작하면서 생활은 조금씩 안정되어 갔다.

1960년대 말부터 어머니는 해외 스케치 여행도 다니고 프랑스에서 오래 머물기도 했지만, 여전히 윤택한 살림은 아니었다. 어머니가 처음 미국을 여행했던 1969년, 나는 중학교 3학년이었다. 어머니가 로스앤젤레스 디즈니랜드에 가서 미니 마우스 모양의 펜던트가 달린 목걸이며 몇 가지 선물을 사서 인편으로 보내준 적이 있었다. 그때 나는 엄마가 혹시 여행비가 부족하지나 않을까 하고 가슴이 저미었다.

1970년, 우리는 서교동의 슬라브 주택으로 이사하면서 그런대로 버젓한 집에서 살게 되었다. 아버지는 선심 쓰듯 새로 지은 큰 집을 샀는데, 어머니가 그리 좋아하지는 않았다. 어머니는 항상 큰 것보다는 포근하고 아늑한 것을 집의 덕목으로 여긴 것 같다. 그리고 문패 싸움도 있었다. 어머니는 아버지가 광주에 있는 동안은 '천경자'라는 문패를 달았다가 아버지가 돌아오면 '김남중'으로 바꿔 단 것이다.

서교동 집은 공간적인 여유가 있었다. 실내에 부엌이 있었고 목욕탕도 있었다. 언니와 내가 같은 방을 쓰고 오빠와 동생이 각자 제법 큰 방을 차지하였다. 아래층의 큰 안방을 혼자 쓴 외할머니는 딱딱한 목침을 베고 옆으로 누워 라디오 연속극을 듣는 게 낙이었다.

어머니는 2층 거실과 큰방을 화실로 사용했다. 거실에는 소파가 있어 손님들을 맞이할 수 있었다. 때로는 그리던 그림을 들고 나와 벽에 세워놓았고, 완성된 그림들도 벽에 걸어 놓고 보았다. 화실 겸 침실로 쓰던 2층 화실에서 어머니의 수많은 명작이 탄생하였다. 「아프리카 기행」 같은 대작부터 1977년의 대표작 「수녀 테레사」, 「내 슬픈 전설의 22페이지」 같은 작품들이 모두 그 화실에서 창조되었다.

지금 생각해 보면, 서교동 집은 어머니가 작가로서 불화산 같은 열정을 뿜을 때였고 그래서 행복했던 시절이었다.

어머니의 수필 중에 '내가 적당히 가난하고 서울에 눈이 내리고……'라고 시작하는 글이 있다. 먹고사는데는 지장이 없을 정도로 적당히 돈이 없으면서 작품을 할 때가 가장 행복하다는 요지의 글이다. 그런 정서는 대를 물리는지 나도 남편도 그리고 내 아이들도 돈과는 거리가 먼 직업들을 선택하였다. 나와 남편이 교직 생활을 하는 데다 딸은 대학 강사, 아들은 중학교 교사이니 소시민적인 가정이 아닐 수 없다.

"나가 그런디"

어머니와 내가 워싱턴에서 로스앤젤레스로 가는 비행기 안에서 다섯 시간 반 내내 싸운 적이 있었다. 주변의 승객들이 눈치챌 정도로 우리는 출발부터 도착까지 언쟁했다.

아버지가 돌아가신 직후였다. 아버지는 호남의 사업가로 한때 상당히 부를 축적하였고 돌아가시기 전까지도 재산가였던 모양이었다. 나의 유학 시절 내내 자랑스러웠는지 다달이 지성으로 학비를 보내주었다. 결혼 후에는 "소도 비빌 언덕이 있어야 한다"며 워싱턴에 작은 아파트라도 하나 마련해 주겠다고 여러번 말했지만, 나는 번번이 사양했다.

아버지는 시부모님이 애들을 돌봐 줄 겸 워싱턴으로 이민을 온다는 사실에 상당히 불편한 기색을 보였다. 그것은 어머니도 마찬가지였다. 시집살이할까 봐 염려해서였는데 나도 딸을 낳고 보니 당연한 걱정이었겠구나 하는 생각이 든다. 어쨌든 그것은 친정과 나 사이에 생긴 큰 불화의 씨앗이었다. 그 후 아버지는 몇 차례 암 수술을 받았는데 회복과 재발로 고생하던 중 나한테 한 가지 요구를 하였다. 내가 아버지로부터 얼마를 받는 조건으로 나머지 재산

「바다의 찬가(초혼)」, 121×105cm, 화선지 화판에 진채, 1965년.

상속권을 포기한다는 각서를 원했다.

그 무렵 아버지가 운영하던 호남전기의 상무로 있으면서 어머니와 아버지 사이에 가교 역할을 하던 외삼촌의 말에 따르면 그 액수가 아마 5천만 원에서 1억 정도였던 것 같다. 나는 액수보다는 딸이 아버지에게 그런 각서를 써드려야 하는 점이 삭막하기만 했다. 게다가 우연히 미국 교포 신문에서 본 칼럼에서 부모가 돌아가시기 전에 쓴 각서는 법적으로 아무런 효력이 없다는 글을 보게 되었다. 각서 쓰는 일은 아버지에게 정직하지 못한 태도라는 자존감 탓에 아버지에게 상속을 포기하더라도 각서만큼은 쓸 수 없다고 전했다. 아버지는 나를 '괘씸한 년, 욕심 많은 년'이라고 생각하고 돌아가셨을 것이다.

나는 아버지의 임종을 보지 못했다. 그때 마침 남편이 그린 카드라고 불리는 영주권을 신청해 놓은 터라 해외 여행이 자유롭지 못했다. 결국 나는 불효녀가 되어 버린 셈이다. 이후 아버지의 유언장이 공개되었다. 그때 나는 메릴랜드 근교 타운하우스(집 사이에 틈이 없이 붙어 있는 연립 주택 형태)에 살고 있었는데 부엌벽에 달려있던 전화기로 들려왔던 어머니의 말이 생각난다.

"니는 빵이다."

어머니는 호적상의 자식인 나에게 아버지가 조금이나마 재산을 남겨주길 기대했던 것 같다. 여하튼 아버지는 유언장에 형제간의 우애와 사회봉사를 강조한 다음 나보다 몇 달 늦게 태어난, 나의 호적상의 어머니 정대봉 여사 소생 남동생 종성에게 거의 모든 재산을 남겼다. 나에게는 재산을 남겨주는 대신 당시 광주일보사 사장이던 김종태 오빠에게 '동생들을 잘 보살피라'는 유언을 남기는 것으로 마무리했다.

어머니와 나는 하와이로 가는 기내에서 다툰 적이 있다. 어머니는 나에게 당시 여성지에 보도된 1960년대 인기 여배우 양 아무개 씨가 강원도 삼척인지 어느 어시장에서 생선을 다듬으며 살고 있었다는 기사를 들먹였다. '니도 결국 남편한테 그렇게 열녀 노릇만 하다가 그 꼴이 될지 모른다'라고 걱정했다. 그때 나는 아버지가 재산을 남겨 주었어도 아마 사회에 기부했을 거라고 응수했고, 어머니는 "니가 왜?" 하면서 몹시 역정을 냈다. 그렇게 언쟁을 벌이다가 내가 "엄마, 나는 은행 잔고에 돈이 달랑달랑할 때가 마음이 더 편한 것 같아." 했더니, 어머니는 담박에 "나가 그런디." 했다. 그 순간 우리는 화해했다.

나는 그 당시 직장이던 '보이스 오브 아메리카(Voice of America)'에서 〈미국 속의 한인들〉이란 프로그램을 맡아 취재 겸 여행 중이었다. 호놀루루에서 서울행 비행기를 탈 때 어머니는 "나가 빨리 가는 게 니는 그리 좋으냐?"라고 물었다. 사실은 어머니와 자주 다퉈 빨리 헤어지고 싶은 마음도 있었다. 왜 그렇게 나는 자기중심적이었을까. 왜 어머니의 고독은 안중에도 없었을까.

5장

어찌 찔레꽃 향기나 찾는 뱀을 그리랴

「황금의 비」, 34×46cm, 종이에 채색, 1982년.

鏡子 一九八二

차라리 수십 마리 뱀을 화면에 넣으면 살 수 있을 것 같았다

1997년 1월 《한국일보》는 '원로작가들의 대표작을 찾아서'라는 기획 코너를 만들고 첫 회에서 어머니의 「생태」를 소개했다. 최진환 기자는 "35마리의 뱀이 똬리를 틀며 엉켜있다. 머리를 꼿꼿이 쳐들고 혀를 날름거리는 형상이 금방이라도 기어나올 듯하다. 정교한 데생으로 사실감을 더해 주는 「생태」, 이 그림에는 역경을 딛고 일어서려는 작가의 의지가 담겨있다."라고 소개했다.

이 기사에서 신항섭 평론가는 "사회적인 인습과 도덕에 안주하는 화단의 나태함을 겨냥한 반기이자 혁명의 노래"라며 "채색화를 그린다 하여 왜색풍의 작가라 치부하던 화단의 손가락질을 간단히 잠재울 만큼 파장이 컸다"고 말했다.

태평양 전쟁의 막바지에 유학에서 돌아오니 집은 몰락해 있었다. "집은 망할 대로 망해 버려 희한한 고가인 초가집으로 옮겨 살고 있었다. 다른 초가집들은 지붕을 이어 노오란 콩떡 같은데 해묵은 우리집은 마치 팔고물떡 같은 데다가 뒤 켠이 공원이어서 쓰러질 듯한 그 몰골이 환히 내려다보였다.

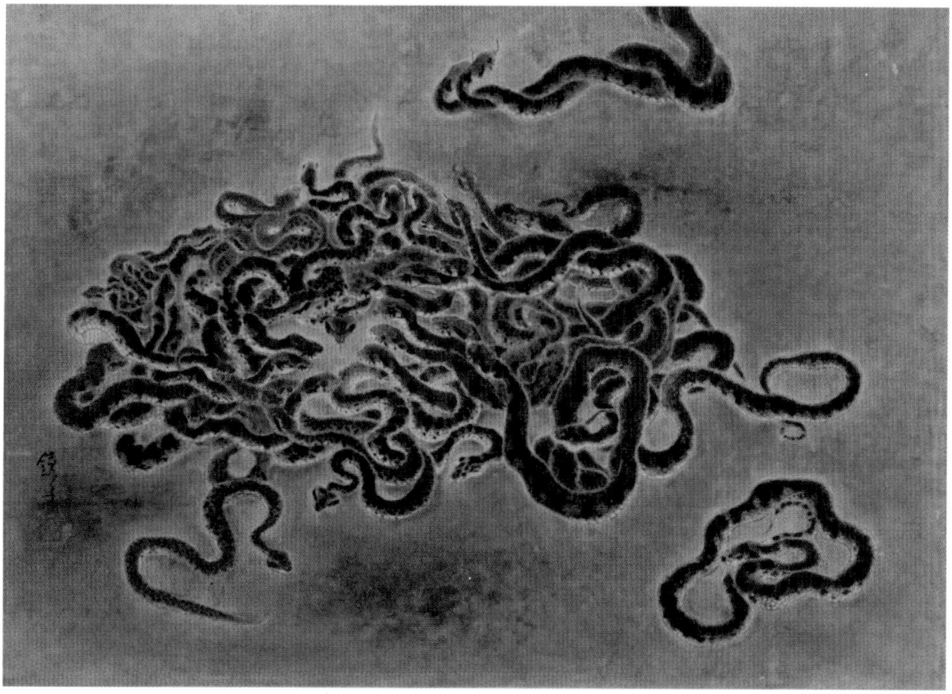

「생태」, 58×83.5cm, 화선지 화판에 진채, 1951년.

(중략)

배고픈 밤이면 헛것이 보이는지 마당에 흐드러진 요염한 나리꽃 향기 속에서 흡사 구천 길을 가는 듯한 기분이었다. 미역죽, 고너리죽, 상추죽도 모자라 식도가 쓰려 죽을 지경인 사람들에게 순사들은 방공호를 빨리 파라고 고함을 쳤다……. 그무렵 여동생 옥희의 오른쪽 목에 뭔가 멍울 같은 것이 도둑히 오르기 시작했다. 폐문 임파선염이었다.

–『내 슬픈 전설의 49페이지』 가운데 –

해방이 되자 어머니는 전남여고의 전신이자 모교인 욱고녀에서 교편을 잡게 되어, 온식구의 생계를 책임지는 가장이 된다.

옥희는 광주 식산은행에 취직하지만 결핵성 복막염으로 도립병원에 입원했다. 입원하기 얼마전 옥희는 창백하다 못해 투명한 얼굴로 "성, 그 영화 참 좋아, 가봐잉. 로레타 영 참 좋았어, 「탄식의 백장미」의…" 했다. 속립성 결핵. 착하고 가냘픈 처녀의 가슴을 결핵균이 파고들어 구멍 투성이가 되어 죽을 때가 얼마 남지 않았다고 젊은 의사가 검은 엑스레이 사진을 보여주며 말했다.
전쟁의 막바지에 관부연락선의 선표를 구해준 인연으로 만났던 유학생, 남편과의 결혼 생활은 지속되지 못했다. 그 사이에서 낳은 두 어린아이 그리고 외조모, 아픈 여동생, 부모, 남동생, 모두 일곱 식구가 오롯이 집에서 어머니를 기다리고 있었다.

–『내 슬픈 전설의 49페이지』 가운데 –

「생태」는 이러한 불행과 가난 속에서 태어난 그림이다. 「생태」가 발표된지 45년이 지난 후 어머니 스스로도 「생태」를 대표작으로 꼽는데 서슴치 않았다.

어머니의 호암미술관 큐레이터였던 최광진 평론가에 따르면, 1995년에 어머니의 회고전이 끝난뒤 미술관 측에서 「생태」를 구입하겠다고 아무리 졸라도, 그 그림만은 안 된다고 했다. 「생태」는 6 · 25 전쟁 중에 삶의 끈질긴 의지와 의욕을 표현하기 위해 그린 그림이었기 때문이다. 어머니는 유리 상자 속의 뱀을 가만히 들여다 보면 뱀이 아무리 움직여도 그릴 수 있다고 했다.

6 · 25전란 통이어서 나라에서는 종군화가단을 결성했고 부단장을 하라기에 어머니는 승낙했다. 성과는 기록화 전시회를 한 번 연 것뿐이었다. 어머니는 결핵으로 투병 중인 동생 옥희를 위해 스트렙토마이신을 구하려고 이리저리 뛰었지만 돈을 마련할 길이 없었다.

부인이 치과의사여서 윤택하던 김보현 교수 집에서 어머니와 동료 화가들은 늘 모였는데 뭐가 허무해서인지 그저 동치미를 안주 삼아 동동주를 마시며 취하곤 했다. 밥티가 둥둥 뜬 동동주에 취해서 셋방에 돌아와 누워있는 동생을 보면 취기로 내일은 꼭 누구를 찾아가서라도 돈을 구하리라 용기를 내지만, 아침이 되면 막상 갈 곳이 없었다. 결국 어머니는 김 교수 집에 가서 다시 동동주에 취하곤 했다. 이렇게 술김에 돈 구하려는 용기 솟는 밤과 그 용기가 꺼진 아침이 되풀이 되었다.

그러던 어느 날 밤, 빈속에 김칫국과 동동주에 취해 돌아오니까, "엄마~ 성~ 배고파아~ 나 미염 찌꺼기 줘~!" 하는 동생 옥희의 가냘픈 목소리가 어머니의 오장육부를 찔렀다.

어머니는 뱀을 스케치하기 위해 뱀 집을 찾아갔던 기억을 자서전에 남겼다.

광주 역전, 지붕이 납작한 한옥이 바로 뱀 집이라 했다.
"아린아, 아이 나 시방 니랑 같이 뱀 스케치하러 가지만 징그러워서 영 못 그리고 돌아온다면 붓대 놔 버릴란다."
"아믄요, 누님."
혼자 가기가 싫어 외팔촌 동생뻘 되는 중학생 아린이를 대동하고 길을 걸으며 그런 대화를 나눴다. 뱀집에 들어가자 마자 생 장작개비 냄새와 늙은 닭 고는 냄새가 섞여서 코를 찌른다 …… 내가 뱀에 대해 오래도록 궁금하고 확인하고 싶었던 것은 그 눈이었다. 예부터 독한 여자나 음모술수를 일삼는 악인의 눈을 뱀눈에 비유했기에 말이다.
"아린아, 뱀 눈이 똑 붕어 눈깔 같아잉."
"아믄요, 누님." "아이말다, 깨구리 새끼 한 마리 있으면 좋겠다잉. 어디 묵는가 보게……"
"아니요. 갇혀서 한 버너 상자 속에 들어가면 먹지 않습니다. 독한 것이어서 3년을 살아도 절대 먹지 않아요."
주인 남자가 말해주니까, 아린이가 말했다.
"그렇지요. 그렇고 말고요."

-『내 슬픈 전설의 49페이지』 가운데 -

배고픔과 고통속에서도, 심지어 전란 속에서도 어머니는 붓을 놓지 않았다. 오히려 살기 위해선 그림을 그릴 수 밖에 없다는 비장한 마음으로 그림에 몰두했다.

하지만 하루라도 사는 길은 그림을 그리는 것 뿐, 나는 다시 갱지를 잘라 스케치북을 만들어 들고 뱀 집을 찾았다. 뱀집 주인은 내가 갖고 간 유리상자 속에다 수십 마리의 독사, 꽃뱀을 작대기에 치렁치렁 걸어 집어 넣고 뚜껑을 닫아 오동나무 아래 놓아 주었다. 뱀들은 투명한 상자 속에서 얽히고 설키며 끊임없이 슬슬 슬슬 돌며 움직였다. 이따끔 털럴 소리가 날 때 마다 놀라 들여다보면 독사가 화가 났는지 꼿꼿이 젓가락 처럼 서기도 했다. 나는 그 독사부터 스케치하기 시작했다. 독사의 눈은 다른 뱀 눈과는 달리 진분홍색 바탕에 먹물로 열십 자를 그린 듯, 무섭고 독한 여자 희대의 악한의 눈초리 그대로였다.

-『내 슬픈 전설의 49페이지』 가운데 -

어머니는 밤마다 뱀을 어떻게 화면에다 깔아 구도를 잡을 것인가 눈을 감은 채 구상했다. "이런 판국에 어찌 찔레꽃 향기나 찾는 시심 깃든 뱀 따위를 그리겠는가? 차라리 수십 마리의 뱀을 화면에 집어넣음으로써 이 슬픔을 극복하고 그럼 살 수 있을 것 같았다."라고 했다. 어머니는 절망을 견디기 위해 뱀 수십 마리를 화면에 집어넣었다. 몇 마리가 들어갔는 지 궁금해서 한 마리씩 머리 위에다 성냥개피를 올려 놓아가며 헤었는데

이십대 후반의 어머니

33마리였다고 한다. 어머니는 연인이던 아버지의 나이가 35살이었기 때문에 2마리를 더 그려 넣어 「생태」를 완성했다.

어머니 나이가 만 28세였던 1952년, 「생태」는 피란지 부산에서 열렸던 미술협회 전시회에서 처음 발표되었다. 주최측은 대중의 반응에 자신이 없었던지 전시장이었던 다방의 주방에 숨겨두었다. 그런데 젊은 여자가 뱀을 그렸다는 소문이 퍼지면서 그 그림을 보겠다는 사람들이 몰려들었다. 그때 가장 앞장서서 뱀 그림을 선전하고 주방으로 사람들을 끌어들였던 이가 유명한 시인 공초 오상순 선생이었다고 한다. 그 덕분에 「생태」는 세상 밖으로 나와 전시회에 내걸릴 수 있었다. 전시회는 밤 9시까지 문을 닫을 수 없을 만큼 성황이었다. 당시에 피란지에 와 있던 김흥수 화백, 조각가 윤효중 선생 등 많은 문화인들의 축하가 이어졌다.

"그때 부산의 신문에 L 평론가가 쓴 전시회 평이 실렸답니다. 그런데 참가 작가에 대한 평이 일일이 다 들어갔는데 천 선생님만 쏘옥 빠졌다고 하더군요. 그래서 천 선생님이 그 평론가에게 '왜 저만 빼 놓으셨어요'라고 했더니 '당신은 제일 젊고 또 여자잖아' 이렇게 대답했다는 군요."

1973~74년 무렵 홍익대학교를 다니던 제자 홍상문 화백이 수업 중에 어머니로부터 들은 이야기를 전했다.

그때 피난지 부산에서 어머니는 어느 시인으로부터 잡지에 게재할 원고를 청탁받았다. 어머니는 생전 처음 원고지 앞에 앉았다. 밤새 원고지와 씨름하다가 다음 날 《문예》 잡지에 넘긴 글은 전시 소감이 아니었다.

어머니는 만삭의 배를 안고 섣달 추위에 처음 시댁으로 신행 갔던 때를 수필로 써서 건냈다. 그 글이 어머니의 첫 수필 「신부리」였다. 어머니 글은 정직한 문체와 지극히도 다감한 문학적 표현으로 많은 사랑을 받았다. 나는 어른이 된 후 "천 화백의 글을 읽고 용기를 얻었노라"는 여성들을 몇 분 만났다.

어머니의 문학적 감수성은 남달랐다. 어린 시절 어머니의 외할아버지가 밤마다 들려주던 심청전, 흥부전, 장화홍련전, 삼국지, 수호지, 춘향전을 듣다가 잠이 들기 일쑤였다고 한다.

"심청이 인당수 물에 뛰어 들어가기 전에 묻는다. '여보시오 선임님네, 도화동이 어디요?', '낭자, 저어기 저 하늘에 흰 구름 둥덩 뜬 곳, 그 아래가 도화동이요.', '아이고 아버지이이.'"하고 외할아버지의 곡소리가 떨어질 때 '잉힝힝' 울먹거렸다. 외할아버지는 더 신나서 어머니를 울리려고 되풀이했다. -「내 슬픈 전설의 49페이지」 가운데-

어머니는 그렇게 문학적인 자양분을 흡수하며 컸다. 동경 유학 시절에는 모자라는 용돈을 아껴 당시 인기 있던 프랑스 영화를 보고, 소설책을 사 읽었다.

첫 수필 '신부리' 이후 어머니는 꾸준히 글을 발표했다. 첫 수필집 『여인 소묘』 이후 『유성이 흘러가는 곳』, 『한』 등 여러 권의 수필집이 출판되었다. 1969년 파리, 타히티 등지을 다녀 온 첫 해외 여행 이후 문학 기행을 즐겨 스케치와 더불어 수필을 남겼다. 어머니는 그림에서나 글에서나 남들이 기대하는 것을 따르기보다는 자신

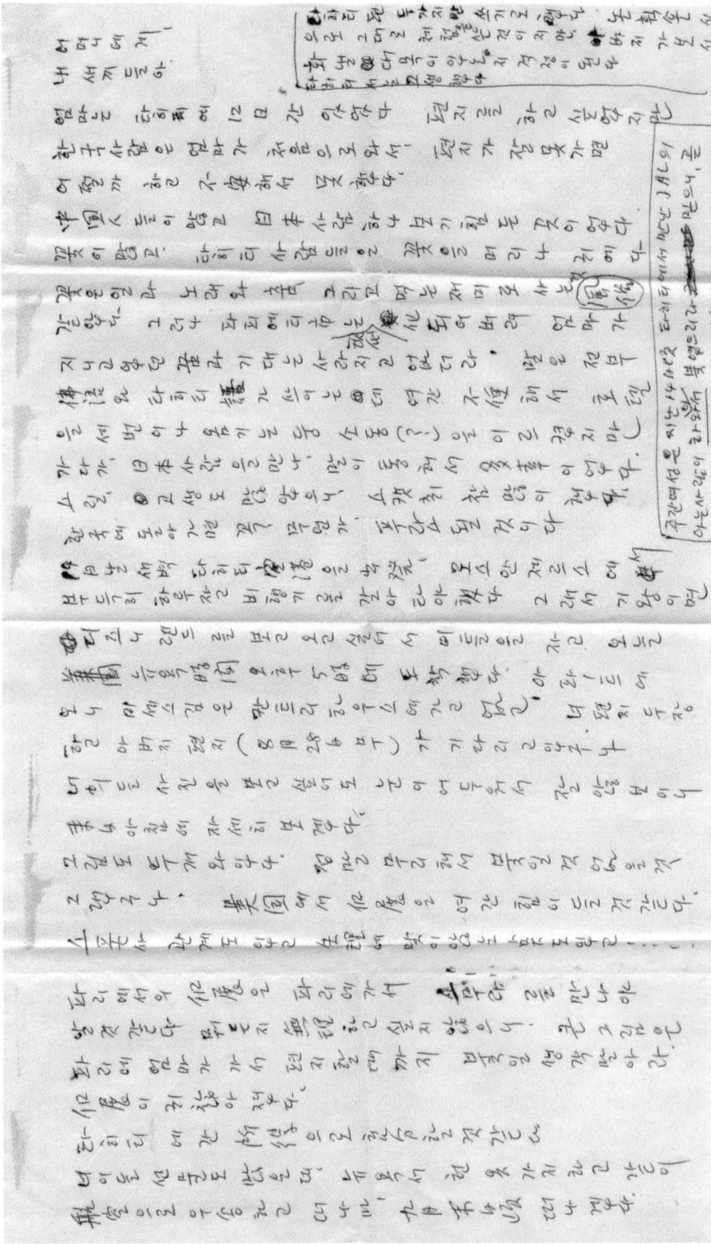

1969년 파리에 체류하던 중 타히티 여행을 다녀와서 식구들에게 쓴 편지.
스케치 여행 틈틈이 어머니는 '내 새끼들아'로 시작하는 편지들을 보냈다.

이 그릴 수 밖에 없고, 쓸 수 밖에 없는 소재에 대한 열망을 나침반으로 삼아 그림과 글을 남긴 예술가였다.

물 위에 뜬 지푸라기

어머니의 출세작, 뱀 그림에 「생태」라는 제목을 달아준 이는 이원경 선생님이다. 미술학교 출신으로 희곡 연출 무대미술 극단운영에서 다양한 재능을 발휘한 분이다. 어머니는 그분의 지성과 감각을 존경하였다. 우리 집 화실에도 자주 와서 어머니와 그림에 대한 얘기를 많이 나눴다.

이원경 선생님은 1991년 위작 미인도 사건이 났을 때 어머니를 위로 했던 문화인들 가운데 한 사람이었다. 이원경 선생님은 다음과 같은 편지를 어머니에게 보냈다.

천 선생, 전화로 위로를 드릴까 하다가 번거롭고 귀찮게 생각하실까 보아 편지를 보냅니다. 얼마나 정신적으로 괴롭겠어요. 왜 그렇게 문제가 확대돼 나갑니까.

어떤 신문에 색채로 천 선생 진짜 그림과 「미인도」라는 가짜 그림이 함께 실린 것을 보았을 때 나는 당장 보자마자 가짜 그림이 천 선생 그림이 아닌 게 보이던데. 진짜 그림은 천 선생이 느껴졌고 가짜 그림은 그야말로 피상적으로 보이던데요.

미인도는 진위를 아무리 과학적인 양 분석하고 천 선생 그림이라고 우기면 우길수록 그 그림은 그림이 아니라 물 위에 떠서 흐르는 지푸라기처럼 될 것입니다. 천 선생 인물화에는 표정이 있습니다. 천 선생이 그리는 그림에는 천선생이 쓰는 글 속에 깔린 인성의 흐름과 함

「뮤지컬 캣츠」, 24×27cm, 종이에 채색, 1988년.

께 독특한 품기는게 있는데 그것을 왜 모두 모를까요. 그러고 무슨 평론가 감정을 하느니 하나요.

이 편지에서 이원경 선생님은 1 · 4 후퇴 때 광주에서 있었던 일을 회상했다.

어느날 밤 삼학 이층에서 어린 여자아이의 누드 그림을 그리려고 간청을 하고 달래고 해서 옷을 안벗으려는것을 간신히 벗기고 천선생이 스케치 하던 생각이 납니다.

어머니는 가장 고통스러웠던 가난과 전쟁통에서 누드 스케치를 하려고 식당 소녀에게 사정을 해 사생했다. 어머니의 사생 습관은 평생 이어졌다. 어머니는 항상 스케치북을 옆에 끼고 다녔다. 끊임없이 비원, 창경궁, 서울 근교 자하문 밖에 다니면서 꽃 사생을 했고, 1960년대 말 파리, 타히티 등지를 다녀온 첫 해외 여행 이후 미국, 유럽, 인도, 남태평양, 동남아 곳곳을 찾아다니며 그린 스케치로 해외 채색 스케치라는 새로운 장르가 만들어졌다.

「생태」의 바탕이 된 수십 장의 스케치는 물론 1970년대에서 2000년대에 이르기까지 아프리카 동물 스케치, 멕시코의 마리아치, 스페인의 투우, 서커스, 뉴욕 뮤지컬 무대의 「캣츠」나 「오페라의 유령」 같은 무대 스케치들이 역동하는 선과 현란한 색채로 화폭에 표현되었다.

심지어 월남전 종군화가단 때는 작전중인 병사들의 모습까지도 생생히 표현하였다. 고바우 김성환 선생님의 표현을 빌자면 '살아 있는 선'으로 스케치하는 사생 능력이 탁월한 타고난 화가였다.

「갈대 수색 작전」, 종이에 담채, 1972년.

바람을 향한 해외 스케치 여행

어머니에게 주어진 유일한 사치는 해외로 떠나는 스케치 여행이었다. 사실 그것은 여행이라기보다 한 장이라도 스케치를 더 하려는 격무의 연속이었다.

워싱턴의 아메리칸대학교에서 다큐멘터리 제작으로 대학원 과정을 밟고 있을 때였다. 어머니가 이곳에 오면 나는 당시 엠 스트리트(M Street)에서 옛날 영화를 돌리는 레파토리 극장(지금은 없어짐)으로 모셨다. 그러고는 학교 편집실에 잠깐 가서 일을 하다가 영화가 끝날 때 맞춰 마중하러 나갔다.

그 무렵 어느 겨울 언니와 내가 함께 어머니를 모시고 서부 그랜드캐니언, 모뉴먼트 밸리를 여행하였다. 뉴멕시코 주의 추운 산타페에서 자동차 시동이 안걸려 고생했던 기억도 새록새록 난다. 어머니는 서부의 확트인 고속도로를 달렸던 나를 상당히 믿음직하게 생각했다. 아무런 갈등이나 싸움없이 세 사람이 행복했다고 서울의 동생에게 편지를 쓴 기억이 난다. 아마도 삼모녀가 가장 행복했던 시기가 아닌가 생각한다.

셋이 '울워트'라는 싸구려 백화점에서 쇼핑도 했고, 그 전 해에

1994년 멕시코시티에서 스케치하는 현장.

에밀리 브론테 집이 있는 영국 하워드에서 사가지고 온 핑크색 꽃무늬 접시들이 또다른 싸구려 백화점 진열대에 있는 것을 보며 우리는 껄껄껄 웃었다.

뉴욕에 사는 언니는 내가 학교에 다니던 1980~1981년 사이에 워싱턴에 자주 왔다. 아마 나보다 일찍 시작한 미국 생활에 고생도 많았던 차에 내가 와서 좋았던 것 같았다. 어느 땐가는 언니의 작품을 사겠다는 사람이 있어 내가 차를 운전해 오하이오까지 다녀오기도 했다. 나는 영어나 미국 생활에 비교적 빨리 적응했던 것 같다.

그 이후 나는 가정을 갖고 워싱턴에 정착했다. 어머니는 미국 우리 집에 와 있을 때도 계속 그림을 그렸다. 그래서 탄생한 게 「볼티모어에서 온 여인」 같은 그림들이다. 어머니는 스케치화에 채색을

「황혼」, 40×30cm, 종이에 채색, 1994년.

「볼티모어에서 온 여인 3」, 41×32cm, 종이에 채색, 1993년.

입혀 항상 '스께치'라고 불렀다.

「볼티모어에서 온 여인」은 친구를 통해 알게된 지성적인 화가인데 우리 집까지 와서 모델이 되어 주었다. 이 그림에 나온 까만 가죽 소파를 우리는 아직도 쓰고 있다. 30여 년 전 이 소파를 살 때 세일즈맨은 그 견고함을 자랑하면서 어느 가정에서 이 소파를 사용하며 애들 몇을 길렀고 개도 몇 마리가 대를 이었다고 말했는데 실제로 그렇게 사용하고 있으니 생각할수록 대단하다.

소파 이야기를 하는 것은 이 그림을 보면 어머니의 고지식함이 생각나기 때문이다. 까만 가죽 소파의 질감을 그대로 표현하신 정직함이랄까. 벽면에 기대어 있는 그림은 남편의 판화가 액자 되어 있는 것이다.

뉴욕 언니 집에 있을 때도 뉴욕 풍경과 뮤지컬 무대 등을 스케치하였다. 또 언니 아파트의 이웃인 '씬디'라는 여성을 포함 인물 스케치도 많이 해 두었다.

스케치 여행 중에 나는 주로 모델을 섭외하는 역할을 했다. 미국 서부 인디안 보호구역에서 만난 부족 사람에게 모델값은 어느 정도면 되겠느냐고 협상하는 등의 일이었다. 어머니의 이런 스케치 여행은 내가 결혼하고도 오래오래 계속되었다.

어머니의 스케치에는 일정한 스타일이 있었다. 어머니는 스케치북 종이 위에 그릴 때도 있었지만 1970년대 이후엔 거의 다 '시키시'라는 화선지를 배접해 딱딱하게 만들고 둘레에는 금줄이 들어간 가벼운 화판을 갖고 다니면서 그렸다. 그러고는 집에 돌아가 채색을 하였다. 1970년대 후반에 이르러 색채와 질감의 밀도가 높아져서 많은 사람이 스케치화와 화판에 그린 진채화를 구분하지 못하기 도 한다.

「무명배우 씬디」1990년.

문학 기행

영미 문학에 관해 공부한 적은 없지만 어머니는 많은 번역본을 읽었다. 그리고 그 문학의 산지를 찾아 여행하며 스케치를 하였다.

어머니는 에밀리 브론테의 『폭풍의 언덕』을 청춘 시절부터 좋아해 그가 살았던 집을 방문하고 싶다고 했다. 에밀리 브론테의 고독한 생애, 사랑에 운이 없었던 운명, 어린 시절 동생을 엄격한 기숙학교에 보냈다가 결핵으로 잃은 경험 그리고 폭풍의 언덕이라는 강렬한 심리극을 남긴 창작 의지 등에 공감을 느끼는 듯했다. 그 소원은 1981년으로 넘어가던 1980년 겨울에 이룰 수 있었다. 다행히 나는 어머니의 여행에 함께했다.

어머니는 『폭풍의 언덕』에 나오는 '히스클리프'의 운명과 성격에 매력을 느꼈다. 『폭풍의 언덕』에는 집시의 피가 섞인 히스클리프가 어린 시절 주인집 아들과 나란히 홍역을 앓을 때 고열에도 한마디 앓는 소리 없이 참았다는 내용이 있다. 이를 빗대어 어린 나와 동생이 함께 홍역을 앓을 때 당신의 자녀 역시 야단법석을 떨지 않았다는 내용으로 글을 썼다.

어머니는 아마 나와 동생을 히스클리프에, 아버지 부인 정대봉 여사 사이에 낳은 유일한 소생인 배다른 동생을 주인집 아들과 비교했던 모양이다. 나는 어머니의 자기 학대적이고 감상적인 버릇에 익숙해져가며 자랐다. 성인이 된 후에 그런 센티멘탈리즘을 극복하기 시작해 이제는 어머니의 그런 일면과는 정반대 성격의 소유자가 되었다.

어머니는 지극히 감상적이고 자학적인 센티멘탈리스트였지만 담대하고 떳떳한 대장부였다. 패러독스가 어머니 성격과 생애를 규정짓는 말이 아닐까 생각한다.

어머니는 늦게 들어오는 아버지를 위해 화롯불에 청어를 구워 기다리던 여인이었다. 아버지와 어머니는 각각 '소영', '설야'라는

1969년 홍익대학교 교수직을 그만두고 장기 체류를 위해 프랑스행 비행기에 오르는 어머니.

「폭풍의 언덕」, 24×27cm, 종이에 채색, 1981년.

우리가 에밀리 브론테의 "폭풍의 언덕"의 배경이 된 황무지에 도착한 날. 어머니는 비바람을 무릅쓰고 들판으로 나갔다. 화판이 날아갈까 꼭 팔에 끼고 에밀리 브론테를 위한 노란 장미 몇 송이를 들고 나갔다. 어디선가 나타난 말 한 마리가 어머니 코트에 코를 비비며 달려들었다. 장미꽃을 겨냥한 것이었다.

호를 써가며 수도 없이 많은 편지를 나눴다. 서울과 광주에 떨어져 있는 시간이 많아 더욱 편지에 의존했다. 후에 설야는 정희모로 바뀌었는데 자식 세대인 나도 쓰지 않았던 '사랑하는……'라는 표현으로 서로를 불렀다.

수많은 남자 동료 문화인 친구들이 있었지만 한번도 아버지 외에 다른 사람에게 어떤 연심도 가진 일이 없었다. 그것은 아버지가 때로는 부당하고 인색하고 모욕적인 언사를 하고, 어머니가 너무 지나치게 감성적이어서 싸움이 벌어져 헤어져 있을 때도 마찬가지였다.

어머니는 아버지와 정식으로 결혼하지 않았다는 세상의 손가락질에도 의연했다. 정말로 나와 동생은 그런 맥락에서 우리의 출생을 생각해 본 적이 한번도 없었다. 오히려 초등학생 때인 그 어린 나이에도 나는 부모의 사랑속에 태어났다는 조숙한 생각까지 했다.

어머니는 그림에 있어서는 수묵화만 인정해 주던 동양화단에 아웃사이더로 남아 채색화를 고집한 대장부였다. 너무나 솔직해 슬픔과 웃음이 뒤범벅이 되는 수필과 대화로 많은 사람들을 웃기고 울렸다. 나는 어머니의 감상주의 대신, 세상 눈에 아랑곳하지 않고 옳다고 생각하는 일을 하는 어머니의 대범함을 닮기 바랐다.

어머니와 함께한 문학 기행 중에는 키 웨스트가 가장 기억에 남는다. 우리는 어머니를 모시고 두 번 플로리다의 남단인 키 웨스트 섬을 찾았다. 몇 개의 섬이 다리로 연결된 곳으로 바다 위 다리들을 지나는 자동차 여행, 키 라르고 섬을 지나 마지막 섬에 다다르면 그곳이 키 웨스트이다.

1989년의 키 웨스트 여행, 헤밍웨이 집마당에 앉아 헤밍웨이가 기르던 고양이의 후손들을 스케치하고 있다.

첫 번째는 딸이 갓난아기 때인 1983년에 어머니는 언니, 우리 식구와 함께 갔다. 어린 아기는 칭얼대기 일쑤였고, 머리털이 별로 없던 아기 머리에서 김이 나는 듯 습하고 더운 날씨였다. 또 성격이 센 가족 간의 다툼으로 그리 편치 못했던 여행이었다.

그곳엔 어네스트 헤밍웨이의 집이 있다. 헤밍웨이가 기르던 고양이들의 후손이라는 수십 마리 고양이가 저택 안을 자유로이 노닐었다. 커다란 수영장 안에는 페니(penny)가 박혀 있다는 전설도 내려온다. 이 집을 짓는데 많은 돈을 썼던 부인과 헤밍웨이가 다투면서 '내 마지막 페니까지 가져가라고!' 하며 던진 페니가 덜 마른 수영장 바닥에 박혔다고 한다.

어머니는 키 웨스트를 좋아해서 그 후 한 번 더 여행하였다. 두 번째는 위작 미인도 사건 직후 미국에 와 여름을 보냈던 1989년이

「헤밍웨이의 집(키 웨스트)」, 32×41cm, 종이에 채색, 1989년.

「헤밍웨이의 집(키 웨스트)」, 32×41cm, 종이에 채색, 1983년.

었다. 같은 장소를 7년 후 다시 찾아 남긴 스케치를 비교해 보면 화풍이 많이 달라졌음을 알 수 있다.

어머니와 단 둘이 와이오밍주에 있는 옐로스톤 국립 공원에도 간 적이 있다. 충직하게 한 시간 여마다 솟구쳐 올라오는 올드 페이스풀(Old Faithful) 간헐천 앞에서 남들처럼 사진도 찍었다. 지금도 기억나는 '모닝글로리(나팔꽃)'라는 온천의 짓푸른 보랏빛과 푸른색, 보라색들은 어머니 그림에 나오는 선연한 색들과 비슷했다. 그 유려한 색깔들은 유황색 바위에 잘 어울려 시각적인 기억으로 남았다. 이곳 갖가지 온천의 색깔들은 그 안에 살고있는 박테리아 종류에 따라 만들어지는 조화라고 한다.

「펜실바니아 아미쉬 마을」, 37.6×45.3cm, 종이에 채색, 1995년.

「펜실바니아 아미쉬 마을」, 37.6×
45.3cm, 종이에 스케치, 1995년.

옐로스톤 국립 공원을 여행하고 동부로 돌아올 때 노스 다코다로 향했다. 대통령 얼굴이 조각돼 있는 큰바위 얼굴을 보기 위해서였다. 히치콕의 영화 「북북서로 진로를 돌려라」에 나오는 관광객 휴게소도 그대로 있었다. 우리나라에선 전쟁 영화같이 우렁찬 제목으로 번역이 되었지만, 영화를 보면 '노스웨스트 항공편으로 북행'이라는 뜻이라는 걸 알게 된다.

박경리, 고은, 피천득 선생님을 기억하며

어머니는 화가보다는 여류 문인들과 친했다. 그중 아주 도타운 친분을 나눈 분은 박경리 선생님이다.

1960년대 초 박경리 선생님은『김약국의 딸들』로 눈부시게 평단의 주목을 받았다. 이 작품은 엄앵란, 도금봉, 최지희 등이 주연하는 영화로도 만들어졌다. 이어『파시』라는 장편 소설을 신문에 연재했다. 파시는 어장을 뜻하는 말로, 6·25 전쟁 후 통영을 배경으로 한다. 바다 냄새 물씬 나는 통영의 젊은이들이 안고 있던 고뇌를 담은 소설이다.

나는『파시』를 무척이나 좋아했다. 냉랭한 박 의사의 아들 응주, 어머니가 정신병으로 돌아가신 것 때문에 응주와 맺어질 수 없을 것이라 고민하는 아름다운 명화, 전쟁통에 가족과 이별한 수옥이와 응주 친구 학수의 사랑 그리고 '반전'의 묘미까지 갖춘 이 소설이 단행본으로 나왔을 때 나는 단숨에 읽었다. 중학생이던 어느 여름날 학교 갔던 오빠가 오후에 돌아와 "아직도 그 자리에서 안 움직이고 책을 읽고 있는 거냐?"라고 물었던 기억이 난다. 나중에는 여주인공들의 얼굴을 상상해 공책에 그려보기도 했다.

어머니와 문인들과의 깊은 친분은 잘 알려져 있다. 한 달에 한 번씩 계와 비슷한 모임을 했다. 박화성, 김남조, 박경리, 강신재 선생님 등이 함께하는 여류 문인계 모임에 어머니는 화가로 유일하게 멤버가 되어 점심을 같이하곤 했다.

1991년 4월 11일 한국화랑협회에서 「미인도」가 진품이라는 판정이 나왔을 때, 위로 전화를 한 인사들은 그리 많지 않았다.

마산에서 조각가 문신 선생 부부가 밤늦게 울면서 전화했다. 지금은 돌아가신 문신 선생을 나는 직접 만난 적은 없으나 그 부인께서 어머니 추도식에 참석해 주었다.

그리고 할머니를 진료해 준 내과의 이상종 박사님이 위로전화를 했다. 어머니가 감사 표시로 그림을 선물한 적이 있는데 이 박사님 내외분은 위작 미인도 사건이 일어나자 어머니의 그림값이 비싸다는 보도를 보았는지 "왜 그렇게 비싼 그림을 우리한테 주셨냐"면서 울먹였다. 박경리 선생님도 전화로 어머니를 위로했다.

1960년대 박경리 선생님은 옥인동에 있는 우리 집에 자주 왔다. 어머니는 정릉의 박 선생님 댁을 방문한 날이면 '아도마'라는 명견 셰퍼드 얘기를 해주었다. 박 선생님도 친정 어머니와 함께 살았는데, 친정 어머니가 해가 쨍쨍 비치는 볕에 누워 있는 '아도마'를 보고 혼잣말로 "와 그리 뙤약볕에 누워 있노?" 하면 '아도마'가 슬그머니 일어나서 그늘로 간다는 것이었다. 돈을 목에 달아 구멍가게에 보내면 빠닥빠닥한 왁스 종이에 싸여 있는 네모난 오리온 비스켓에 침을 안 묻힐려고 안간힘을 쓰며 입을 양쪽으로 당겨 살짝 물고 돌아온다는 것이었다.

박경리 선생님은 경상도 억양에 목소리도 맑았을 뿐만 아니라 얼굴도 고왔고 얌전하면서 여성적인 향기가 있었다. 앉아 있을 땐 항상 다리를 옆으로 비스듬히 나란히 모은 단정한 모습이었다. 내가 방 안에 들어가면 손짓으로 불러 핸드백을 똑딱 하고 열어 돈을 주곤 했다.

두 분은 이제까지 살아온 얘기를 많이 하였다. 깊은 얘기들을 편지를 통해서도 많이 교환하였다.

누런 편지 봉투에 '정릉동 822의 4호 박경리'라 쓰여 있는 오래된 편지를 열어 보았다. 어머니가 쓰는 것과 같은 시험지에 빨간 줄로 칸이 있는 원고지엔 어머니 글씨보다 좀 단정한 박경리 선생님

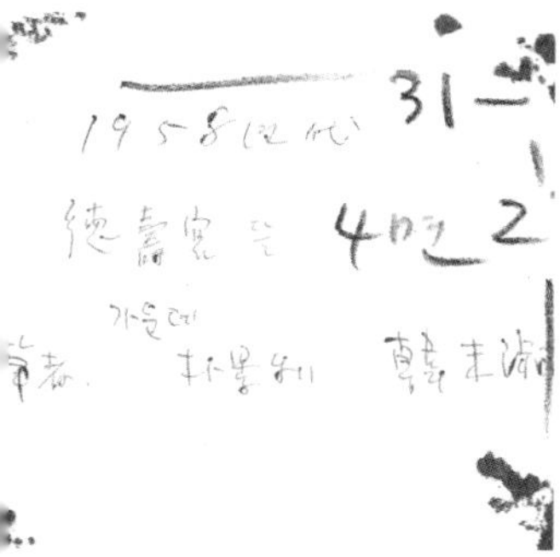

어머니의 친필 메모(오른쪽 사진 뒷면)

1958년경 덕수궁으로 어머니, 박경리 선생님, 한말숙 선생님이 함께 나들이 했다.

의 글이 적혀 있었다.

지금 아침입니다. 선생님이 좋아하시는 윤일로의 '축배의 노래'가 라디오에서 흘러나오고 있습니다.
편지 잘 받아 보았습니다. 몇 번이나 전화 걸었지만 아직 안 통합디다. 어제부터 이곳이 전화가 고장나서 …….
어제는 밥을 먹다가 버림을 당하는 게 좋지 버리고 싶지는 않다는 선생님 말씀이 생각나더군요. 그리고 장미꽃을 치마밑에 숨겨 그분에게 주셨다는 그 말씀이 생각나서 가슴이 찡했어요.
선생님을 생각할 때마다 미소하고 싶고 그러면서도 슬퍼지는 것은 무슨 까닭인지 모르겠어요. 강하면서도 약하고 얕으면서도 높은 처세를 못하고 생활인으로 영 모자라면서 선생님은 그 진실 때문에 살아가시는 분입니다. 누가 선생님을 아실까요 내가 아는 사람 내가 아는 작품 거만스럽게도 나는 내가 알며는 남이 모를거라는 그런 생각을 하곤해요. 건방지죠? 그것은 일종의 안타까움 때문입니다. 속인들의 피면적 견해가 싫어서 그래요. 역시 건방진 얘기죠.
한번 선생님 찾아뵈려고 했었는데 차비가 없어서 그만두었어요. 아참 저 머리 짤랐습니다. 면도칼로 지가 짤랐어요. 미장원에 가지 않아도 좋다는 것이 유쾌했습니다. 쓸데없는 소리 지꺼렸군요.
개에 관한 문제입니다. 이만환에 가져가시라 하시군요. (친정 어머니가 그러신다는 것으로 풀이됨) 오셔서 고르세요. 나쁜 것 가져가실 필요는 없읍니다.
급한대로 한자 적었습니다.

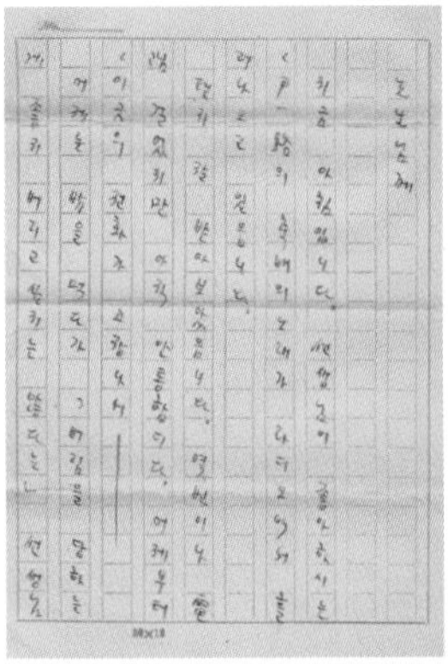
박경리 선생님의 친필 편지

당시 유행하던 똑딱이 장식으로 열고 닫는 핸드백을 들고 한복을 입은 박경리 선생님. 이렇게 단아한 분이 어디서 대작『토지』를 쓸 저력이 나왔을까 하며 두고 두고 보는 사진이다. 어머니와 같이 고궁에 나가 덕수궁 석조전에서 찍은 듯하다.

화폐 개혁 전이고 단기 4991년 4월의 소인이 찍힌 걸 보니 1958년 봄에 쓴 편지이다. 그러면 『김약국의 딸들』이 출판된 1962년에 앞서 「현대 문학」에 김동리 선생 추천으로 등단한지 얼마 안 된 시기이다(경리란 필명도 김동리 선생이 지어주었다고 한다). 가난하고 젊고 아름답고 그리고 미래에 한국 문단의 거목이 될 운명과 재능을 품고 있던 그분과 미래 한국동양화단의 독보적인 존재로 자리잡을 운명이고 재능과 열정을 품고 있었던 어머니, 두 분의 교류가 새삼 뭉클하게 느껴진다.

문인들과의 깊은 우정

어머니와 함께 피렌체를 찾았을 때 나는 르네상스 시대 피렌체의 하늘 아래 한때 미켈란젤로, 레오나르도 다 빈치, 라파엘이 같이 숨 쉬고 그림을 그렸던 시대가 있었음을 처음으로 알았다. 그때 몹시 감동하였다. 미켈란젤로, 다 빈치, 라파엘이 각기 그들이 가야 할 운명을 알지 못했듯 어머니와 박경리 선생님도 아마 그들 앞에 어떤 영광과 가시밭길이 놓여 있는지 몰랐을 것이다.

두 사람의 예술 분야는 달랐지만 한 가지 뚜렷한 공통점이 있다. 박경리 선생님은 대하 소설 '토지'를 쓰실 때 유방암 수술을 하였다. 그래서 가슴을 동여매고 글을 썼다는 얘기를 어머니를 통해 들었다. 그리고 남편을 여의었을 때, 아들을 잃었을 때도 중단없이 글을 썼다.

우리 어머니는 몰락한 집안의 식구들이 우두커니 뭔가 쌀이라도 팔아서 오나 하고 어머니만을 기다렸던 그 시절에도 그림을 그렸다. 그리고 어머니가 그렇게 예뻐했던 누이동생을 잃었을 때도 그림을 그렸다.

언제였던가 전시회가 성공적으로 시작된 첫날에 오늘 무얼 할 거냐고 누가 물었을 때 어머니는 들어가서 그림 그리겠다고 대답하였는데 결코 과장이 아니었다.

어머니가 삼십대 후반일 때다. 어머니가 갑자기 눈이 흐려지고 시력이 급격히 떨어지는 절망적인 경험을 했다. 아마도 영양 부족과 수면 부족이 원인이었을 것으로 짐작한다. 그때 박경리 선생님은 어머니에게 용한 한의원이 있다면서 용을 한번 먹어보라고 권했다. 어머니한테는 그럴 만한 돈이 없었다. 그때 박경리 선생님이 『김약국의 딸들』 인세로 들어온 돈을 선뜻 빌려주며 용을 먹게 해주었다. 어머니는 신기하게도 시력을 회복하였다.

한번은 김남조 시인과 박경리 선생님 사이에 언쟁이 좀 있었다. 김남조 시인은 항상 조신한 성격이어서 싸움도 조근조근하게 했고, 흥분하는 쪽은 박경리 선생님이었다. 김남조 시인은 서울 국립현대미술관장을 했던 조각가 김세중 씨의 부인이다. 김세중 관장은 현대미술관 사업들을 야심차게 추진하다가 젊은 나이에 관장직 수행 중 별세하였다.

만약 '위작 미인도 사건'이 일어났을 때 김세중 관장이 생존해 있었더라면 어땠을까. 한 번도 만난 적이 없는 그분에 관한 그리움이 솟아나기까지 했다. 같은 작가이면서도 작가를 존경했던 그분. 내 마음이 이토록 캄캄하고 적막하지 않았더라면, 만약에 정의를 위해 나서는 사람이 주위에 더러 있기라도 했다면 내가 한 번도 만난 적도 없는 그분을 그리워 하겠는가.

국립현대미술관에는 어머니의 1968년도 작품 「청춘의 문」이 소장되어 있다. 김세중 관장은 어머니에게 "국립현대미술관에 천 화백 작품이 한 점도 없다니 말이 안 돼요." 하면서 「청춘의 문」을 직접 구입했다.

옥인동 시절 우리 집에 박경리 선생님 다음으로 자주 왕래했던 문인은 시인 고은 선생님이다. 고은 선생님은 환속 전에 승복을 입고 와서 식사도 여러 번 했다.

고은 선생님은 어머니와 친분이 깊었다. 어머니 작품의 중요한 모델까지 되어 주었다. 「기타를 치고 있는 남자」, 그리고 어머니 마지막 대작이라 할 수 있는 미완성 「황혼의 통곡 2」(일명, '환상여행')에 등장하는 인물 스케치의 모델이 바로 고은 선생님이다.

지금은 노벨문학상 후보로 매년 언급되는 문호이자 지성이다. 우리 집에 있던 고은 선생님의 책에 『성 고은』이라는 제목이 붙어 있었던 것이 생각난다. 여승을 포함한 산사 승려들의 모습이 아주 리얼하게 묘사되어 있었다. 지금은 시성이라고 불린다니 앞날을 내다본 제목이 아니었나 싶다.

내가 동아방송(DBS)에 잠깐 몸을 담았던 1970년대 말에도 어머니와 고은 선생님은 교분이 있었다. 방송국 아나운서 생활이 그렇게 짧게 끝날 줄 모르고 우리 가족들은 내 이름 김정희가 너무 평범하니 이름을 바꾸자는데 의견이 모아졌다. 어머니는 고은 선생님에게 내 이름을 하나 지어달라고 부탁했는데 그때 즉석에서 지어 준 이름이 '김세가'다. 한자로는 어떤 자였는지 기억이 안 난다. 아마

「황혼의 통곡 2」,(일명 환상여행) 130×162cm, 종이에 채색, 1995~1999년(미완성).

전시장에서 어머니와 고은 선생님.

세상 '세(世)' 자에 아름다울 '가(佳)' 자였을 것으로 생각되는데 그 예쁜 이름을 써 보지 못하고 나는 적성에 맞지 않는 아나운서 생활을 접고 말았다.

어머니가 가끔 만나서 점심을 먹는 친구 중에는 수필가이자 영문학자인 피천득 선생님이 있었다. 우리가 서교동에 살 때 그분은 합정동에 살았기 때문에 어머니 따라 피천득 선생님 댁을 방문한 적이 있다. 얼굴이 발그레한 부인이 부엌에서 나와 화가 손님이 오셨다고 벽에 걸린 동양화 족자 그림을 수줍게 가리키던 생각이 난다.

피천득 선생님은 고등학교 교과서에 나오는 '수필은 청자 연적이다.'로 시작하는 「수필」이라는 글로 잘 알려져 있고, 또 '눈 오는 날 딸 서영이의 팔을 끼고……'라는 수필도 유명하다. 선생님의 글에 보면 유학 시절 보스턴의 찰스강가에서 먹던 아이스크림에 대한 회상 등 어머니와는 정서가 조금 다른 서구적인 분위기의 학자였지만 어쨌든 두 분은 친하게 지냈다.

나에게는 피 선생님이 그때 인기 라디오 DJ였던 피세영 씨의 아버지여서 더욱 친근하게 느껴졌다. 언젠가 피천득 선생님과 점심을 들고 온 어머니가 이렇게 나에게 물었다.

"버지니아 울프가 누구다냐?"

피천득 선생님이 '버지니아 울프' 이야기를 꺼낸 것이다. 물론 영국 작가 버지니아 울프를 의미한다. 그런데 어머니는 "「누가 버지니아 울프를 두려워하랴」의 그 버지니아 울프 말씀이십니까?"라고 했더니 피천득 선생님이 점잖게 "그것도 있고……."하며 말끝을 흐렸다고 했다. 어머니는 에드워드 올비 원작 연극을 영화화한 엘리자베스 테일러, 리처드 버튼 주연의 「누가 버지니아 울프를 두려워하랴」를 생각했다.

어머니와 나는 얼마나 웃어댔는지 모른다. 영문학자인 피천득 선생님이 어머니의 엉뚱한 대답에 얼마나 곤란하셨을까.

우시는구만

사람은 참, 작은 일에 슬퍼하고 큰일에 무감각하기도 하다. 남편과 나는 오랫동안 헤어짐과 만남을 반복하다가 1982년 1월 9일에 워싱턴에서 결혼식을 올렸다.

나와 남편이 둘 다 학생이고 친지도 많지 않은 미국에서 결혼식을 하니까 단출하게 하고 싶다고 어머니께 말씀드렸다. 영화「러브 스토리」에 나오는 것 같은 결혼식이란 말이 몇 번씩이나 나왔다. 러브 스토리에서 라이언 오닐과 앨리 맥그로우가 몇 안되는 친구들 앞에서 꽃다발 하나 들고 혼인을 서약하는 그런 결혼식 말이다. 그러자 어머니는 내게 편지를 보냈다.

편지에서 어머니는 그림「새와 호랑이가 있는 여인상」을 고생 끝에 완성했다는 소식을 전하며 나의 '러브 스토리'식 결혼식 소망을 두고 이렇게 말했다.

"그런데 러브 스토리식도 좋다만 그 위인이 라이안 오닐도 아니고, 그의 아버지가 레이 미란드(레이 밀란드)도 아니고, 그런 집안도 못 되고 일정한 직장도 없고 엄마 마음은 답답하다. 허지만 크게 모든 걸 생각하니 너는 꼭 여워야겠고…… 참 니가 짠하다."

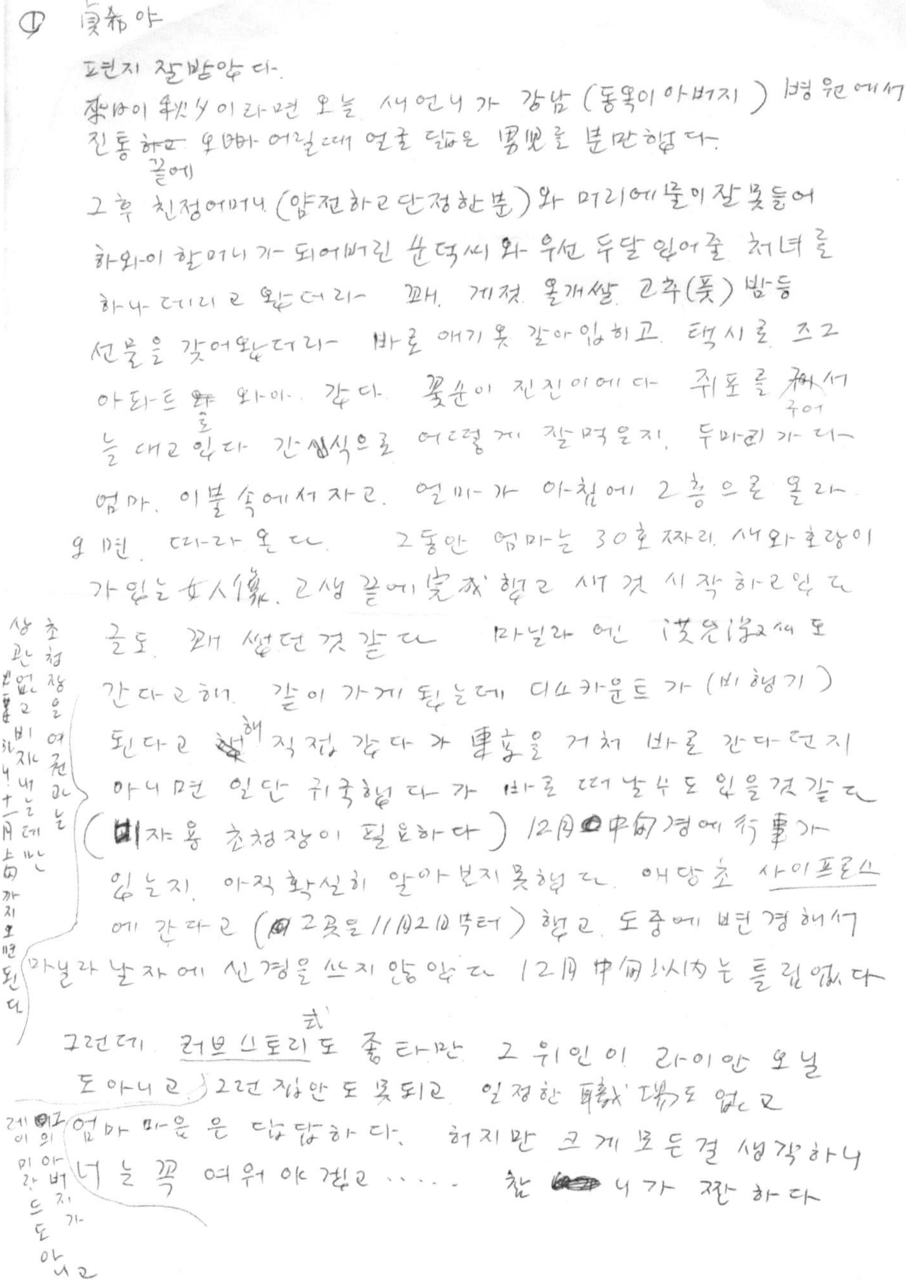

① 眞希야

편지 잘받았다.

來10이 15일이라면 오늘 새언니가 강남 (동욱이아버지) 병원에서 진통~~하고~~ 끝에 오빠 어릴때 얼굴 닮은 男兒를 분만했다.

그후 친정어머니(얌전하고 단정한분)와 머리에 물이 잘못들어 하와이 할머니가 되어버린 순덕씨와 우선 두달 있어줄 처녀를 하나 데리고 왔더라. 꽤, 게젓, 올개쌀, 고추(풋) 밤등 선물을 갖어왔더라. 바로 애기옷 갈아입히고 택시로 조그 아파트로 와야 갔다. 꽃순이 진진이에다 쥐포를 주어 늘 대고 있다 간식으로 어떻게 잘먹은지. 두마리가 다 엄마 이불속에서 자고, 엄마가 아침에 2층으로 올라오면 따라온다. 그동안 엄마는 30호짜리 새와 호랑이가 있는 女人像. 그림 끝에 完成했고 새것 시작하고 있다 글도 꽤 썼던것 같다. 마닐라에는 漢字學者씨도 간다고해. 같이 가게 되는데 디스카운트가 (비행기) 된다고 해 직접 갔다가 東京을 거쳐 바로 간다던지 아니면 일단 귀국했다가 바로 떠날수도 있을것 같다 (비자용 초청장이 필요하다) 12月 中旬경에 行事가 있는지 아직 확실히 알아보지 못했다. 애당초 사이프로스에 간다고 (그곳을 11月 20日부터) 했고 도중에 변경해서 마닐라 날자에 신경을 쓰지 않았다 12月 中旬 以內는 틀림없다

(초청장을 여권과는 상관없고 비자내는데 빨리 十二月 上旬까지 오면 된다)

그런데 러브스토리式도 좋다만 그 위인이 라이안 오닐도 아니고, 그런 직장도 못되고 일정한 職場도 없고 엄마 마음은 답답하다. 허지만 그게 모든걸 생각하니 너는 꼭 여유있게 ...... 참 니가 장하다

(그의 아버지가 레이 미란드도 아니고)

1981년 어머니의 편지

나의 결정을 답답해하는 어머니의 편지였지만 '라이안 오닐도 아니고 레이 미란도도 아니고'에서 나는 폭소를 터뜨렸다. 그렇게 어머니는 항상 사람들을 웃게 만들었다.

결혼식을 앞두고 어머니와 언니는 나의 조그만 스튜디오 아파트(한 공간을 부엌, 응접실, 침실로 쓰는 작은 아파트)에 왔다. 언니는 날염으로 그림을 그린 긴 흰색 실크 스카프를 항상 들고 가장자리 시침질을 하고 있었다.

남편은 결혼식 며칠 전부터 아파트에 와서 대화하며 친지가 보내준 냄비 세트를 꺼내 보였다. 어머니에게 그리 환영을 못 받은 냄비 세트는 내가 봐도 초라하게 보였다.

그런데 정작 트러블은 결혼식 직전에, 항상 그렇듯이 어머니, 언

1982년 1월 메릴랜드 주 실버스프링 한태경 목사님 사무실에서 한 결혼식.

니, 나 세 사람의 역학 관계에서 벌어졌다. 결국 언니는 결혼식 전날 컴컴한 긴 아파트 복도를 지나 트렁크를 끌고 울면서 뉴욕으로 돌아가 버렸다.

그날 밤 조지아 주에서 온 신랑의 여동생 부부와 함께 식사를 하고 돌아오니 어머니는 못 마시는 조니 워커 위스키를 반 병이나 비우고 인사불성이 되어 "정희가 안 와."하며 쓰러져 있었다. 그때의 착잡함이란. 그러나 다음 날 결혼식 당일에는 어머니는 말끔히 회복이 되었다. 나는 뉴욕 언니네 동네 플러싱에서 산 99달러짜리 웨딩드레스를 다림질하고 있었다. 언니를 통해 알게 된 김홍자 교수와 미장원에 함께 가기로 약속했었다.

나는 김홍자 교수에게서 온 전화를 아무 일 없다는 듯 받았다. 뭐 도와줄 거 없느냐는 따뜻한 말에 그만 목이 메 말을 잇지 못하니 김 교수가 한참을 기다리다 "우시는구만" 했다. 지금 이까짓 일이 왜 서러운지 모르겠다.

이모가 새 같았어

2003년 7월 4일이었다. 메릴랜드 주 고등학교 졸업반인 아들의 친구 샘 집에서 미국 독립기념일을 축하하려고 몇몇 학부모와 아이들을 초대해 돌아가며 독립선언서를 낭독하는 모임이 계획돼 있었다. 한 번 참석해 보았는데 참 생소하면서도 흥미로웠다. 싱싱한 딸기와 케익 등을 차려 놓은 테이블 주위에 집주인과 손님들이 동그랗게 서서 아주 엄숙한 목소리로 '모든 사람은 평등하게 태어났고 누구에게도 양도할 수 없는 몇 가지의 권리를 창조주로부터 부여받

「그랜드캐니언」, 32×41.5cm, 종이에 채색, 1987년.

았다'는 선언이 포함된 독립선언문을 한 줄씩 낭독하는 것이었다.

상점의 세일 광고와 피크닉, 바비큐가 그 의미가 돼 버린 독립기념일에 자유와 주권을 갈구했던 선조들의 귀중한 문서를 되새기자는 아주 평범한 가정의 모임이었다. 하지만 그날의 의미를 잊지 않고 미국 건립 정신을 되새긴다는 것은 절대로 평범하지 않았다. 샘의 아버지는 외과 의사이고 어머니는 집에서 애들을 돌봤다. 그해에 두 번째로 초대를 받아 나도 감색 원피스와 미국 국기를 상징하는 색깔을 맞춰 입으려고 어디 행상에서 샀는지 모르는 빨간색과 흰색이 들어간 스카프까지 찾아놓고 잠든 새벽이었다.

전화벨이 울렸다. 어머니가 쓰러졌으니 맨해튼의 세인트 빈센트 병원으로 오라는 언니의 전갈이었다. 급히 아들이 운전하는 차를 타고 뉴욕으로 향했다. 언니는 전화로 "엄마가 혈압이고 콜레스테롤이고 아무 문제가 없었는데……. 아이구 정말." 그 말을 반복했다.

병원에 도착해 보니 어머니는 침대에 잠자듯 누워 있었다. 언니는 간이의자에 앉아 어머니 옆구리 부분에 머리를 얹고 엎드려 잠들어 있었다. 뒷모습은 깡마른 데다 가냘픈 손목이 더 가늘어 보였다. 아들은 나중에 "이모가 새 같았어"라고 말했다.

병원에서는 수술이나 아무런 처치를 할 수 없다고 했다. 언니는 자기 아파트로 어머니를 모시고 가기로 결정했다. 병원용 침대 등 시설을 갖추고 어머니를 퇴원시켰다.

그 후 대학생이던 딸이 이모를 돕는다고 뉴욕을 방문해 혼수상태로 누워있는 외할머니 곁을 지키던 때가 있었다. 침대 옆에 앉아 있는데 갑자기 외할머니가 또렷한 소리로 "저놈들 잔(좀) 가라 그래라." 하셨다고 한다. 딸은 처음엔 놀라서 "네? 누구요?"하고 무얼 보고 무서워하시나 보다 생각이 들어 "저기 저 사람들이요?" 하고 답했다고 한다. 그랬더니 외할머니가 "응." 하셨다.

딸이 "어서 가세요. 우리 할머니가 가라고 그러잖아요." 하고 소리를 질렀다. 그랬더니 외할머니가 같이 게임을 해줘서 고맙다는 뜻인지 아니면 진짜 저승사자를 쫓아줘서 고맙다는 것인지 빙긋이 웃었다고 한다. 그 이후로 다시는 나도 나의 딸도 누구도 어머니가 말씀하는 것을 듣지 못했다. 어머니는 그렇게 누워만 있다가 2015년 8월 6일 돌아가셨다.

1981년 겨울, 그랜드캐니언에서 스케치하는 어머니 모습.

두 번 흘린 눈물

어머니의 그림 93점이 있는 서울시립미술관에서 추모식을 가진 이후 두 번 더 울었다.

첫 번째 눈물은 내가 어머니의 자식이라는 확인을 받으려고 친생자 소송을 할 때였다. 행복으로 가득 찼던 어머니의 수필집, 어릴 적 사진, 여기에 친척과 친지의 진술서를 제출해야 했다.

친척 중에는 내가 5살 무렵 시집온 외숙모 그리고 친구 중엔 대학교 1학년 때부터 인연을 맺고 미국에서 3년 동안 한동네에 살았던 서정분이 진술서를 써주었다.

제가 지금 정희가 어머니의 친딸이란 것을 확인하며 진술하고 있으면서 눈물이 나네요.
형제 누구보다도 가장 어머니를 아끼고 어머니가 사랑한 딸인 정희가 어머니의 친딸이라는 것을 타인인 제가 진술해야하는 것이 말이죠. (중략)
제가 이런 글을 쓰면서 계속 이건 미인도 사건이랑 똑같은 시츄에션이구나 하는 생각이 드네요. 화가 본인이 내 그림이 아니라고 하는데

다른 사람이 그 그림을 진품이라고 주장하는것이나, 정희를 알고 있던 모든 사람이 정희가 어머니의 친딸이라는 걸 알고 있는데 이렇게 정희가 어머니의 친딸이라고 구구절절 얘기하는 것이 얼마나 우스운가요.

나는 서정분의 긴 편지를 읽으면서 가슴이 미어져 슬픈 소설을 읽는 독자처럼 눈물을 흘렸다. 대학 신입생 때 서정분이 우리 집에 어머니가 누구인지 모른 채 놀러 왔던 날이 있었다. 그는 자기 집에 돌아가 "그 집은 참 이상해. 엄마가 밥을 차려 주는 게 아니라 정희가 밥을 차려서 2층에서 일하는 엄마한테 갖다 드리던데……."라고 이야기했다는 기억부터 더듬었다.

어머니가 그림을 안 파니까 명절이면 그림 달라며 화랑들이 보낸 과일 바구니들 이야기와 어머니가 자기에게도 과일 바구니를 나누어 주었다는 이야기, 디자이너 앙드레 김이 찹쌀떡과 '앙드레'라는 샴페인을 명절에 선물했는데 샴페인은 엄마가 드시고 떡은 나누어 줘서 2년째 앙드레 찹쌀떡을 먹었다는 내용까지도 적어놓았다.

그러나 가정법원의 담당 판사는 그 수많은 사진과 자료에도 불구하고 유전자 검사를 요구하였다. 같은 모계 혈통임을 증명해 줄 사람은 어머니의 호적상 자식인 언니와 오빠뿐이었다. 오빠와 나는 각각 휴먼패스라는 유전자 검사 전문기관에 가서 정수리의 머리털을 몇 가닥 뽑아 유전자 검사에 응했다.

며칠 뒤 도착한 〈유전자 시험 성적서〉에는 '피감정인들 사이의 동일 모계 여부를 분석하고자 인간 미토콘드리아 DNA의 과변이 영역인 16021-538 서열을 분석한 결과 11개 염기서열 변이가 모두 일치함으로 동일 모계에 의한 혈연관계가 성립되는 것으로 추정된다'라는 결과가 기록되어 있었다. 오빠의 머리털을 한 연구원이 붙잡고 찍은 사진, 내 머리털을 다른 연구원이 붙잡고 있는 코믹한 사진 2장도 첨부되어 있었다.

아버지 호적 아래에 있던 내가 어머니의 친생자임을 증명해야 했던 이유는 '위작 미인도 사건'의 법적 제기가 친자 아니면 할 수 없는 일이었기 때문이다. 그러나 세상은 물론 그림때문에 형제 간에 싸움이 날 것이라고 확신하는 듯했다. 언니와의 갈등을 두고 수군 대는 것이었다.

두 번째 눈물은 2016년 9월, 난항 끝에 뤼미에르광학연구소의 다중 스펙트럼 촬영이 시작됐을 때다. 남편이 서울에 가 있었다. 검찰로부터 대비용으로 빌린 작품들의 진품 확인 요청이 있었기 때문이다. 남편은 「미인도」를 수사관 감시하에 약 30초 동안 몇 미터 떨어진 데서 볼 수 있었다고 한다. 남편도 뤼미에르광학연구소의 작업장에 일부러 가까이 가지 않았다. 조금이라도 객관성에 흠집을 내거나 그런 인상마저 주기 싫었던 것이다. 뤼미에르광학연구소가 몇 시간에 걸쳐 카메라 설치를 끝내고 첫 작품을 촬영했을 때 카메라에 연결된 컴퓨터로 작품의 단층화면들을 볼 기회가 있었다.

첫 번째로 촬영된 작품은 1977년도 작품 「나비와 여인의 초상」이다. 그해의 작품들이 다 조형적인 완성미가 두드러지지만 그 그림은 특히 표현과 질감과 구성이 기가 막혔다. 남편은 컴퓨터 화면에 나타난 「나비와 여인의 초상」의 단층 사진을 보고서 흑백의 단층 사진들마저도 오묘하고 아름다웠다며 워싱턴에 있던 나에게 전화를

「나비와 여인의 초상」, 51.7×43.1cm, 종이에 채색, 1977년.

했다.

“여보, 당신 어머니, 정말 훌륭한 화가이시더구만.”

남편은 감동에 젖은 목소리로 말했다. 자신의 예술 세계에 대한 자부심이 강한 터라 다른 작품에 쉽게 후한 평을 주는 것을 보지 못했다. 그런 그가 뤼미에르광학연구소가 촬영한 어머니 그림의 단층 사진을 보고는 전율을 느끼는 충격을 받았다고 했다. 나는 그간의 설움이 복받치듯 밀려와 침대 끝에 앉아 무릎에 얼굴을 묻고 한참을 울었다.

장엄

남편은 몇 달째 학교 다녀오면 곧바로 컴퓨터 앞으로 달려가서 어머니 그림의 단층 사진을 들여다본다. 뤼미에르광학연구소에서 다중 스펙트럼 단층 촬영을 해서 받은 원본들이다. 원본 사진은 검찰에도 촬영 즉시 제출되었다.

물론 강의가 없는 날은 온종일이고, 지난 봄방학 때도 반나절 집 근처의 아울렛몰에 다녀온 것을 제외하곤 거의 깨어있는 시간의 전부를 어머니의 그림과 「미인도」를 비교하는 작업에 몰두했다. 일단 어디서 그런 집중력과 에너지가 나오는지 모른다. 젊어서 판화를 전공했으니 몇 시간씩 세밀한 작업에 몰두한 이력이 있기는 하나 가히 초인적인 집중력이다.

때로는 기지개를 켜며 "아, 이러다가 내가 미치면 정신병원에 보내지마"라고 농담을 할 정도로 자신도 작업의 심도가 심상치 않음을 느끼고 있는 모양이다. 여하튼 위작 미인도 사건이 다시 떠올라 검찰 수사로 이어지고 검찰의 발표에 우리가 항고하는 사태가 연속되면서 평화로운 일상은 모두 사라졌다. 오죽하면 마음 놓고 코스트코(COSTCO) 할인 매장에 가서 장을 보는 일이 그리울까.

꼭 한 번 이랬던 적이 있었다. 2012년 딸의 결혼식을 불과 한 달도 남기지 않고 유방암 선고를 받았을 때다. 유방암이란 게 뭐 별달리 두렵지는 않았다. 여자 8명 중의 1명은 걸리는 병이라는데 특히 나만 피해가라는 법은 없지 않은가. 다행히도 수술 날짜를 빨리 잡을 수 있었다.

병은 스트레스를 주지 않지만 제일 힘든 것은 가족한테 언제 말을 꺼내느냐 하는 것이었다. 제일 먼저 남편에게 이야기했다. 가까운 친구들한테도 이야기했지만, 특히 결혼을 앞둔 딸한테는 언제 말해야할지 이루 말할 수 없이 고민되고 마음도 복잡했다.

주변 사람들로부터 여러 충고들을 듣고, 수술 전에 아이들한테 말했다. 그 여파는 생각보다 심각하지 않았다. 아무도 통곡을 하거나 공황 상태에 빠지지 않았다. 10여 일 후에 있던 결혼식에서는 나가서 고고 댄스까지 추었다. 역시 정면 대응보다 좋은 방법은 없다.

항암 치료는 지루하고도 오래 걸렸다. 9월에 시작해 그다음 해 5월까지 3주마다 한 번씩 병원을 찾아야 했다. 병원에서는 칵테일요법으로 3가지 약을 1봉지씩 혈관 주사로 맞는다. 부작용이 생겨서 약을 바꾸면 또 다른 부작용이 생기기를 몇 번, 그중에 한 성분은 점차 발끝부터 서서히 넓적다리까지 통증을 일으키며 찌릿찌릿한 신경성 장애를 일으켰다. 점차 나아졌지만 발가락 끝을 꼬물꼬물해 보면 아직도 동상이 걸린 듯한 느낌이 남아 있다. 벌써 5년이 됐는데도 말이다.

항암 치료 중에 동네를 산책하려면 남편이 등 뒤에서 밀어 줘야 걸을 수 있었다. 마지막 치료 날 주사액 봉지의 마지막 방울이 혈관으로 흘러 들어갔다. 간호사가 봉지를 걷어 가자 항암 치료실의 모든 간호원들이 나와 손뼉 치며 축하해 주었다. 흡사 생일을 맞은 손님을 위해 식당의 웨이터와 웨이트리스들이 리드미컬하게 손뼉 치며 "생일 축하합니다"를 외치듯.

약의 부작용은 주사 맞은 다음 날까지 괜찮다가 사흘째쯤 되면 나타났다. 음식 먹기가 힘들고 몸을 가누기도 힘들었다. 그러다가 회복이 될 만하면 다시 3주가 되어 주사실로 가야 했다. 그때도 나는 "코스트코에 물건을 환불하러 가야되는데……."하고 대형 수퍼마켓에 가는 일상을 그리워하였다.

항암 치료를 받으면서 한 가지 소득 아닌 소득이 있었다면, 새로워진 나의 헤어스타일이다. 두 번째 치료 후에 머리카락이 빠지기 시작했다. 샤워하다 보면 뭉텅뭉텅 시커먼 머리칼이 수채에 쌓였다. 그 정경은 그리 상쾌하지 않았다. 그것이 싫었던 나는 남편에게 부탁해 아예 삭발을 해버렸는데 어떨 때는 외계인 같기도 하고 스님 같기도 한 그 모양새가 싫지 않았다. 젊어서 인도 구도자들의 삶을 상상해 본 적이 있지 않았던가. 그 뒤로 머리를 짧게 자르기 시작해, 얼굴이 크기때문에 상상도 해 보지 않았던 상구머리 헤어 스타일이 내 스타일로 굳어졌다.

"장엄이구만"

어느 날 아침에 남편의 목소리가 들렸다. 나는 어머니의 작품 세계에 빠져드는 기분이 장엄하다는 뜻인가 했더니 그게 아니었다. 장엄은 위엄있고 엄숙하다는 뜻 외에 불교 용어로 훌륭한 공덕을

쌓아 몸을 장식하고 향이나 꽃 따위를 올려 부처에게 장식한다는 뜻도 있다. 남편은 이토록 몰두해서 「미인도」의 비밀을 찾아내고자 하는 열정이, 어떤 숭고한 뜻에 자기를 바치는 장엄 행위와 같다고 느껴는 것 같다.

남편은 남들과 얘기할 때 어머니를 '장모님'이라 부르지 않고 '천 선생님'이라는 호칭으로 부른다. 곁에서 본 어머니의 작가 정신을 누구보다 존경하기 때문이다. 그런 그가 몇 달씩을 어머니의 그림 단층 사진들과 씨름을 하더니 어머니의 작품 세계에 대한 존경심이 배가된 듯했다. 그는 오늘도 또 장엄을 한다.

남편은 조지타운대학교 석좌 교수인 키에포 교수에게 위작 미인도 사건에 관해 이야기했다. 어머니의 작품 사진들을 본 그는 흔쾌이 공동 연구를 하겠다고 동의했다. 그 후 몇 달간 키에포 교수와 남편이 발견한 '천경자 코드' 5가지 비밀을 뒤에 소개할 것이다. 어머니는 어쩌면 「미인도」라는 괴물이 '1977년이라는 연도와 어머니 서명'을 달고 언젠가 나타날 것을 예견이라도 하셨듯 1977년도의 그림에 비밀 코드를 심어놓았다.

천경자 코드

천재 화가의 비밀

공동 연구

클리프 키에포(Cliff T. Chieffo) 조지타운대학교 석좌 교수,
문범강(BG Muhn) 조지타운대학교 미술과 교수

천경자 코드

천재 화가의 비밀

이 미학적 분석은 미국 조지타운대학교 클리프 키에포(Cliff T. Chieffo) 석좌교수와 같은 대학 미술과 문범강(BG Muhn) 교수의 공동 연구이다.
키에포 교수는 조지타운대학교 미술과의 창설자이며 미술 전문 서적의 저술가(Silkscreen as a Fine Art, The Contemporary Oil Painter's Handbook, Gabo Project), 미술품 복원 전문가이자 감정가 그리고 미국 미술품 보존 · 복원 협회 회원으로서 이 분야에서 오랫동안 활동해 온 베테랑이다.
문범강 교수는 조지타운대학교 종신 교수로서 미술 실기와 이론을 강의해 온 학자이다. 세계4대 미술잡지 중 하나인 《Art in America》와 《뉴욕 타임스》, 《워싱턴 포스트》, CNN 등 굴지의 언론에 작품이 여러 번 소개되어 미국 주류 사회에서 인정받고 있는 예술가이다.

'천경자 코드'는 천경자 화백의 1977년 작품들을 분석하는 과정에서 키에포 교수와 문범강 교수가 발견한 천 화백의 고유 미학 세계를 위작 논란에 있는 「미인도」와 비교한 미학 분석이다. 천경자 화백의 1977년도 작품을 깊이 있게 분석한 미학 연구서는 이제껏 존재하지 않았고, 향후 한국미술사를 연구하는 후학들에게도 좋은 참고가 될 것으로 보인다.

우리 연구진은 초고해상도 이미지를 통해 1977년도 천경자 화백의 진품을 분석하는 과정에서 '천경자 코드'를 발견하였다.

'천경자 코드'는 「미인도」가 천경자 화백의 손으로 그려진 작품이 결코 될 수 없다는 결정적이며 미학적인 증거이다. 그 증거를 도출하는 과정에서 우리는 「미인도」가 위작이라는 선입견을 배제하고, 「미인도」와 천경자 화백의 진품을 비교 검토하였으며 그 결과 명백한 결론에 이르게 되었다.
비교 과정과 결론의 공정성, 객관성, 보편성을 담보하기 위해 우리는 컴퓨터 시각 자료 및 단층 사진 분석에 노력을 기울였다.

'천경자 코드'의 발견을 가능하게 해준 광학적 자료(초고해상도 이미지)는 안목 감정으로는 접근 불가능한 정보를 제공해 주었다. 고화질 이미지를 컴퓨터 화면으로 비교 분석하면 육안으로 그림을 관찰할 때보다 훨씬 더 정밀하고 정확한 데이터를 볼 수 있게 된다. 또한 이미지를 도식화할 수 있어 과학적이고 공정한 비교 검토가 가능하다.

미학적 분석은 다음과 같은 방법으로 진행되었다.
각 비교 작품은 대부분 200메가 이상의 고화질 이미지를 대상으로 했다. 가장 큰 작품이 43.1×51.7㎝(「나비와 여인의 초상」), 가장 작은 작품이 27.7×31㎝(「미인도」)인 점을 감안하면 작품 크기에 비해 해상도가 뛰어나 정밀한 관찰을 할 수 있었다.

각 인물의 비교 대상 부위에서 선을 추출하여 도식화시켰다. 선의 비교는 홍채, 인중, 입술 등 인물의 주요 부위에서 이루어졌다. 비교 부위의 도식화는 각 부위의 대비를 쉽게 판별해낼 수 있는 미학적 대조표 역할을 했다. 도식화는 인물 묘사에서 색과 면을 제거한 후 선만을 사용하여 평면화시키는 작업이다. 우리는 입체를 선화(線化)시키는 과정에서 흥미로운 '천경자 코드'를 발견하게 되었다.

1977년도 천경자 화백의 작법은 「미인도」의 그것과 어떻게 다른가

'천경자 코드'는 「미인도」의 미학적 구조를 파헤치는 다섯 가지 비밀 코드이다.

1. 홍채의 비밀
2. 인중의 비밀
3. 입술의 비밀
4. 스케치 선의 비밀
5. 숟가락의 비밀

천경자 코드의 5가지 비밀을 풀어 나가는데 위작 논란의 대상인 「미인도」와 천경자의 진품 7점을 미학적으로 비교 분석했다. 천경자 작품 데이터베이스에 따르면 1977년 작품 중 비교 분석에 적합한 고화질 작품은 전부 7점이 존재한다. 이 중 여인 정면상은 5점이다.

천경자 코드의 다섯 가지 비밀 중 1, 2, 3, 5번에는 여인 정면상인 「나비와

미학적 검증 과정에서 비교분석한 1977년도 작품 8점

나비와 여인의 초상

멀리서 온 여인

미모사 향기

수녀 테레사

여인의 초상」, 「멀리서 온 여인」, 「수녀 테레사」, 「내 슬픈 전설의 22 페이지」, 「별에서 온 여인」이 사용되었다. 비교 부위가 홍채, 입술, 인중인 경우 여인 정면상의 이미지가 필요했다.
4번 째, 「스케치 선의 비밀」은 뤼미에르의 단층 사진이 비교분석에 사용되었다. 이 분석에는 깊은 층을 관찰할 수 있는 단층 사진이 필수적이었다. 따라서 뤼미에르가 촬영한 작품중에 77년 작 다섯 개를 비교대상으로 삼았으며 측면상인 「미모사 향기」, 「여인 측면상」이 포함되었다.
미술 작품 속에 있지만, 맨눈으로는 쉽게 파악되지 않는 숨겨진 기호나 해당 작가의 특정한 터치를 그 작가의 코드라 부른다. 소설이지만, 『다 빈치 코드』가 한 예다.
'천경자 코드'는 천경자 화백만의 고유한 터치, 특정 부위의 과감한 포기 등 작품의 차별화를 위해 고안된 숨겨진 장치이다. 작품의 차별화는 예술의 고유성을 추구하는 작가 정신의 결정체다. 1977년 그가 얼마나 몸부림치듯 작가 정신의 예리한 송곳을 작품에 들이대었는지 '천경자 코드'를 통해 들춰 본다.
우리는 이를 통해 「미인도」가 얼마나 허술하게 만들어진 조악한 그림인지 그 실체를 보았다.

내 슬픈 전설의 22페이지

별에서 온 여인

미인도

여인의 측면상

CHUNKYUNGJA
O
D
E

천경자 코드
첫 번째 발견

홍채의 비밀

천경자 화백의 1977년도 정면 여인상 다섯 점에는 전부
'홍채의 비밀'이 촘촘히 보석처럼 박혀 있다.

그러나

같은 해에 그려졌다는 「미인도」의 홍채 속은 텅 비어 있었다.
「미인도」가 위작임을 강력히 시사하는 발견이었다. 이제 정밀
분석을 통해 그 비밀을 밝힌다.

천경자 코드 첫 번째 발견 홍채虹彩의 비밀

얼굴 전체에서 눈 안의 홍채가 차지하는 면적 비율은 무척 적다. 얼굴 크기의 약 100분의 1에 해당한다.
이렇게 작은 홍채 속 '천경자 코드'의 비밀은 무엇인지 그리고 비밀 코드와 「미인도」의 홍채가 어떻게 다른지 심층 분석해 보았다.

1977년 작품 「내 슬픈 전설의 22페이지」를 살펴보면, 얼굴 전체에서 홍채가 차지하는 비율은 115대 1로 홍채는 얼굴에서 아주 작은 부위다.

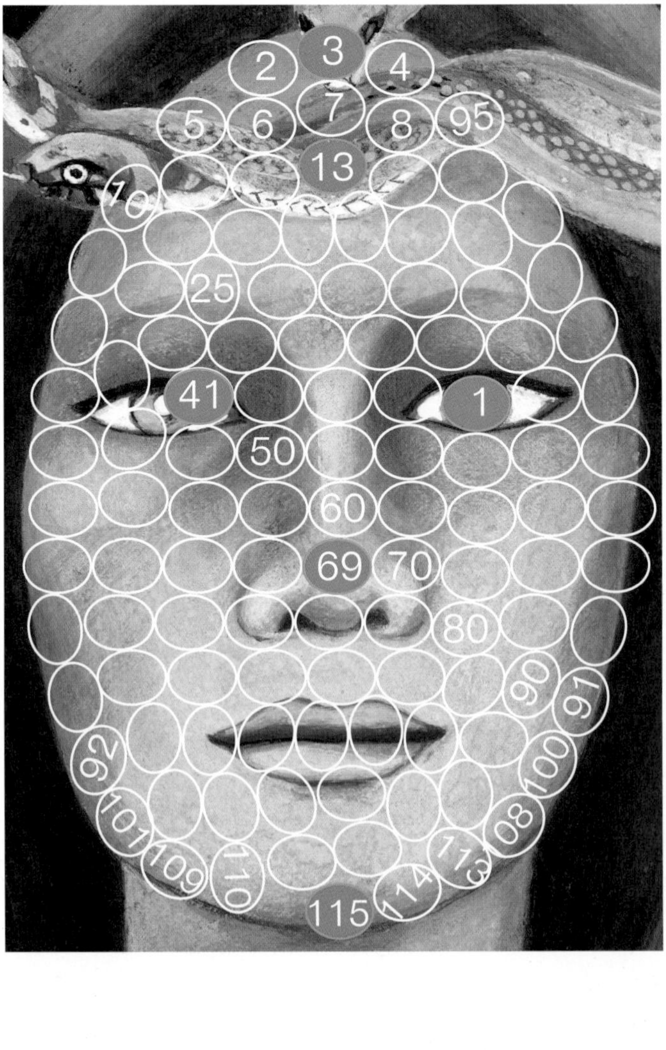

아래 사진들은 진품 5점과 「미인도」에서 눈(홍채) 부분만 추출해 모은 것이다. 선입견 없이 관찰할 수 있도록 작품 제목은 표기하지 않았다. 진품 5점과 위작 논란에 있는 「미인도」의 홍채는 첫눈에 차이가 드러나지 않는다. 그러나 비밀 코드를 통해 다시 한번 아래 사진들을 살펴보면 처음에 보이지 않던 차이를 알게 된다.

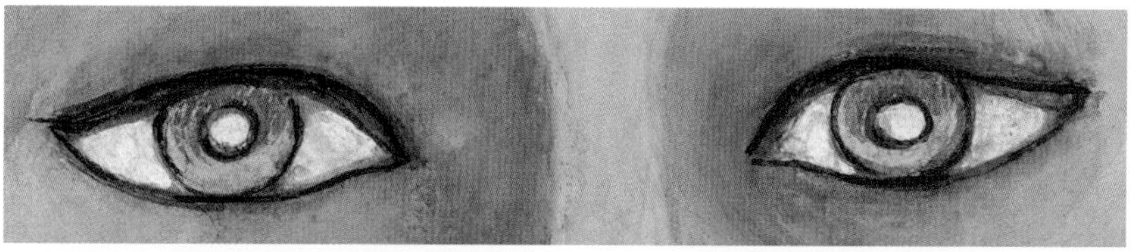

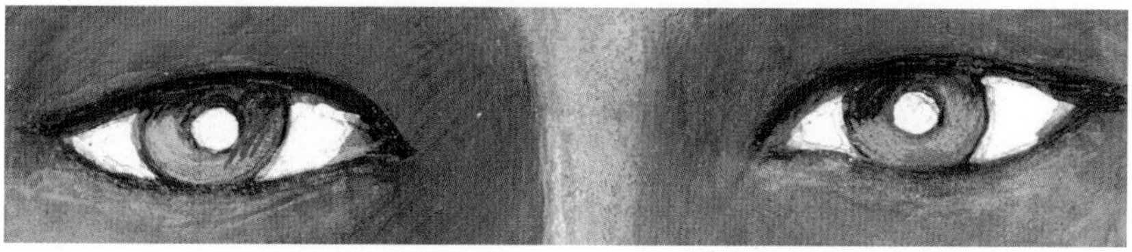

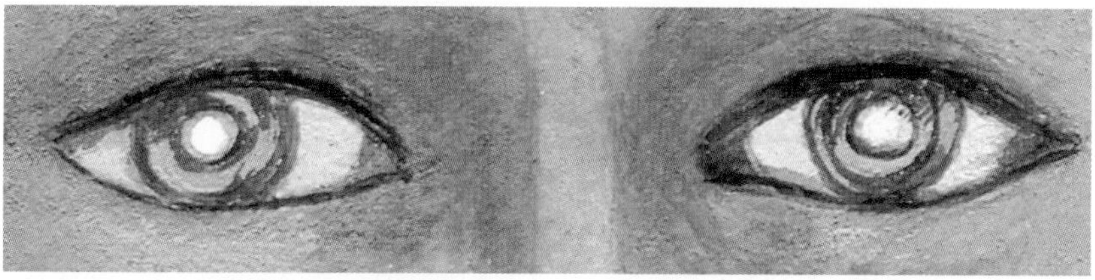

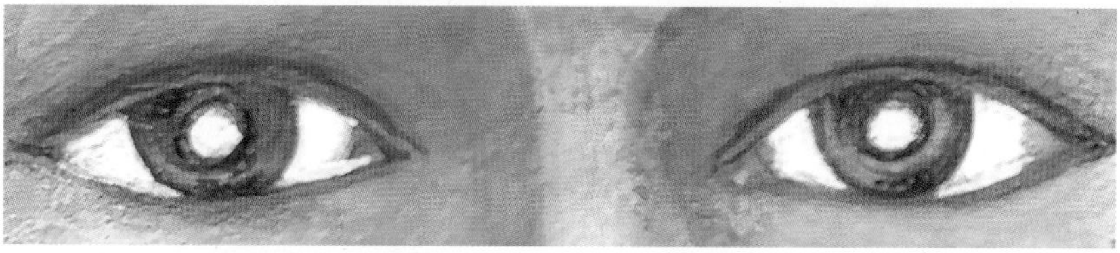

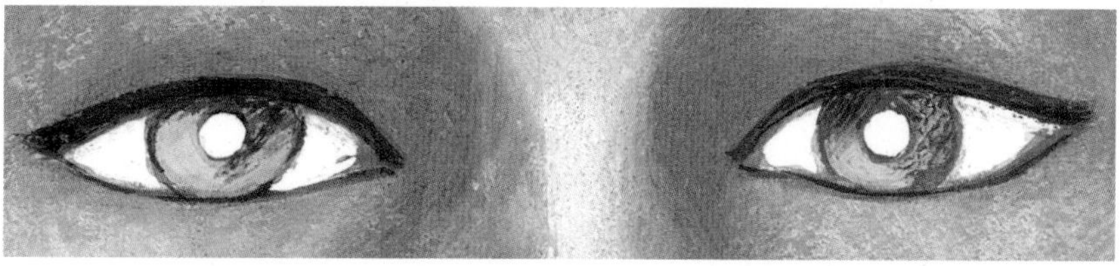

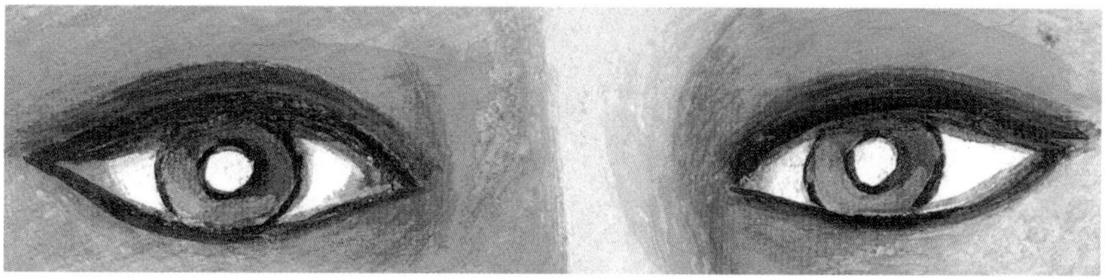

작품의 진위 판정에는 같은 연도에 창작된 작품들간의 상호 비교가 최우선이다. '진품들과 위작 논란이 된 작품을 비교 검증할 때 위작과 같은 해에 창작된 작품들이어야 한다'는 조건이 전제되어야 정확성을 담보할 수 있다. 그리고 이 방법은 언제나 존중되어야 한다. 그 이유는 작가의 화풍은 오랜 기간 큰 변화 없이 지속되지만, 작법은 시기적으로 바뀔 수 있기 때문이다.
작법은 화가가 사용하는 색의 종류, 화판에 입힌 물감 두께, 특정 기구의 사용, 신체의 특징에서 나오는 고유한 붓놀림, 일정 기간 동안 개발된 새로운 테크닉 등을 포함한다. 이러한 작법은 1~2년 동안 아주 특별하게 집중되다가 몇 년 후 서서히 변화가 일어나기도 한다.

위작자가 위작을 그릴 때 가장 역점을 두는 부분은 원작가의 화풍이다. 천경자 작품의 위작자는 꽃, 나비, 여인상 등 천경자 화풍을 흉내 낸다. 그러나 오랜 기간 숙련된 원작가의 작법은 위작자가 모두 섭렵하기 어렵다. 그래서 항상 실수와 허점을 남기게 된다. 작법 연구가 진위 판별에 최우선 전제 조건이 되어야 하는 이유다.

이미 언급한 바와 같이 「미인도」를 포함한 비교 대상 8점은 모두 1977년 작품이다. 천경자 화백의 1977년 작품만의 미학적 비교는 지금껏 한번도 시도되지 않았다. 심층 분석을 통해 살펴본 바에 따르면, 1977년은 천경자의 작품 세계가 무르익어 작가로서의 기량이 절정에 달했던 해였다. 「내 슬픈 전설의 22페이지」, 「수녀 테레사」 등 그의 대표작 3점이 1977년에 창작된 것을 보아도 이 해는 천경자 화백에게 특별했다.

이번 연구 분석을 통해서 알게된 사실 중 하나로, 1977년 천경자 화백은 자신만의 고유한 창작성을 추구하는 과정에서 작품의 밀도를 높이려고 그만의 특이한 기법을 완성시켰다. 이러한 특화를 동 · 서양미술사를 통틀어 작품 속 얼굴에 실험성을 추구한 예는 나(키에포 교수)의 50년 미술사 연구에서 거의 찾아볼 수 없던 예에 속했다.

앞에서 본 눈 그림의 출처는 아래와 같다.

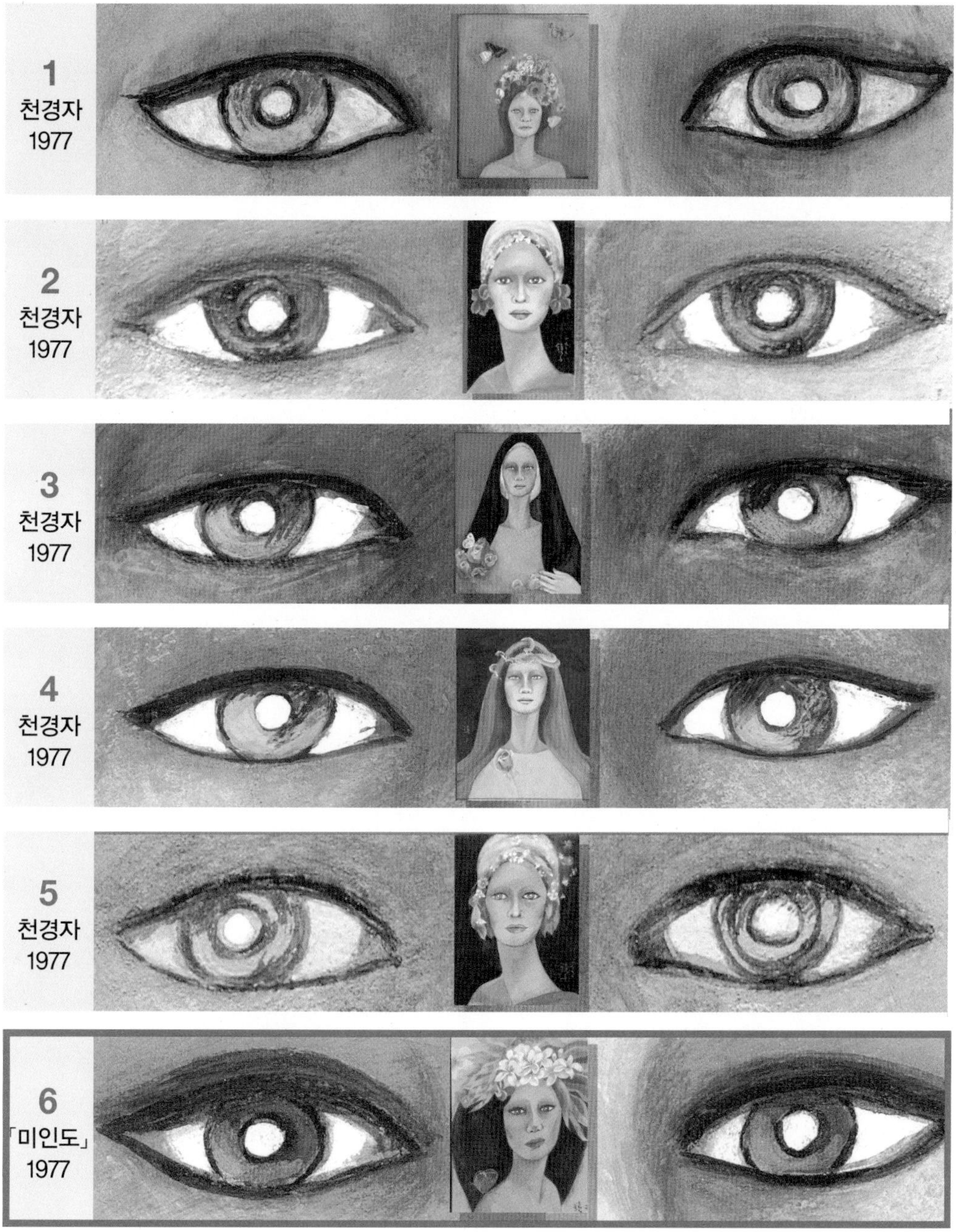

눈 부위에서 홍채만 분리하여 이미지의 평면화를 시도했다. 평면화 과정에서 시각적 단절감을 피하기 위해 완만한 평면화 단계를 추구했다.

	좌측 홍채	홍채의 평면화 도식	우측 홍채	홍채의 평면화 도식
1	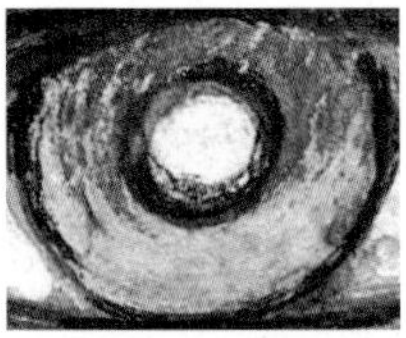	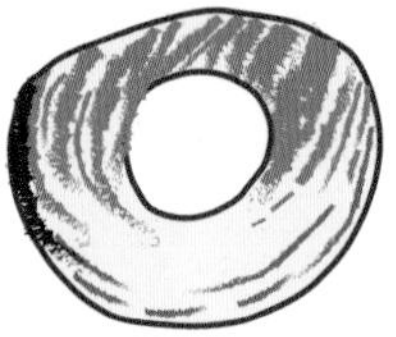	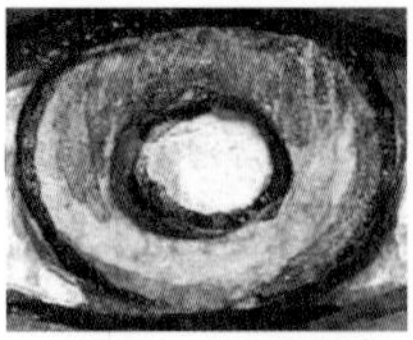	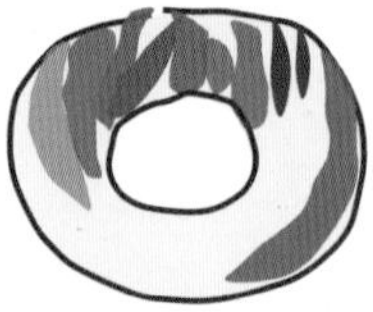
2	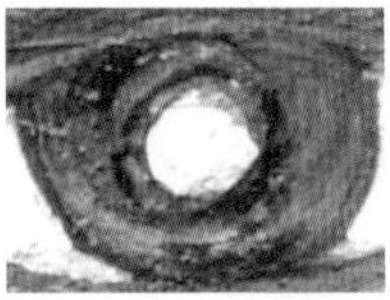	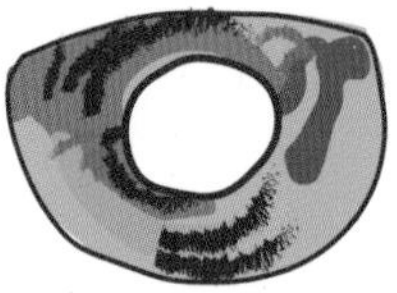	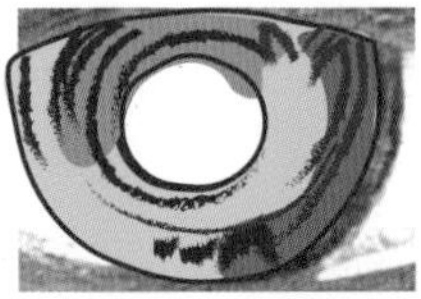	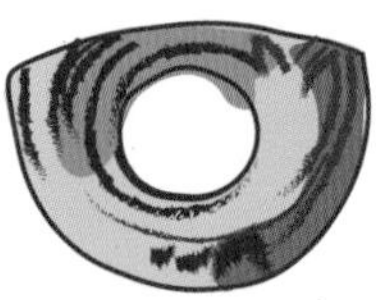
3	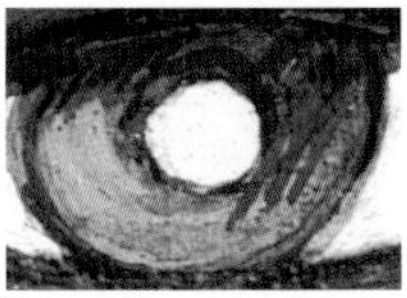		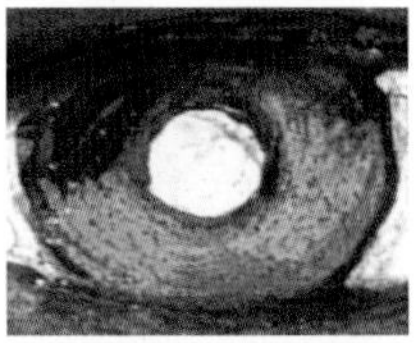	
4	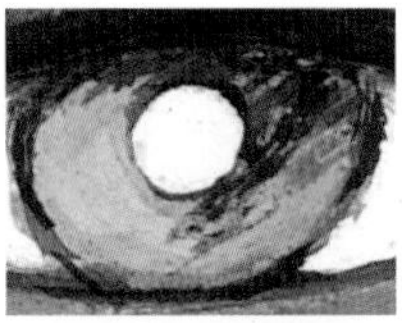		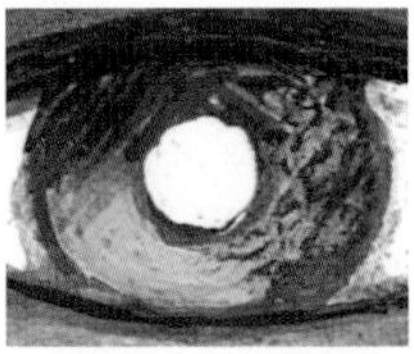	
5	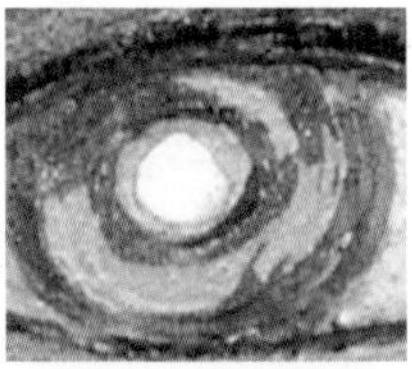	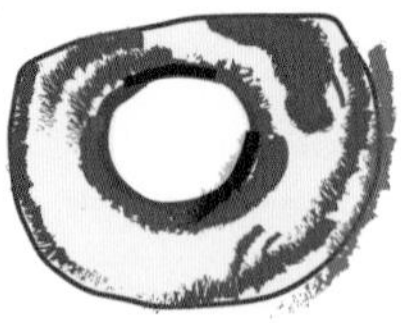	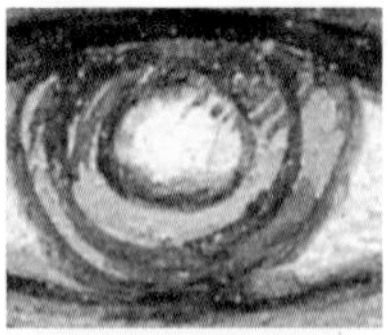	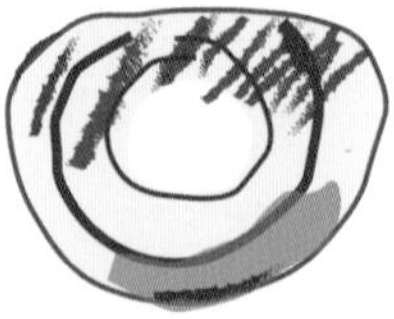
6	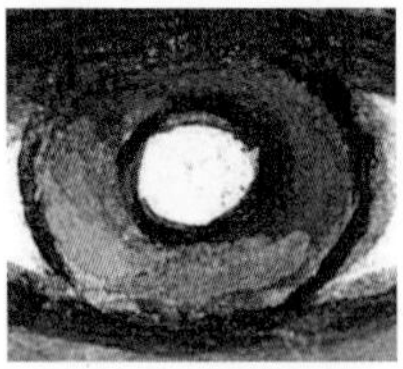		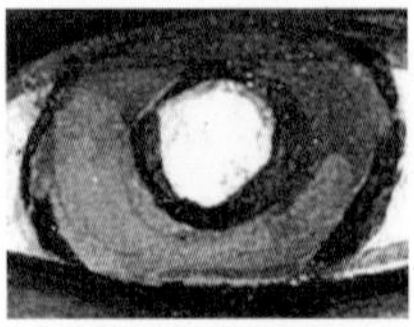	

평면화된 홍채에서 면과 색채 등 입체 요소를 걷어내고 선만 다시 추출했다. 공정성을 유지하려고 작가가 의도적으로 표기한 선과 점이 아닌 붓질이 덜 되어 저절로 생긴 명암 등은 제거했다.
홍채에서 이런 면과 색깔을 없애면 '천경자 코드'의 흥미로운 각인이 나타난다.

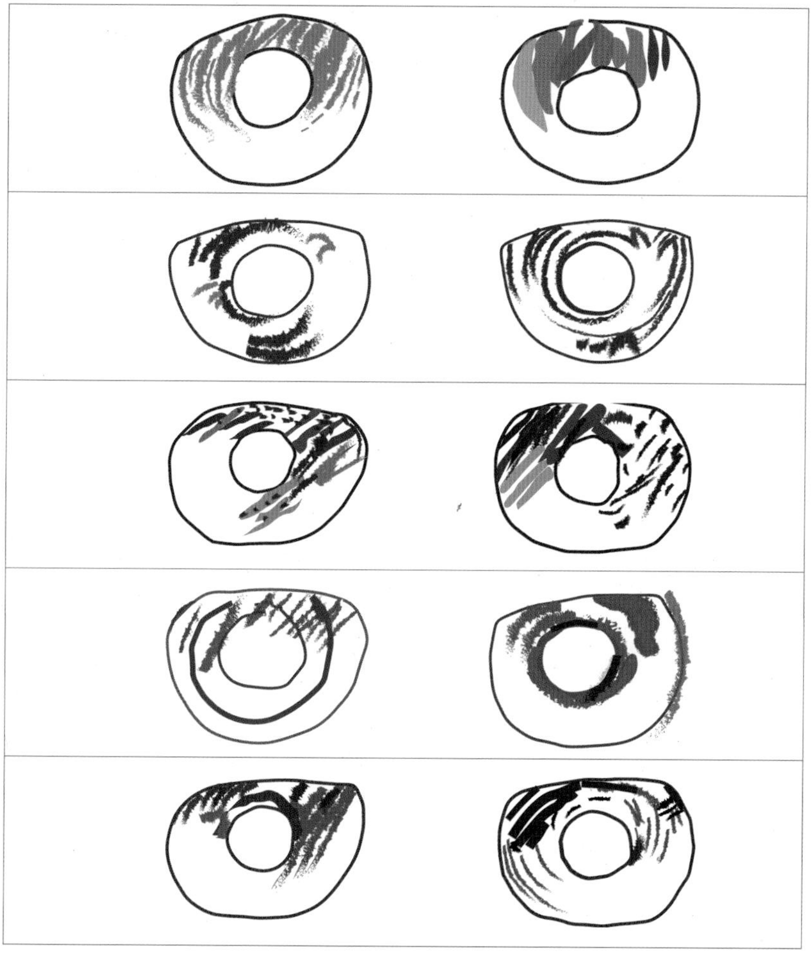

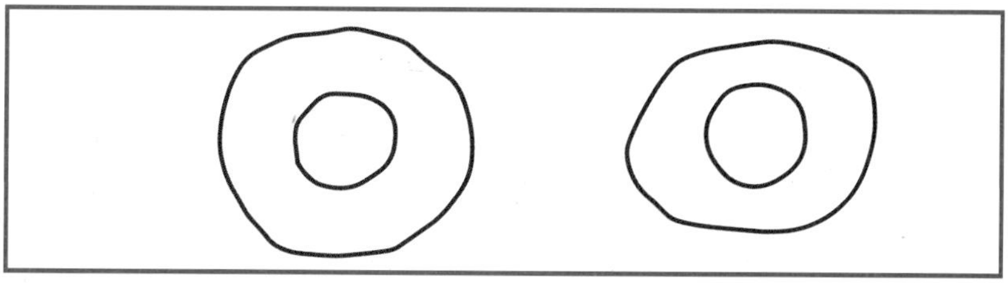

그런데 「미인도」의 홍채는?

1977년의 비교 대상 작품들 속 여인상에 반드시 들어가는 기이한 표식의 각인! 천경자 화백은 작은 홍채 속에 굵고, 파들어가듯 선과 점으로 확연한 흔적을 남겼다. 이번 연구를 통해 이제껏 한국 미술계에서 아무도 주시하지 않았던 천 화백에 대한 새로운 사실을 발견하게 되었다.
그러나 「미인도」의 홍채에는 아무 흔적이 없다. 홍채 안이 텅 비어 있다는 사실만으로도 「미인도」는 천경자 화백의 손으로 그려지지 않았다는 결정적인 증거가 될 수 있다.

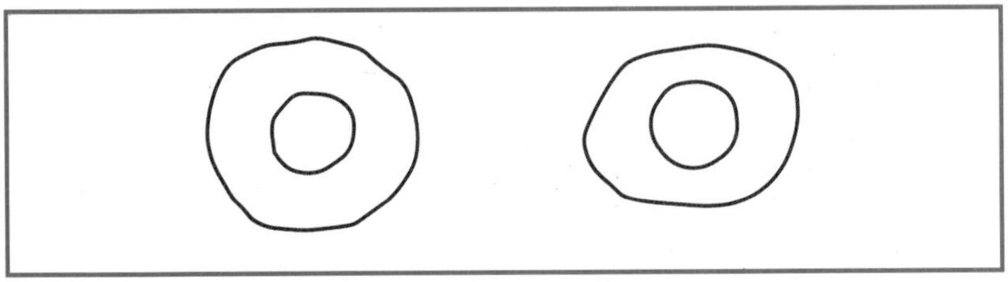

「미인도」 속 여인상의 홍채

천경자 화백은 아무도 시도하지 않았던 사선 혹은 불규칙한 점으로 의도적이고 확연한 흔적을 홍채에 남겼다. 이러한 흔적은 1977년도 비교 대상 작품들에서 예외 없이 나타났다. 이는 동서양의 인물화에서 유래를 찾을 수 없는 차별화를 추구했던 천 화백만의 특화(特化) 현상이다.
19세기 말 프랑스 화가 르동(Odilon Redon)의 작품에도 얼굴과 눈동자에 사선을 첨가한 예를 볼 수 있다. 이 부분에서 천경자 화백은 짐작하건데 르동의 영향을 받았을 가능성을 배제할 수 없다. 하지만 르동의 사선과 천경자 화백의 홍채에 나타난 사선은 완연히 다르다. 작가의 창작 정신의 발로라고 보인다.

1977년도 비교 대상 작품들 속 모든 여인상에 나타나는 현상이 「미인도」에만 없다는 것은 무엇을 의미하는 것일까? 「미인도」를 그린 위작자는 천경자 화백의 화풍을 어설프게 흉내 낼 수 있을지언정 작가의 혼이 스며든 작법까지 모방할 수 없다는 것을 명백히 보여주고 있다.
천 화백 홍채에 가해진 사선은 힘있게 굵고 아주 특이한 흔적이다.

CHUNKYUNGJA
CODE 천경자 코드
두 번째 발견

인중의 비밀

천경자 화백의 1977년도 비교 대상 작품들에서는
코 아래 인중이 전혀 나타나지 않는다.
의도적으로 표시하지 않은 인중 부재
즉, 무인중(無人中)이
천경자 코드의 두 번째 비밀이다.

그러나

1977년에 그려졌다고 알려진
「미인도」에는 뚜렷한 인중이 나타나 있다는 걸
발견했다. 인중이 있다는 것은
「미인도」가 위작이라는 확실한 증거를
스스로 드러내고 있는 셈이다.

인중人中의 비밀

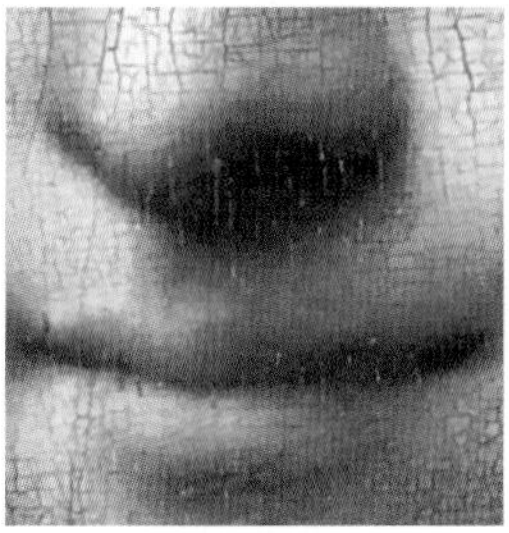

다 빈치, 「모나리자」

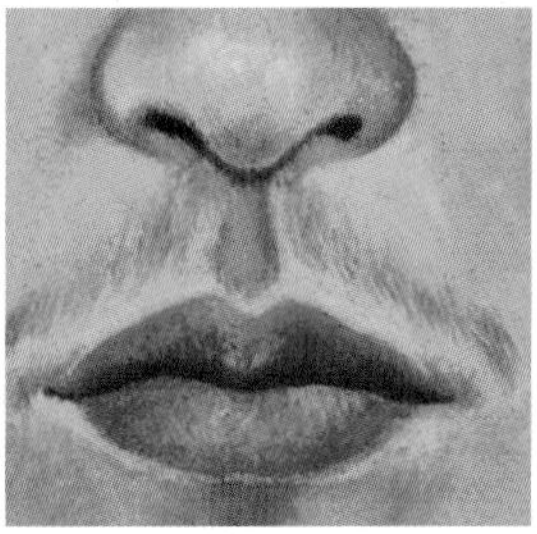

프리다 칼로, 「자화상」

인물화에서 인중 표시를 하지 않는 화가는 동서양을 통틀어 찾아보기 어렵다. 거의 없다고 단언해도 무리가 없을 정도다. 얼굴에서 인중은 반드시 그려 넣어야 하는 주요 부위 중의 하나이기 때문에 이를 생략하는 화가는 없다.

「모나리자」에도 인중이 들어가 있다. 프리다 칼로도 인중을 표시했다. 인물에 인중을 의도적으로 표시하지 않는 화가는 천경자 화백 외엔 거의 찾아 보기 힘들다. 왜, 무엇 때문에 그랬을까?

예술가는 자신만의 고유한 특이성을 강조하려고 한다. 천경자 화백의 작품을 정밀 분석하는 과정에서 그가 1977년에 아주 강한 자아표현의 특화를 추구했음을 알 수 있었다. 세계 미술사의 대가들이 다 표시한 인중에 천경자는 어떤 특화를 도모하였을까.

천경자, 「내 슬픈 전설의 22페이지」, 1977

천경자, 「내 슬픈 전설의 22페이지」, 1977
1977년 천경자 화백은 인중을 전혀 표시하지 않는 특화된 양상을 보였다.

천경자 화백의 1977년도 작품들(미술관이나 유족들이 모두 진품이라고 인정하는 대상)의 정면 얼굴상에서는 코 아래 인중이 나타나는 작품이 단 한 점도 없다는 것을 확인했다. 이 사실을 반대로 논증한다면, 만약 진위가 불분명한 1977년도 작품에서 인중이 표시된 진채 작품이 등장한다면, 그 그림은 천경자 화백의 손으로 그려진 그림이 명백히 아니라는 논리가 성립한다. 1977년 천경자 화백의 비교 대상 작품들을 정밀하게 분석해 보면, 이 사실이 여실히 드러난다. 인중 부재는 1977년 이후의 작품에서도 공통적으로 나타나는 현상이다. 이 현상의 비밀을 찾아 검증해 보려고 한다.

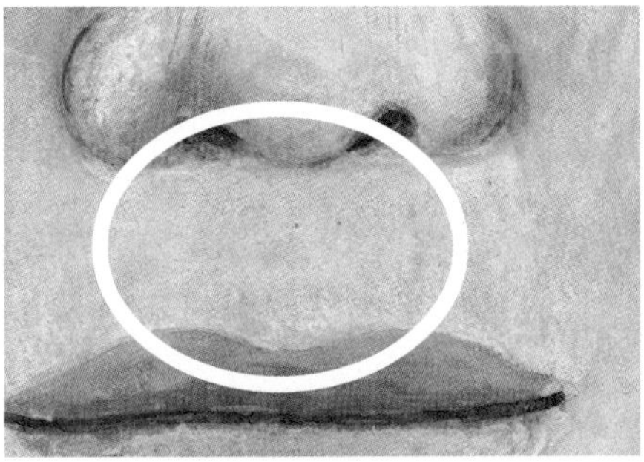

천경자, 「나비와 여인의 초상」, 1977

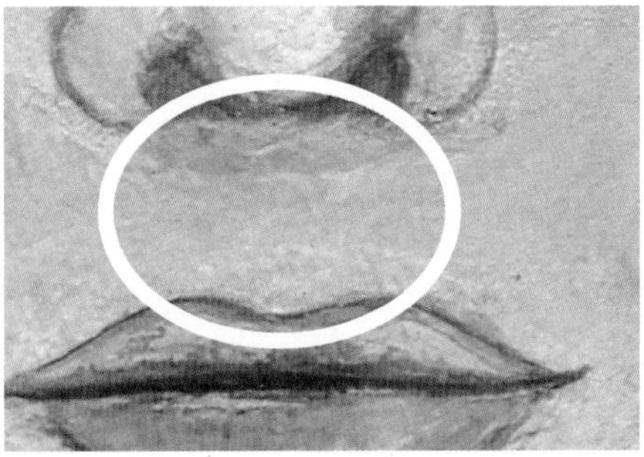

천경자, 「별에서 온 여인」, 1977

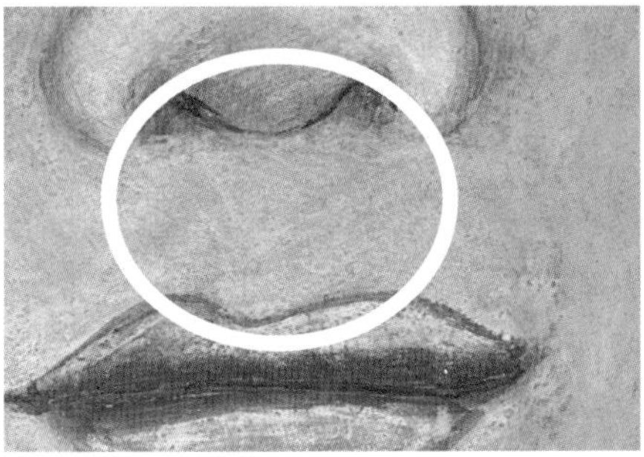

천경자, 「수녀 테레사」, 1977

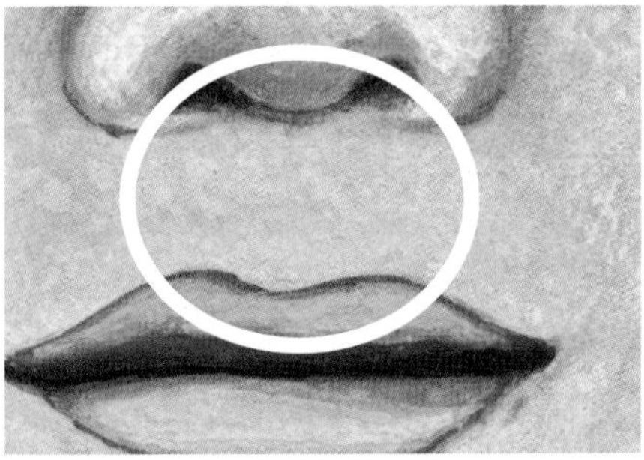

천경자, 「내 슬픈 전설의 22페이지」, 1977

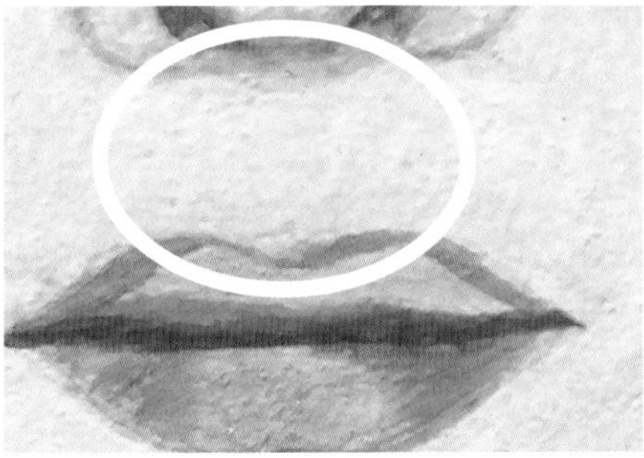

천경자, 「멀리서 온 여인」, 1977

1977년도 비교 대상 진품 5점에서는 코 아래 인중이 전혀 나타나지 않고 있다. 의도적으로 표시하지 않은 인중 부재 즉, 무인중(無人中)이 '천경자 코드'다.

여기서 우리의 지대한 관심사는 그렇다면 1977년, 같은 해에 그려졌다고 알려진 「미인도」에도 인중이 나타나지 않는가였다.

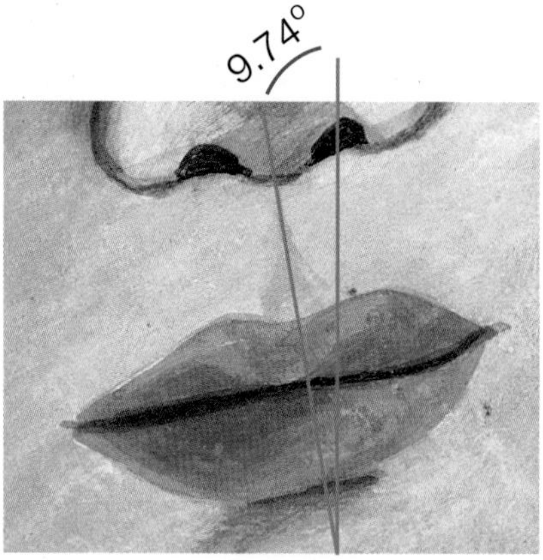

「미인도」, 1977

우리는 먼저 「미인도」의 얼굴 각도를 측정했다. 「미인도」의 얼굴은 정면에서 9.74도 좌측으로 기울어진 모습이었다. 1977년도 비교 대상 작품들과 쉽게 대비하기 위해 바로 세웠다.

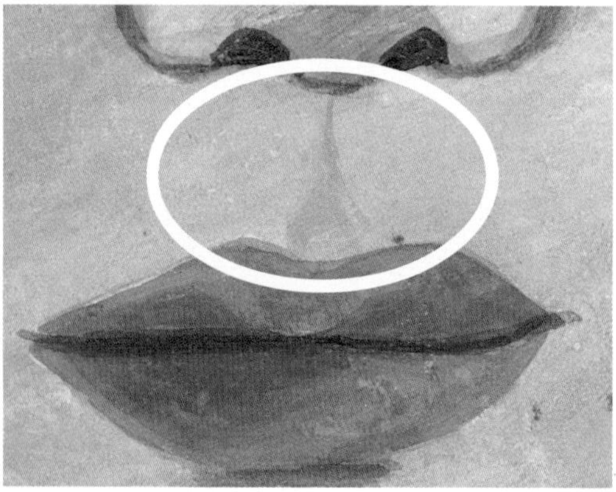

1977년도 비교 대상 작품 5점에는 전혀 등장하지 않는 인중이 「미인도」에는 뚜렷하게 나타났다. 인중의 윤곽도 선명하게 드러나 보였다.

우리는 이미 1977년도에 그려진 천경자 화백의 모든 진품 인물상에 인중이 없다는 것을 확인하였다. 그렇다면 같은 해에 그려진 「미인도」가 천경자 화백의 작품이라는 가정이 성립하려면 이 그림 역시 당연히 인중이 없어야 하지 않은가?

「미인도」가 천경자 화백이 그렸다고 주장하는 사람들은 1977년도 천경자 화백의 작품들 가운데 인중이 그려진 진품을 발굴해 제시해야 할 것이다. 그러나 이런 일은 가능해 보이지 않는다. 작품 속 인물의 인중에 관한 연구를 진행하면서 우리는 천경자 화백은 1977년의 진채 작품에 인중을 그리지 않는 특화를 구축했다는 걸 알아냈기 때문이다.

따라서 「미인도」가 명백히 위작이라는 결론을 내릴 수 있었다.

CHUNKYUNGJA CODE

천경자 코드

세 번째 발견

입술의 비밀

1977년도 천경자 화백의 진품
정면 상반신 여인상의 윗입술에서도
특화가 있음을 발견했다. 천경자 화백은 윗입술의
U자 곡선을 의도적으로 표시하지 않았다.
입술을 두껍게 칠했지만 굴곡이 없이
빤빤하게 가로 방향으로 양쪽에서 잡아당기듯
형성했다는 것을 확인했다.

그러나

「미인도」에는 뚜렷한 U자 곡선이
등장한다. 「미인도」가 허술하게 그려진 위작이라는
또 하나의 증거이다. 입술에 관한 위작 증명에서
뤼미에르 과학감정 연구소의 단층 사진을 활용했다.
뤼미에르 감정팀의 단층 사진은 「미인도」의 입술이 천경자 화백의
작법과 완전히 다르게 그려졌다는 광학적 증거를 제시했다.

미학적 분석 과정에서 미인도는
단 한 군데도 천경자 화백의 작법과 일치하는 곳이 없다는 것을
알 수 있었다. 입술을 그려가는 과정 역시 위작자는
결정적인 실수를 했다.

천경자 코드 세 번째 발견 입술의 비밀

1977년도 천경자 화백의 비교 대상 작품들 속 여인의 입술은 다른 '천경자 코드'와 마찬가지로 그만의 특화 현상을 뚜렷이 나타낸다. 「미인도」는 입술에서도 완전히 다른 양상을 보인다.

먼저 독자들의 이해를 돕고자 입술의 구조와 화가들이 표현하는 통상적인 접근 방식에 관해 설명하려고 한다. 왜냐하면 천경자 화백이 표현하는 입술은 통상의 표현과 전혀 다른 접근을 하고 있기 때문이다. 입술의 해부학적 구조에 관한 시각적 정보를 제공함으로써 「미인도」가 천경자 화백의 작법과 얼마나 다른지를 한눈에 파악할 수 있을 것이다.

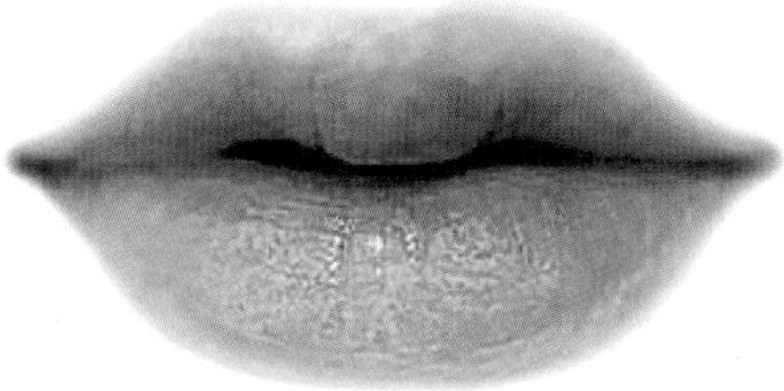

입술은 생김새가 비슷한 듯하지만 생각보다 모양이 다양하고 사람마다 다 다르다. 하지만 기본적으로 몇 가지 뚜렷한 인체 구조적 형태를 유지하고 있다.

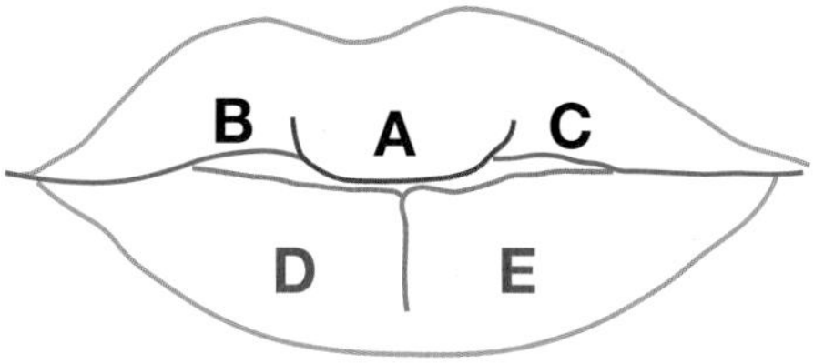

태아 시기에 인체 조직 발달의 초기 단계 중에 윗입술은 세 부분(A, B, C)의 조직으로 분리된다. 후에 합쳐지면서 윗입술을 형성하게 된다. 반면 아랫입술은 각각 두 개(D, E)의 조직이 후에 합쳐지게 된다.

입술 조직의 초기 발달 단계를 이해하면 입술 모양을 쉽게 파악할 수 있다. 화가는 해부학적으로 파악한 이 정보를 갖고 그림을 그리는데 이용한다. 특히 A, B, C에서 얻는 정보가 화가들에게 유용하다. 초기 분리 상태에 있던 A는 B, C와 합쳐지는 단계에서 요철을 형성한다. A부분이 앞으로 튀어 나오게 되면서 B, C를 만나는 부분에 약간의 굴곡이 생기고, 그 결과 음영이 나타난다. 이 음영이 윗입술에 큰 U자 곡선을 만들어낸다.

윗입술의 입체감을 표현하는 U자 곡선

윗입술의 U자 곡선이 형성되는 과정은 다음과 같다. 인체 해부학적으로 입술의 가운데 조직인 A부분이 앞으로 튀어나오면서 윗입술이 형성된다. 그 결과 양쪽 가장자리가 약간 들어가면서 음영(F)이 만들어진다. 이 음영이 하나의 선으로 연결되어 넓은 U자 곡선을 자연스럽게 형성한다.
사실적으로 표현하는 화가들은 U자 곡선을 놓치지 않는다. 왜냐하면 정면 입술의 표현에서 U자 곡선은 입체감 표현의 필수 요건이기 때문이다. 윗입술의 U자 형태는 거의 모든 화가들이 추구하는 입술 입체감의 가이드 역할을 한다.

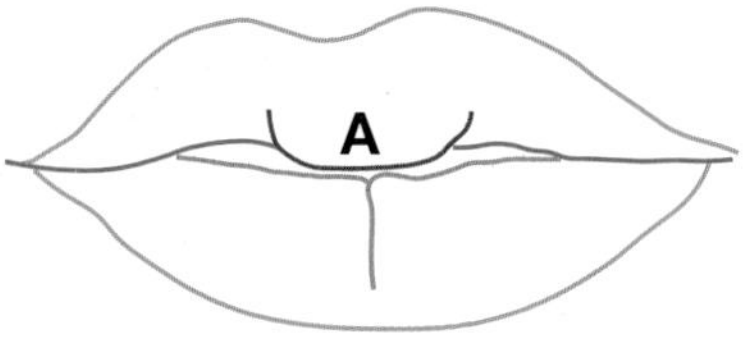

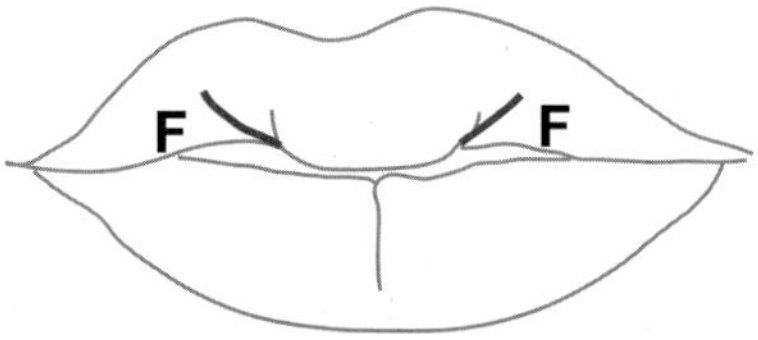

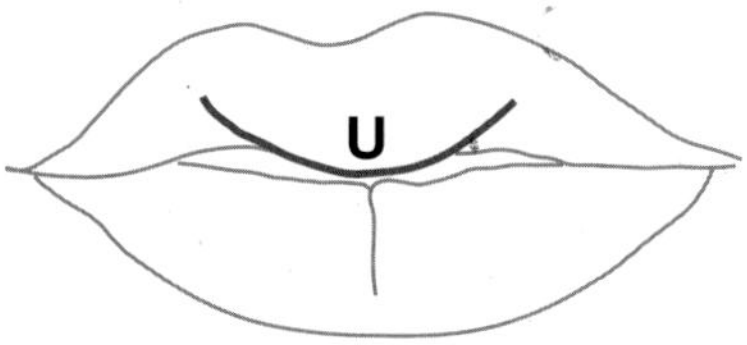

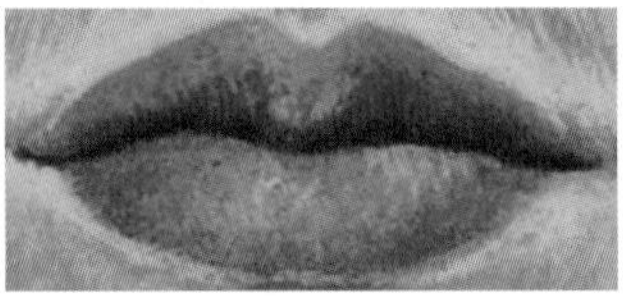

프리다 칼로 「자화상」 입술

「미인도」의 윗입술도 이 형태를 따르고 있다. 그런데 「미인도」 의 U자 곡선도 과연 입체감 표현을 위해 그려졌는지, 아니면 다른 의도의 결과물로 생겼는지 먼저 점검한 후 진품과 비교 검증할 것이다.

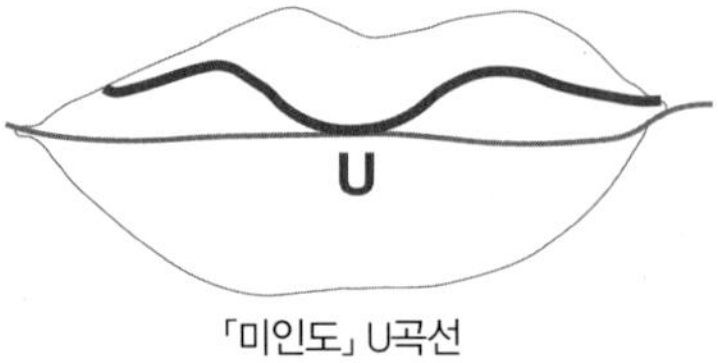

「미인도」 U곡선

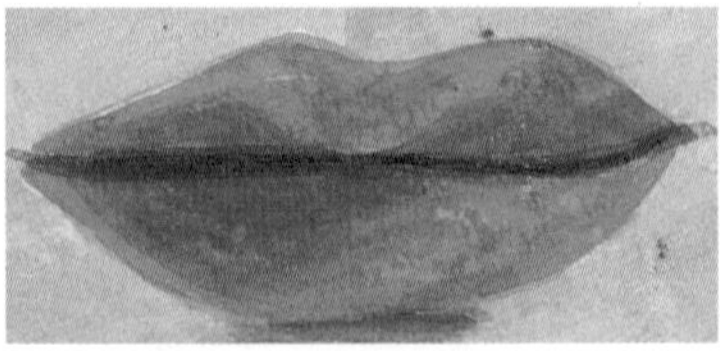

「미인도」 입술

「미인도」 U곡선의 내막

「미인도」의 U자 곡선에 숨겨진 비밀을 밝히기 위해 프랑스 뤼미에르 과학 감정 연구소가 촬영한 「미인도」 단층 사진을 사용했다. 뤼미에르 감정팀은 한 작품당 1,650장의 단층 사진을 촬영하여 과학적 자료를 근거로 「미인도」가 위작임을 증명한 바 있다. 「미인도」 입술의 U자 곡선의 정체를 밝히는데 뤼미에르 감정팀의 단층 사진이 절대적인 근거 자료 역할을 했다. 우리는 종종 미학적 접근과 과학의 일치를 경험해 왔다. 일반적으로 말하는 '안목 감정'과 미학적 감정은 다르다.

안목 감정은 어떤 작가의 작품을 오랫동안 관찰한 경험에서 나오는 소위 '감'으로 하는 판정이다. 여기엔 주관적인 요소가 많아 항상 공정성의 문제가 제기된다.

반면 미학적 감정은 인체의 해부학, 색채의 명도, 채도, 화면의 질감 등 안목 감정의 영역과는 달리 객관적인 작품의 순수 미학에 바탕을 두고 하는 감정이기에 훨씬 더 공정하다. 만약 과학적 자료가 첨가된다면 미학적 감정은 공정성에서 높은 입지를 갖게 될 것이다. 우리의 입술에 관한 연구가 바로 그 케이스라 할 수 있다.

입술 비교를 위해 사용된 「미인도」 단층 사진의 일부

L.A.M.은 단층 증폭 분석 방법인 Layer Amplification Method의 약자다. 13개의 필터를 사용하여 작품의 단층을 1,650개 층까지 촬영할 수 있는 신개념 테크닉이다.

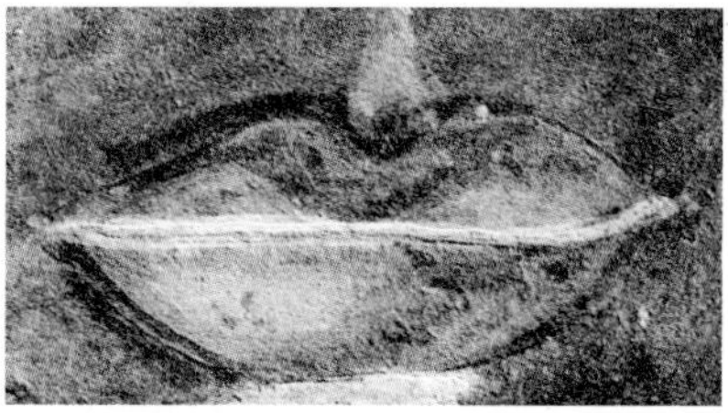

L.A.M. 24층 단층사진

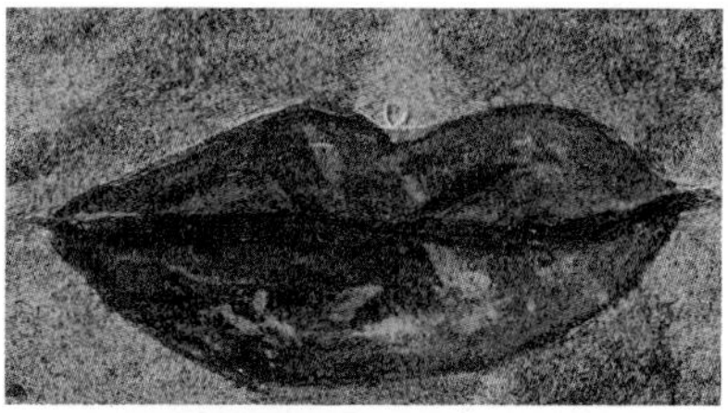

L.A.M. 1420층 단층사진

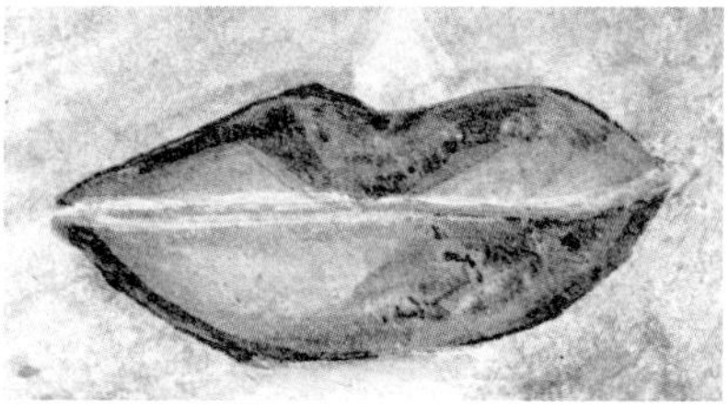

L.A.M. 1467층 단층사진

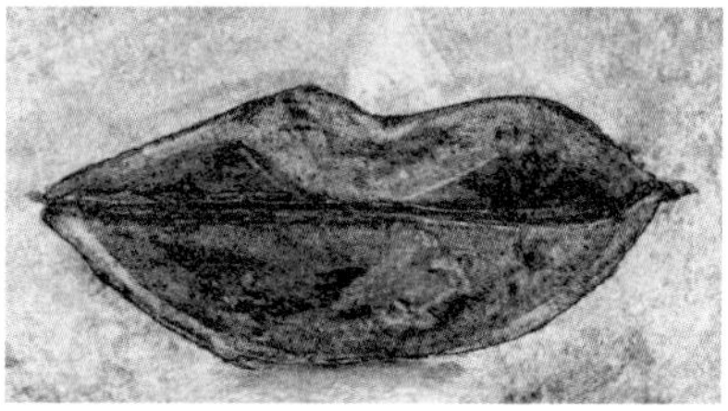

L.A.M. 1536층 단층사진

미학적 연구의 정확도를 기하기 위해서 뤼미에르 감정팀의 단층 사진과 컴퓨터 이미지 분석기법을 사용하여 정밀성을 추구했다. 이제 「미인도」의 윗입술에 나타나는 뚜렷한 U자 곡선의 정체를 과학과 미학으로 밝혀나간다.

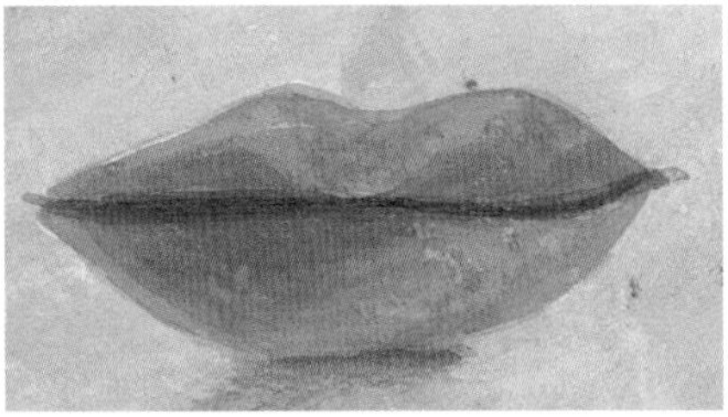

「미인도」 입술

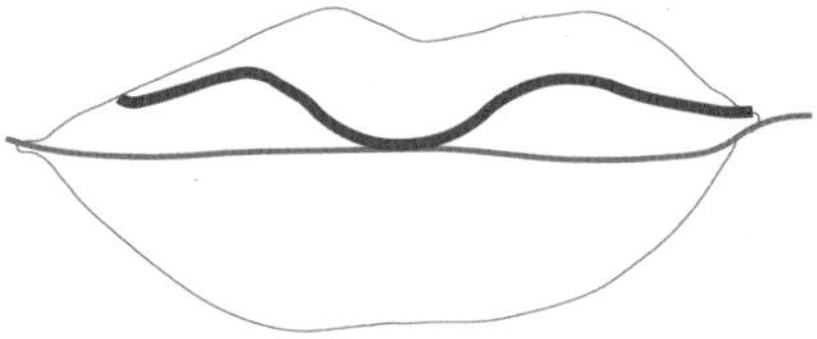

「미인도」 입술의 윤곽선과 U곡선

「미인도」 입술의 U자 곡선은 단층 사진 여러 층에서 나타나고 있다. 이 단층 사진에서 현재의 「미인도」 입술 밑에 숨겨진 작은 입술(A)의 형태가 뚜렷하게 나타나 있다.

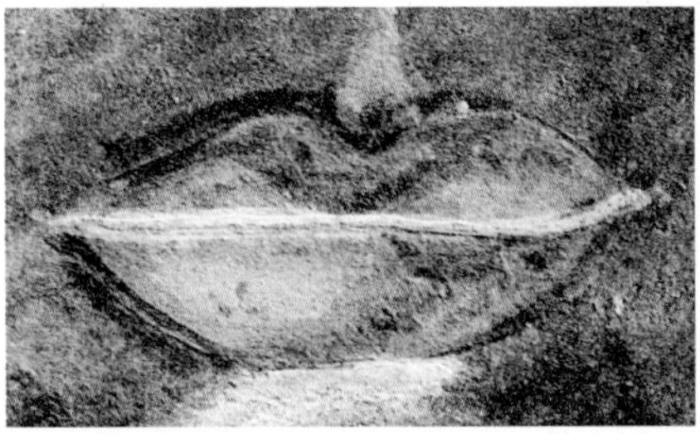

「미인도」 단층 사진 24층의 예

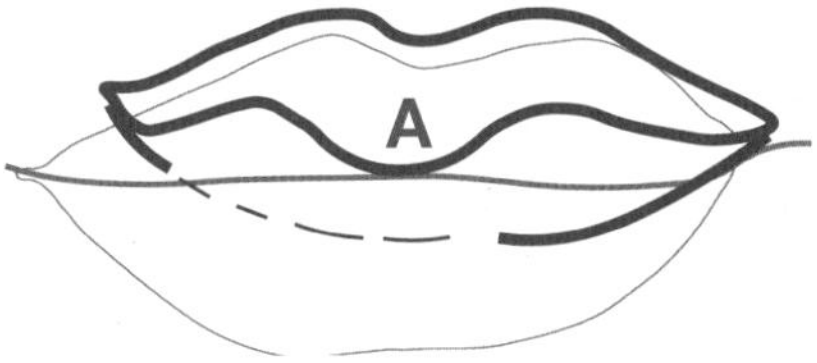

단층 사진에 나타난 숨겨진 작은 윗입술을 도식, 평면화시키면 아래와 같은 모양(B)이 된다.

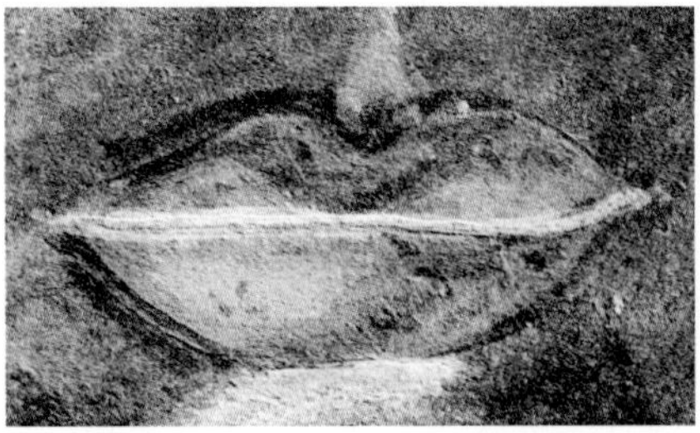

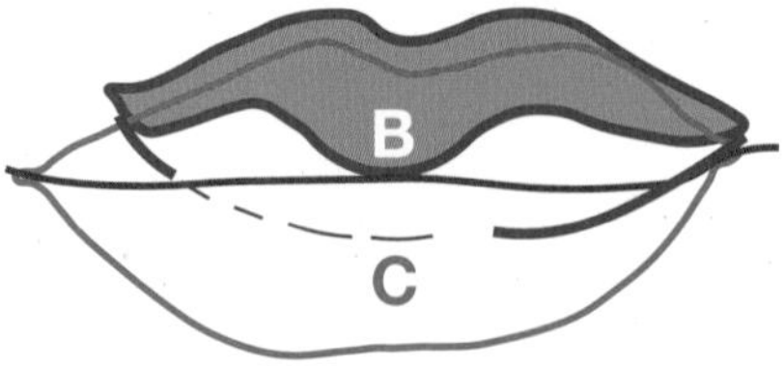

단층 사진에 나타난 숨겨진 입술(B)은 「미인도」를 그리는 과정의 처음 단계에서 그려진 입술이다. 숨겨진 입술(B)은 현재의 입술(C)보다 훨씬 작고, 위쪽으로 치우쳐져서 그려졌음을 알 수 있다. 이것은 많은 점을 시사한다.

컴퓨터 이미지 분석을 통해 누구나 이해할 수 있는 미학적 결과를 얻기 위해 범죄 수사에 적용되는 법의학적 분석(forensic analysis)에 해당할 '시각적 법의학 분석'을 시도하였다. 숨겨진 작은 입술(B)때문에 현재의 U자 곡선이 형성된 과정을 아래 도식을 통해 알 수 있다.
우선「미인도」위작자는 작은 입술(B)을 그렸다가, 나중에 사이즈를 수정해 그 아래 좀 더 큰 입술(C)을 그렸다.

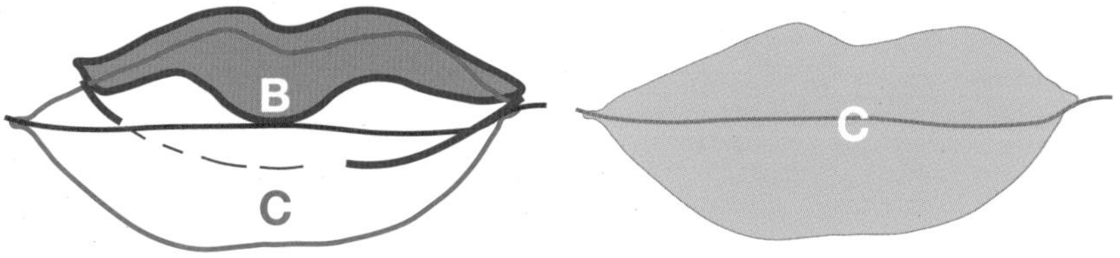

큰 입술을 그리면서 기존의 작은 입술(B)이 큰 입술 외부로 튀어나오자 그 부분을 지웠다(D).

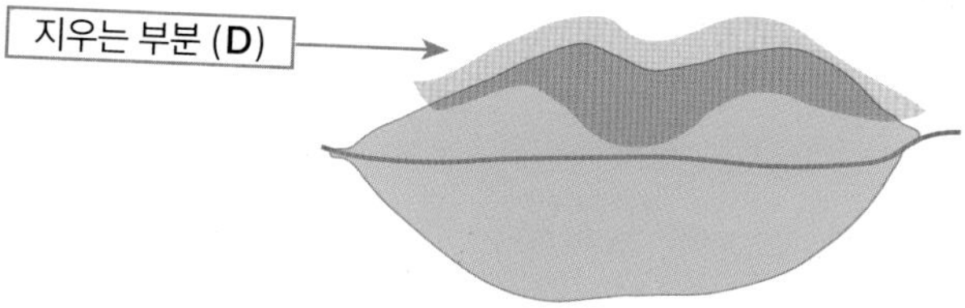

튀어나온 부분을 다 지우고 나면 큰 입술(C) 속에 (E)의 형체가 남게 된다. 이 형체의 하단 경계선이 바로「미인도」입술의 U자 곡선과 정확히 일치한다. 단층 사진과「미인도」입술을 비교하면 작은 입술에서 큰 입술로 고쳐간 흔적이 역력하고 그 과정에 U자 곡선이 생긴 것을 알 수 있다.

즉,「미인도」입술의 U자 곡선은 숨은 입술의 잔흔이다. 위작자는 저절로 생긴 U곡선을 지우지 않고 그대로 남겨두었다. 이로 인해「미인도」가 위작임을 스스로 드러내는 결과를 초래했다.

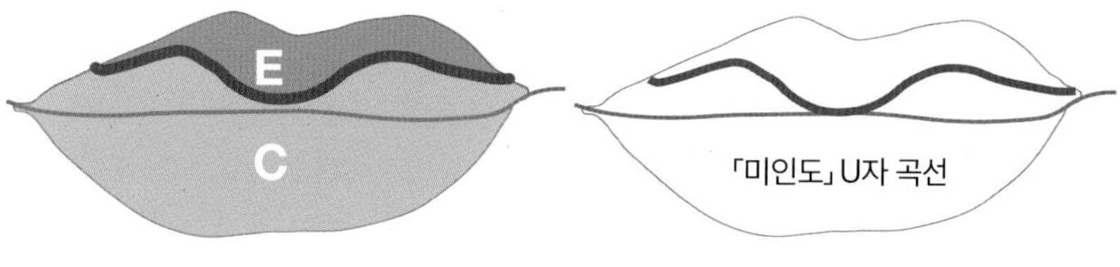

왜 입술에 나타난 U자 곡선의 존재가 「미인도」를 위작이라고 판단할 수 있는 결정적인 근거가 되는 걸까?
이유는 간단하고 명료하다. 1977년도 천경자 화백의 모든 비교 대상 작품에 들어있지 않은 특징이 「미인도」에만 나타나기 때문이다. 천경자 화백의 작법과 완전히 다르다.
우리는 거의 모든 화가가 표현하는 윗입술의 U자 곡선을 천경자 화백은 의도적으로 배제했다는 것을 알아냈다. 이는 1977년 이후 그의 진채 작품에 나타나는 전반적인 현상이라는 사실도 알게 되었다. 오직 「미인도」에만 나타나는 U자 곡선은 「미인도」가 천경자 화백의 손에 의해 그려지지 않았음을 드러내는 명백한 증거다.

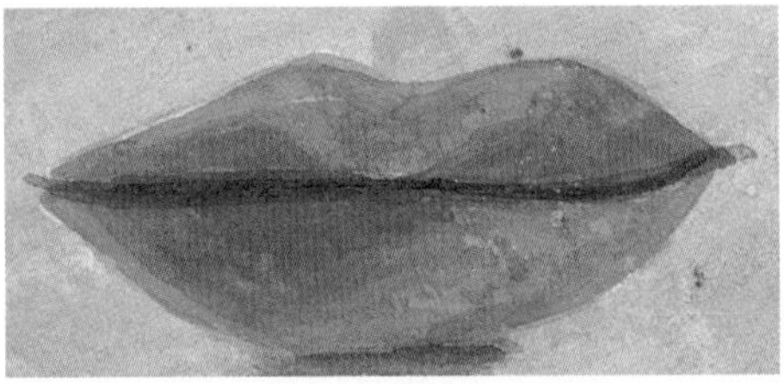

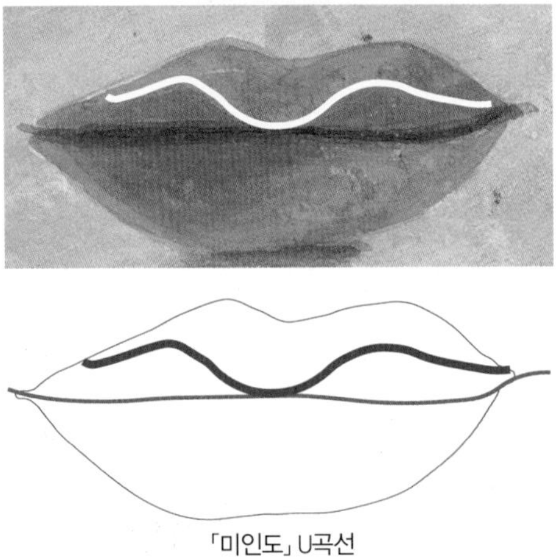

「미인도」 U곡선

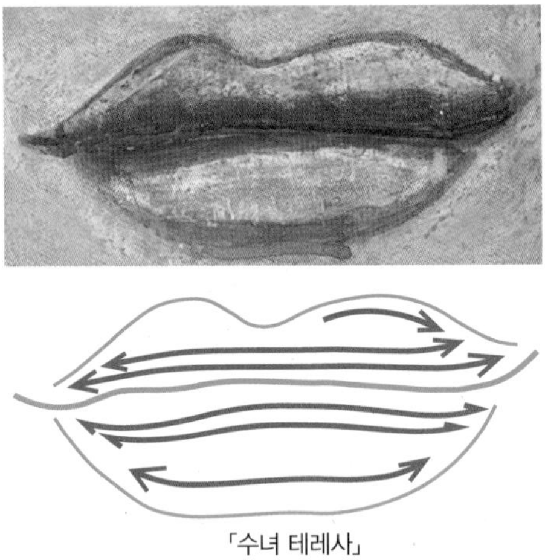

「수녀 테레사」

1977년작 「수녀 테레사」에서 보듯, 명암을 나타내는 모든 선이 가로 방향으로 구성되어 있다. 작법이 「미인도」와 완전히 다르다. 천경자 화백은 입술을 두텁게 칠하면서 좌우로 평평하게 만드는 자신만의 개성화를 추구했다.

우리 입술의 도식화 과정에서 작품간의 비교를 위해 윗입술에 초점을 맞추었다. 의도적으로 아랫입술은 생략한 후 명암을 나타내는 부분을 제거하고 짙게 나타난 부분만 주시했다.

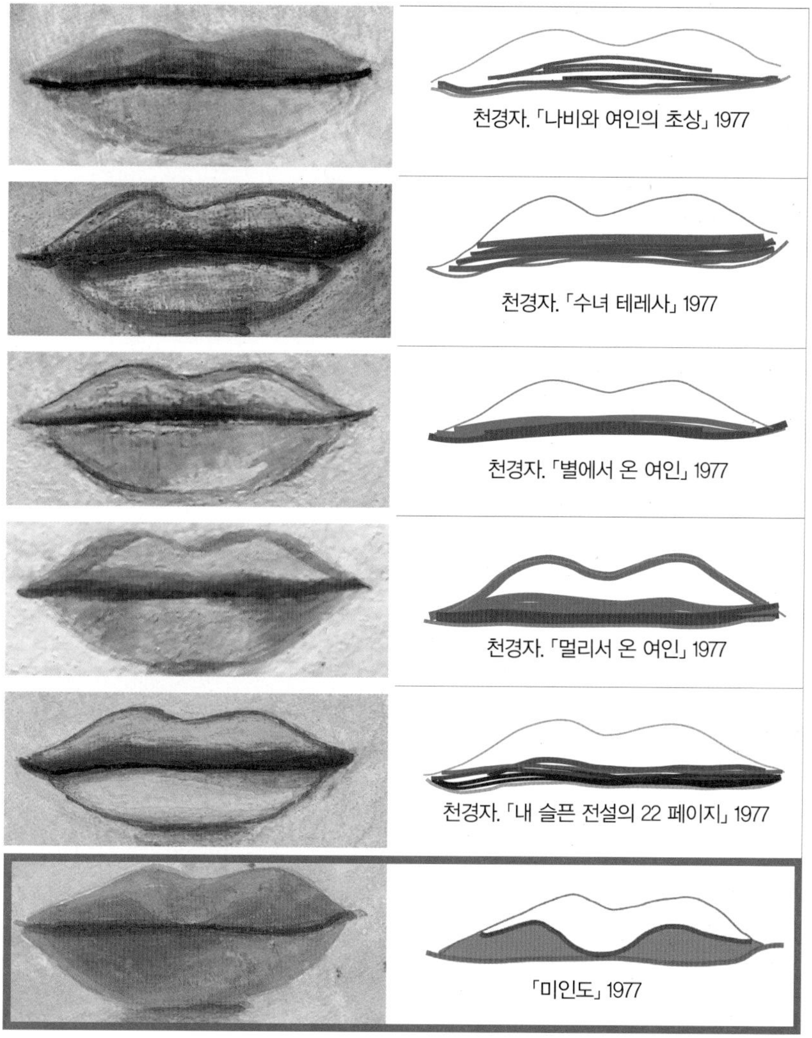

천경자. 「나비와 여인의 초상」 1977

천경자. 「수녀 테레사」 1977

천경자. 「별에서 온 여인」 1977

천경자. 「멀리서 온 여인」 1977

천경자. 「내 슬픈 전설의 22 페이지」 1977

「미인도」 1977

1977년도 비교 대상 작품 5점 어디에서도 윗입술에 「미인도」의 U자 곡선의 흔적은 없다. 「미인도」의 U자 곡선은 숨겨진 입술 밑그림에서 비롯되었고 입술을 두껍게 칠하지 않았기에 밑그림의 흔적이 고스란히 드러난 결과였다.

입술의 표현 가운데 또 다른 증거 자료를 발견했다.

천경자 화백이 그린 모든 입술은 두터운 켜를 이루는 물감의 층이 뚜렷하게 나타난다. 그런 다음 물감층 위에 여러 선을 덧입혀 형상을 공고히 구축한 점도 밝혀냈다. 그러나 「미인도」의 입술은 마치 수채화 물감으로 칠한 듯 얇고 많은 얼룩으로 채워져 있다. 천경자 화백의 1977년도 작법과는 완전히 다르다. 다시 한번 「미인도」는 천경자 화백의 작품이 아니라는 점이 드러났다.

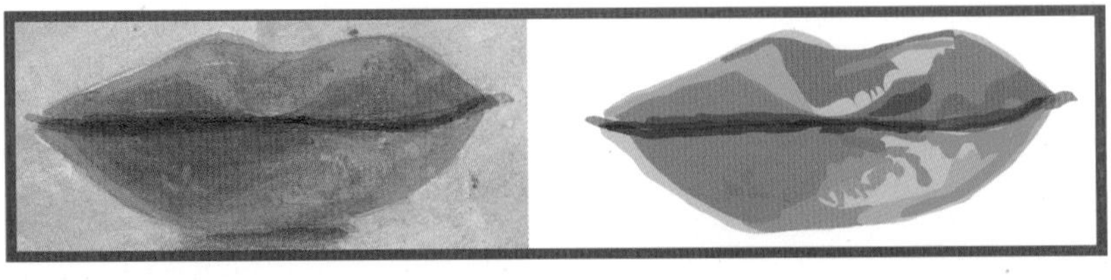

CHUNKYUNGJA
CODE
천경자 코드
네 번째 발견

스케치 선의 비밀

1977년도 천경자 화백의 비교 대상 작품 5점에서는
밑그림에 해당하는 스케치 선이 전혀 발견되지 않았다.
거의 모든 채색 동양화가들이 작품 밑그림을 그리는데 반해,
천 화백의 작품에는 스케치 선이 존재하지 않았다.
무(無)스케치 선이 네 번째 '천경자 코드'이다.

그러나

「미인도」에는 무수히 많은 스케치 선이 있다는 걸 발견했다.
1977년도 천 화백의 작품에 나타나지 않는 스케치 선이
「미인도」에만 있다는 것은 「미인도」가
위작이라는 또 다른 증거이다.
여기서도 뤼미에르 감정팀의 단층 사진을 활용했다.
뤼미에르 감정팀의 단층 사진은 「미인도」의 스케치 선을
뚜렷히 보여주었다. 이는 「미인도」가 천 화백의 진품과는
완전히 다른 기법으로 그려졌음을 의미한다.
위작자는 스케치 선을 그려넣는 또 하나의
결정적인 실수를 한 것이다.

스케치 선에 대한 논란

작품 분석 과정에서 1977년은 천경자 화백에게 아주 특별한 해였다는 것을 알게 되었다. 1977년은 그가 추구한 예술 세계가 절정을 향해 치닫고, 치밀한 완성도를 추구했던 획기적이며 의미심장한 연도였다. 「내 슬픈 전설의 22 페이지」, 「수녀 테레사」, 「나비와 여인의 초상」 등 한국미술사에 빛나는 대표작이 3점이나 탄생한 해였음을 상기할 때 1977년은 천 화백의 창작기간 중 가장 집중도가 두드러진 연도였다. 작가의 '창작 정신'이 빛난 해였다.

그러나 1977년에 그려졌다는 「미인도」는 천 화백의 진품과 미학적 구조에서 부합하지 않았다. 밑그림에 해당하는 스케치 선에 관한 비교 연구 결과도 역시 같은 결론에 이르게 했다.
흥미로운 점은 검찰은 진품의 증거로 「미인도」의 스케치 선을 내세웠다는 사실이다. 하지만 연구 결과에 의하면 바로 그 스케치 선이 위작의 증거가 되는 부분이다. 왜냐하면 모든 진품에 없는 요소가 특정 그림에서만 등장한다면 그 그림이 진품에 될 수 없다는 논리가 성립하기 때문이다. 우리의 미학적 연구는 전문가와 일반인들 모두에게 논리적 합당성을 제시하여 누구나 긍정할 수 있는 시각적 자료를 토대로 논리적 보편성에 도달하는 것이다.

스케치 선에 대해 살펴보기 전에 '천경자의 창작 정신'에 대해 설명하려고 한다. 그 이유는 천경자의 작품을 이해하는데 무척 중요한 요소가 되기 때문이다. 작가의 창작 정신이란 창작가가 오랜 고민과 숙고의 시간을 거치면서 소위 무릎을 치는 '물리(eureka)'가 터지는 절정의 순간을 터득한 후 그것을 표현하는 것이다. 여기에는 본인만의 획기적 표현방법이나 상상력의 일대 혁신이 포함되기도 한다. 자칫 작가의 기존 미학을 파괴하는 위험까지도 감수해야 하는 고통의 과정이 수반되기도 한다.
이러한 창작 정신은 깊은 작가의 창작혼이 응축된 혁신과 외로움의 상징적 결정체이기에 모작자나 위작자가 결코 흉내 낼 수 없는 부분이다.

1977년 천경자 화백의 작품에는 날카로운 스케치 선이 없다

스케치 선에 관해 논하기 전에 먼저 천경자 화백의 작업 모습이 담긴 사진을 하나 소개한다. 이 사진이 시사하는 점이 우리의 논리를 뒷받침하고 있기 때문이다.

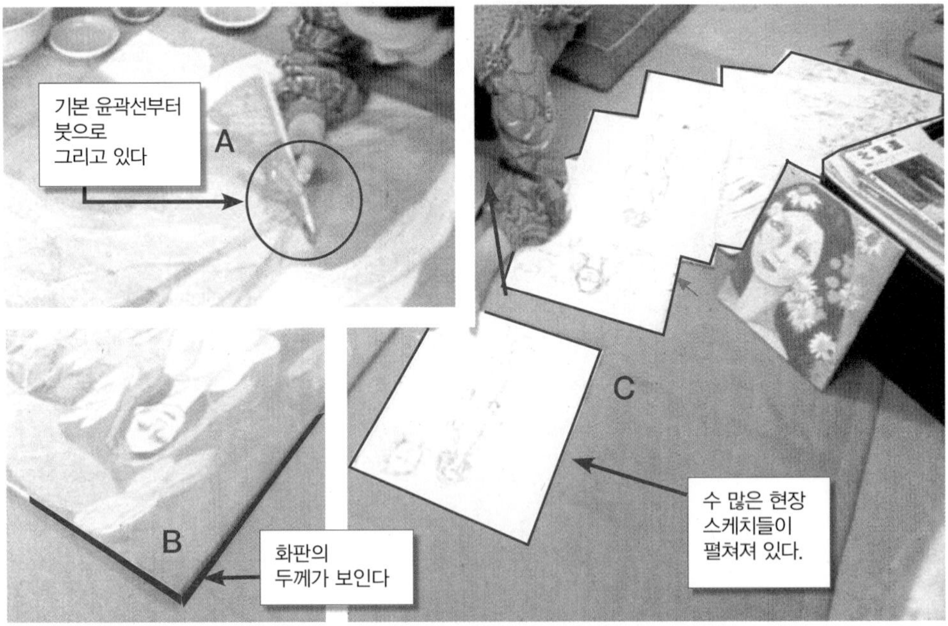

천 화백은 작업할 때 하도(밑그림)를 만들어 본을 뜨지 않고, 수 많은 스케치를 참고로 해서 직접 붓으로 그림을 그렸다. 이 점은 다른 동양화가와 상이한 면모이다. 필기구 선과 같은 날카로운 스케치 선이 발견된다면 그 그림은 천 화백의 작품이 될 수 없다.

사진에서 작품을 시작하는 첫 단계를 엿볼 수 있다. 작품에 참고가 될 만한 많은 스케치가 작가 주위에 널려 있고, 그런 스케치를 보면서 화판 위에 붓으로 물체의 기본 외곽선을 그리고 있다. 이 과정에 일반 동양화가들은 외곽선이 그려진 종이(하도) 뒤에 목탄 가루를 묻힌 다음, 목탄 부분이 화선지에 닿게 한 후, 선을 따라 볼펜으로 눌러서 화선지에 기본 스케치 선이 나타나게 한다. 그러면 화선지에 날카로운 스케치 선이 나타나게 되고 이 윤곽선을 바탕으로 작업하는 것이 일반적인 채색 동양화가들의 기법이다.

그러나 천 화백은 사진에서 나타난 바와 같이 처음부터 직접 붓으로 선을 그리고 있다. 그러기에 천 화백의 작품엔 날카로운 스케치 선이 나타나지 않는다. 특히 대가의 경지에 이른 1977년도 이후의 작품에서 이런 날카로운 스케치 선이 나타나는 그림이 있다면, 명백하게 그 그림은 천경자의 작법으로 그린 그림이 아니다. 이제 그 증거를 하나씩 살펴보기로 한다.

스케치 선의 비교 : 1977년 작품 「미모사 향기」와 「여인 측면상」

우리의 비교 분석에는 1977년도 천 화백의 정면 여인상 5점이 비교군 작품으로 사용되었다고 서두에서 밝혔다. 미인도가 정면상이므로 미인도의 홍채, 입술, 인중 등을 천 화백의 진품과 비교하기 위해서는 반드시 같은 포즈의 정면상이어야 한다. 지금까지 3가지의 비밀, 그리고 다섯 번째의 '천경자 코드' 연구에는 정면상이 사용되었다. 그러나 네 번째 '천경자 코드' 연구인 '스케치 선의 비밀'에서는 정면상인 「별에서 온 여인」, 「멀리서 온 여인」이 뤼미에르 과학감정 연구소의 단층 사진 촬영 대상에 포함되지 않았기에 스케치 선의 비교군에서 제외되었다. 그 대신 같은 1977년 작이며 단층 촬영에 포함된 「미모사 향기」, 「여인 측면상」이 비교 작품으로 선정되었다.

날카로운 스케치 선은 볼펜과 같은 뾰족한 필기구를 사용하여 본을 뜨는 과정에서 화선지에 나타나는 선이라는 것을 설명했다. 천 화백의 경우 이런 필기구를 전혀 사용하지 않는다는 것이 확인되었다. 앞서 천 화백의 작업 사진에서 보듯이 그는 작업의 초기 단계부터 필기구로 선을 그리지 않고 붓을 사용했다.

〈LAM #125 d 11-8-0.9〉 미인도 단층 사진

#125는 125번째 단층 이미지를 의미한다. 125번째 단층 이미지로 스케치 선이 어떻게 나타나고 있는지를 검증한다. 우리는 #125층을 예로 들고 있지만 다음에 언급하는 50개의 단층 사진 중 어느 층을 예로 들어도 동일한 날카로운 선이 나타나고 있음을 알 수 있었다.

「미인도」 단층 사진에서 숨겨진 스케치 선 발견

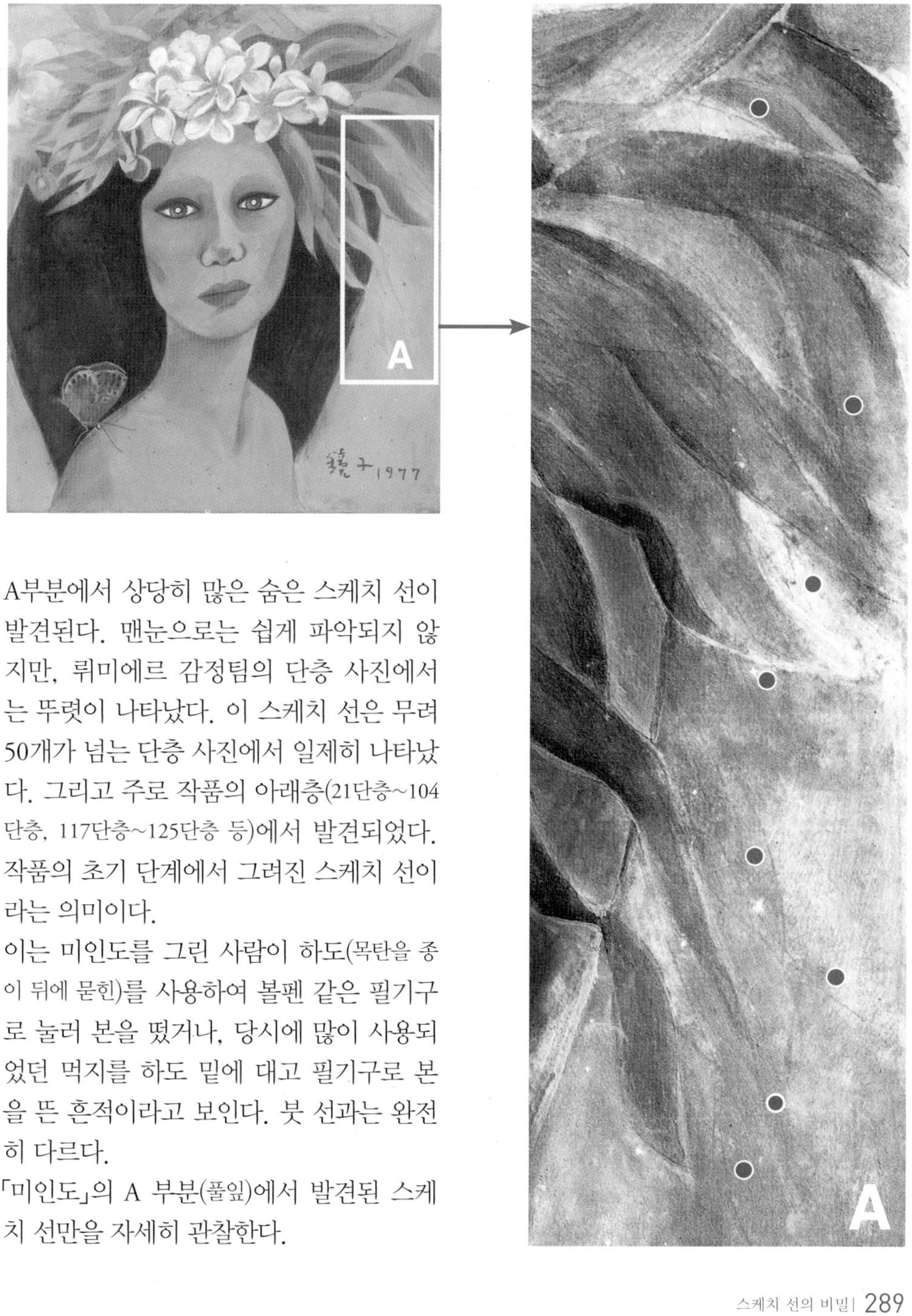

A부분에서 상당히 많은 숨은 스케치 선이 발견된다. 맨눈으로는 쉽게 파악되지 않지만, 뤼미에르 감정팀의 단층 사진에서는 뚜렷이 나타났다. 이 스케치 선은 무려 50개가 넘는 단층 사진에서 일제히 나타났다. 그리고 주로 작품의 아래층(21단층~104단층, 117단층~125단층 등)에서 발견되었다. 작품의 초기 단계에서 그려진 스케치 선이라는 의미이다.

이는 미인도를 그린 사람이 하도(목탄을 종이 뒤에 묻힌)를 사용하여 볼펜 같은 필기구로 눌러 본을 떴거나, 당시에 많이 사용되었던 먹지를 하도 밑에 대고 필기구로 본을 뜬 흔적이라고 보인다. 붓 선과는 완전히 다르다.

「미인도」의 A 부분(풀잎)에서 발견된 스케치 선만을 자세히 관찰한다.

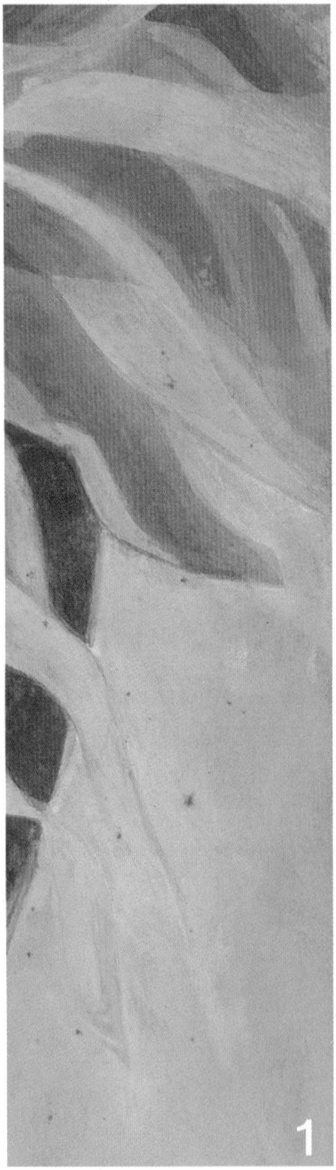

우측 풀잎의 표면 사진

125번째 단층 사진(우측 풀잎) : 스케치 선이 드러난다.

1 필기구에 눌려서 생긴 이 선은 표면 사진에 약간 희게 나타난다. 먹지에서 나온 유성 성분 즉, 약간의 기름기 있는 선이 수성인 물감의 흡수를 어느 정도 막고 있기 때문으로 추정된다. 맨눈으로도 여러 곳에서 흰 선이 판별된다.

2 50여 개의 단층 사진에서 날카로운 스케치 선이 발견되었다. 스케치 선 중에서 일부를 추출해 3번에서 제시한다.

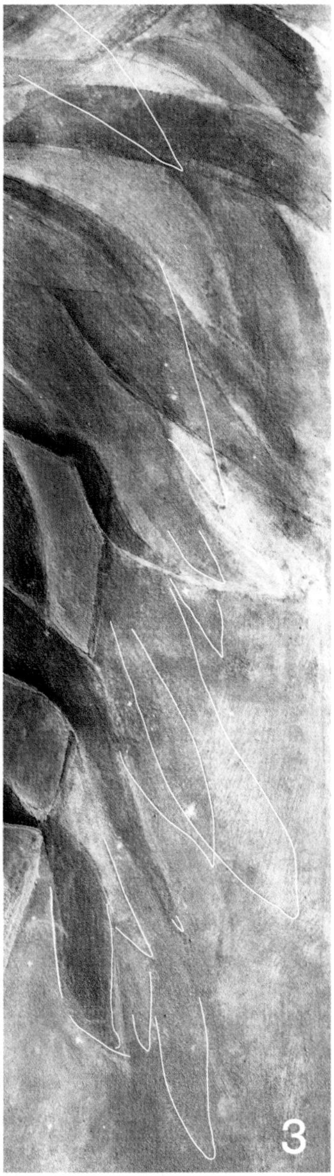

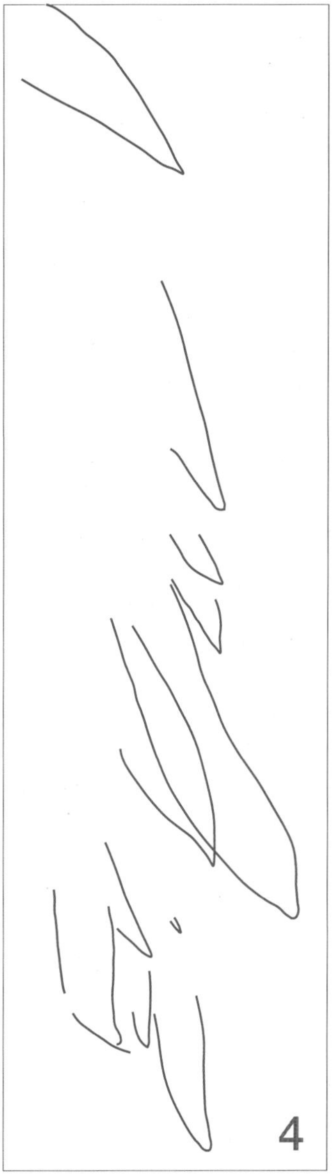

3 볼펜 같은 딱딱한 필기구가 아니면 만들 수 없는 가는 선이다. 가는 붓으로 그렸을 경우 선의 굵기가 이렇게 날카롭고 일정한 두께로 나타나지 않는다.
4 50여 개의 단층 사진에서 드러난 날카로운 스케치 선은 명백하게 천 화백이 생전에 적용하지 않았던 작법이다.

그렇다면 1977년작 비교 진품에서도 과연 이런 스케치 선이 발견되는지 살펴본다.

「나비와 여인의 초상」 단층 사진

천경자, 「나비와 여인의 초상」 1977

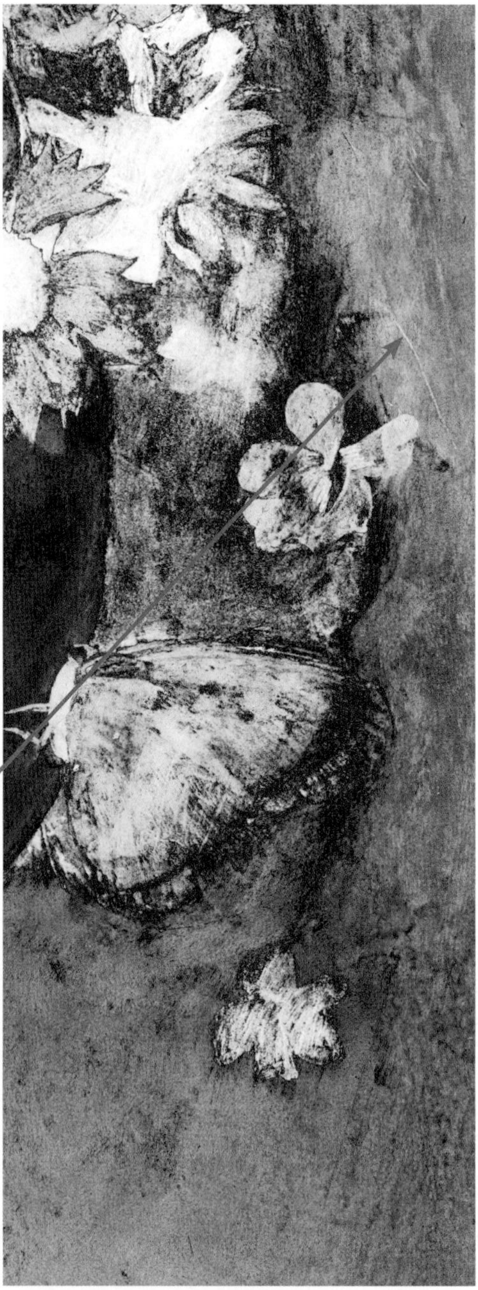

「나비와 여인의 초상」 125번째 단층 사진

이 흰 선은 두꺼운 표면이 갈라진 흔적으로 스케치 선과는 다른 선이다. 선의 폭이 일정하고 날카로운 「미인도」에서의 스케치 선과는 확연히 다르다.

1977년작 「나비와 여인의 초상」에서도 125번째 단층 사진을 살펴보았다. 어디에도 「미인도」에서 보이는 날카로운 스케치 선은 발견되지 않았다.

천경자, 「수녀 테레사」, 1977

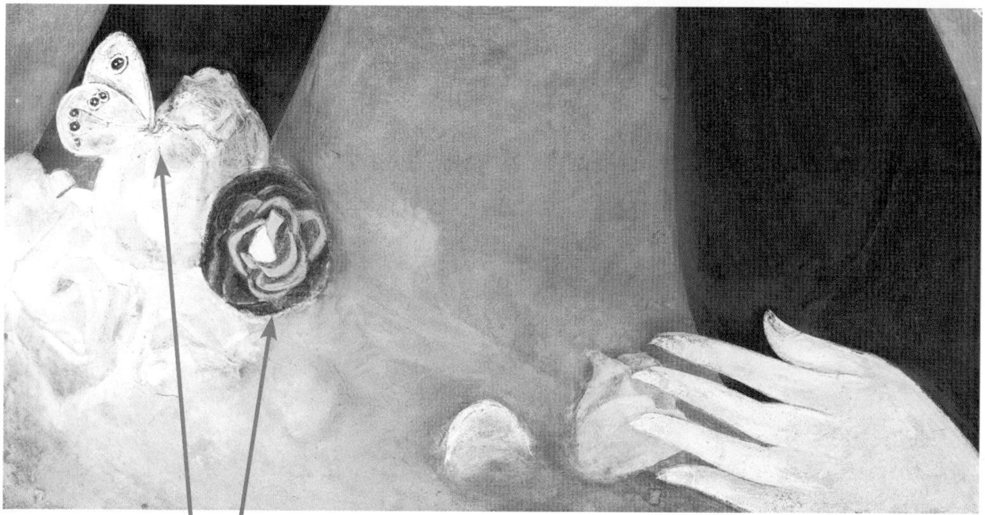

천경자, 「수녀 테레사」, 125번째 단층 사진

꽃과 나비에서 보이는 흰 선은 형태를 강조하기 위해 긁어서 만든 골필선이다. 선의 폭이 일정하고, 날카로운 「미인도」의 스케치 선과는 확연히 다르다.

「미인도」와 비슷한 비교 대상 부분을 선택하고자 꽃이 그려진 하단을 예증 자료로 삼았다. 1977년작 「수녀 테레사」의 125번째 단층 사진 속 어디에도 「미인도」에서 보이는 날카로운 스케치 선은 발견되지 않았다.

「내 슬픈 전설의 22페이지」 단층 사진

천경자, 「내 슬픈 전설의 22페이지」, 1977

「미인도」와 비슷한 비교 대상 부분을 선택하려고 꽃과 뱀이 그려진 좌측을 예증 자료로 삼았다. 이 작품의 125번째 단층 사진에도 스케치 선은 발견되지 않았다.

「내 슬픈 전설의 22페이지」, 125층의 단층 사진

「미모사 향기」 단층 사진

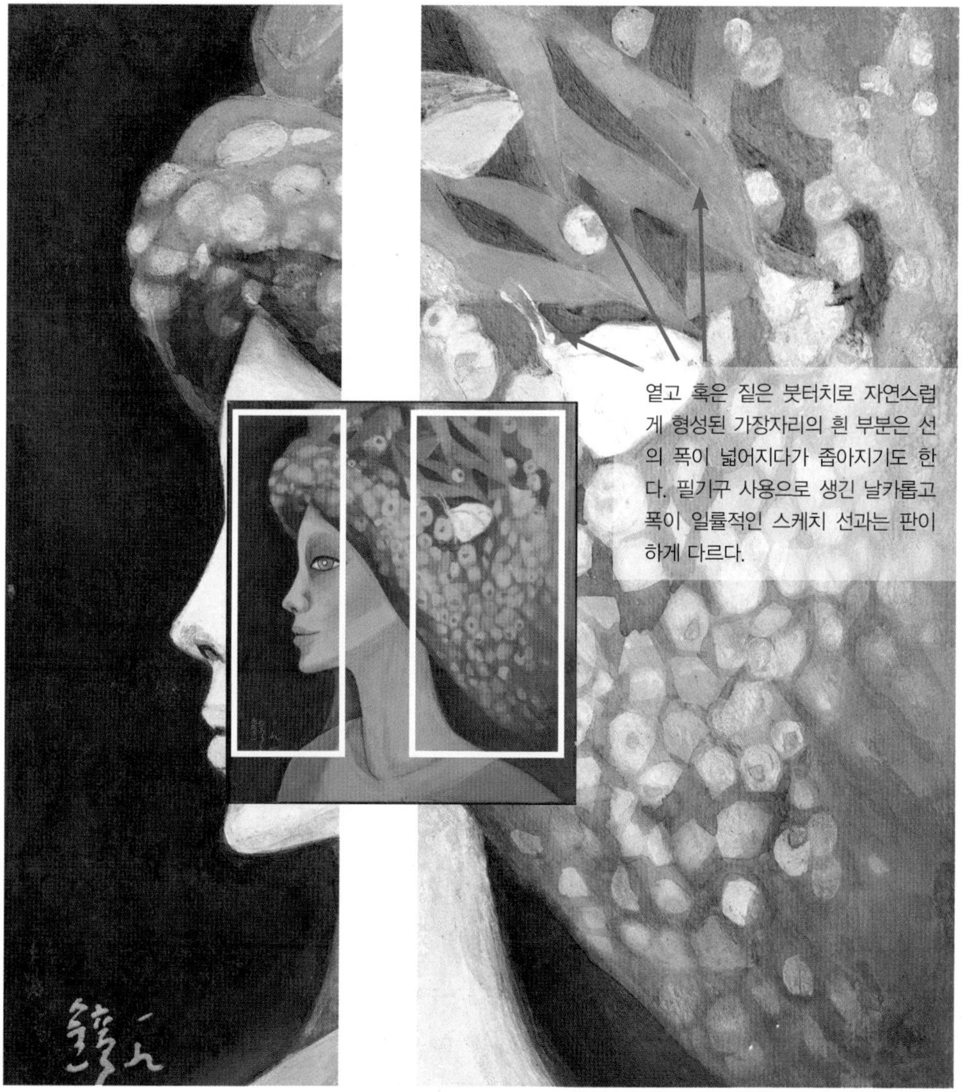

(컬러) 천경자, 「미모사 향기」, 1977, (흑백) 「미모사 향기」, 125번째 단층 사진

「미모사 향기」에도 스케치 선이 나타나는지 확인하려고 125번째 단층 사진을 확인하였다. 비교 검증 결과 단층 사진의 어느 부위에서도 「미인도」와 같은 스케치 선은 발견되지 않았다.

「여인의 측면상」 단층 사진

(컬러) 천경자, 「여인의 측면상」, 1977, (흑백) 「여인의 측면상」, 125번째 단층 사진

스케치 선이 「여인의 측면상」에 나타나는지 125번째 단층 사진과 상호 비교했지만, 어느 부위에도 「미인도」와 같은 스케치 선을 발견할 수 없었다.

CHUNKYUNGJA
CODE

천경자 코드

다섯번째 발견

숟가락의 비밀

1977년도 천경자 화백의 비교 대상 작품 5점에서 또 다른 귀중한 코드를 발견했다. 다섯 번째 천경자 코드는 지금껏 찾아낸 코드 가운데 가장 의미심장하고 희귀하다. 우리는 이 코드를 '숟가락의 비밀'이라 부르기로 했다. 그 이유는 작가가 여인상의 특정 부위를 숟가락으로 비비고 문지른 뚜렷한 흔적을 남겼기 때문이다.

그러나

「미인도」에는 숟가락으로 문지른 흔적이 단 한 군데도 없다.
위작자가 천 화백의 비밀스러운 숟가락 사용을
감지할 수 없었던 것은 당연하다. 다섯 번째 천경자 코드는
천 화백만이 지닌 은밀한 특화 표현이자 비밀이므로 위작자가
그 깊은 내막을 파악하는 것은 불가능에 가깝다.

천경자 화백은 숟가락을 활용하여 그의 작품을 특화시켰다. 다음은 이를 보여주는 사진이다.

1977년 천경자 화백이 서교동 화실에서 「아열대」(마릴린 먼로)를 그리고 있는 모습

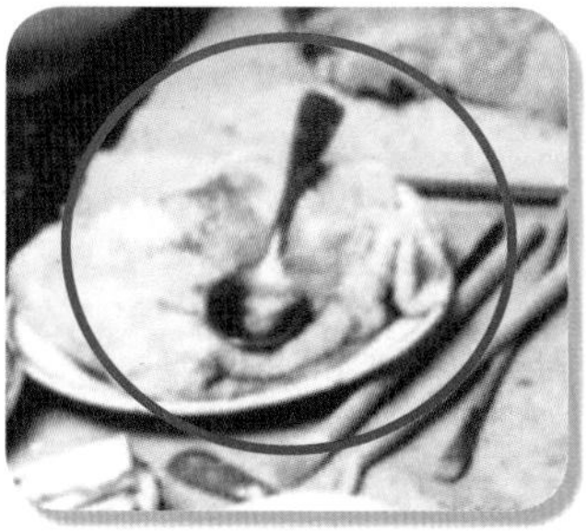

우리는 특이한 발견을 했다. 천 화백의 1977년도 그림에 밑이 둥근 도구로 문지른 흔적이 일관되게 나타났다. 밀고 문지른 흔적으로 그 부위는 주위 색에 비해 약간 짙고, 반질반질한 표면의 질감을 형성해 표면의 깊이를 더하고 있었음을 알게 되었다. 우리는 천 화백의 작업실 사진과 가족의 증언을 통해 그가 사용한 도구가 숟가락이었음을 확인했다.

천경자 화백은 숟가락으로 완성 단계에 이른 작품 표면을 문지르는 전대미문의 퍼포먼스를 남긴 것이다. 숟가락으로 문지른 흔적은 붓으로 나타낼 수 없는 미묘한 질감으로 자리 잡았고, '천경자 코드'의 하나가 되었다.

천경자, 「나비와 여인의 초상」, 1977

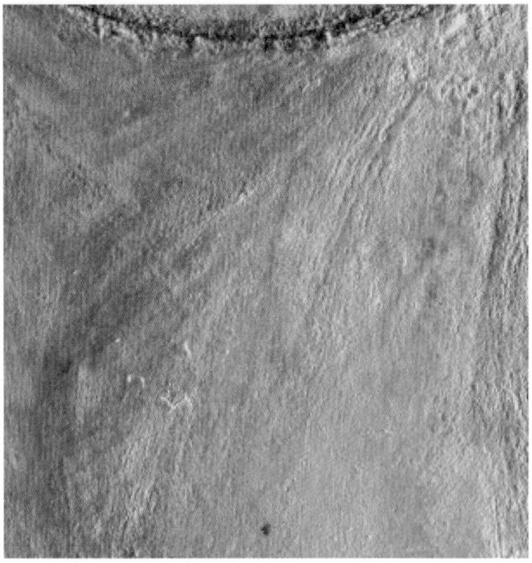

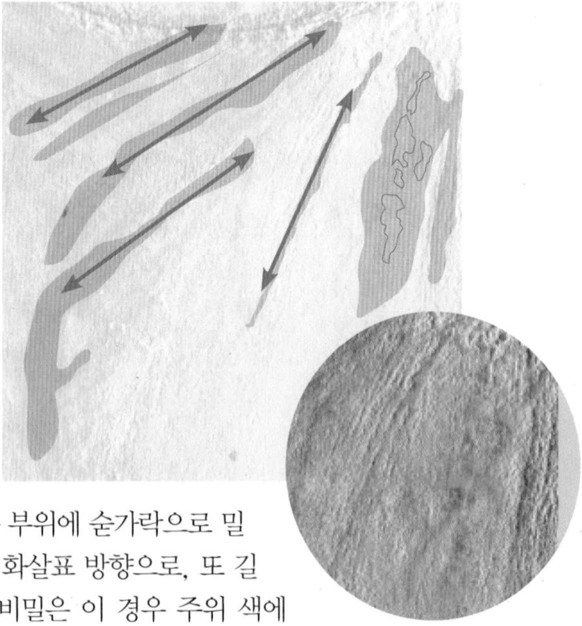

「나비와 여인의 초상」은 턱선 아래의 목 부위에 숟가락으로 밀고 문지른 흔적이 아주 뚜렷하다. 푸른 화살표 방향으로, 또 길쭉한 섬 모양으로 나타나는 숟가락의 비밀은 이 경우 주위 색에 비해 약간 짙고 검게 나타난다.

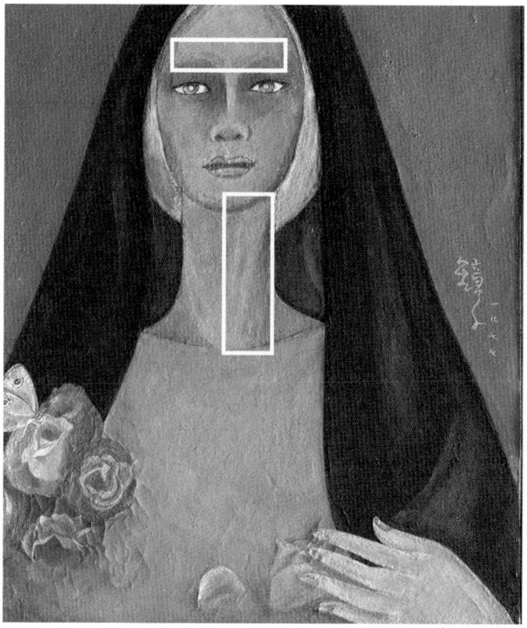

천경자, 「수녀 테레사」, 1977

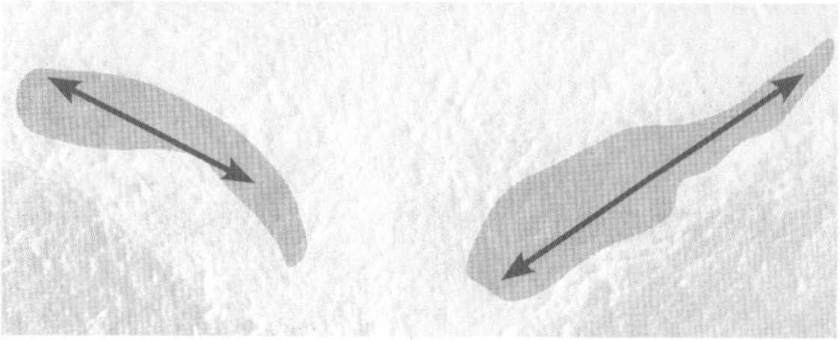

「수녀 테레사」에서는 양 눈썹 부위에 그리고 목에 길게 두 군데 숟가락으로 밀고, 문지른 흔적이 명확하게 나타나 있다. 푸른 화살표 방향으로 나타난 숟가락의 비밀은 주위 색에 비해 약간 짙고 검으며 반질반질한 표면 질감을 형성하고 있다.

천경자, 「내 슬픈 전설의 22페이지」, 1977

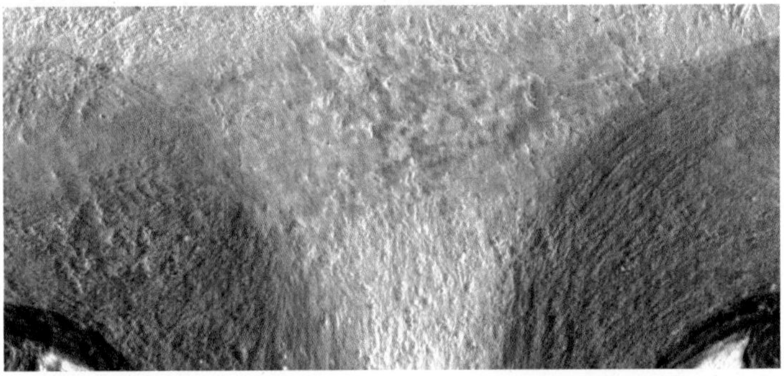

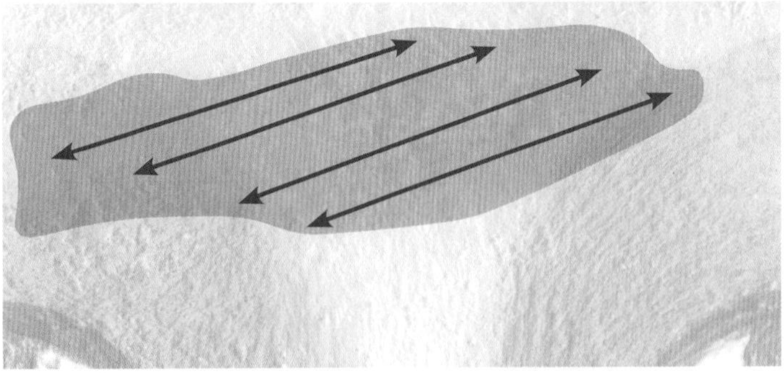

「내 슬픈 전설의 22 페이지」에서는 미간 부위에 숟가락으로 문지른 자국이 선명하게 드러나 있다. 푸른 화살표 방향으로 나타나는 숟가락의 비밀은 주위의 질감과 확연한 차이를 보이고 있다.

천경자, 「별에서 온 여인」, 1977

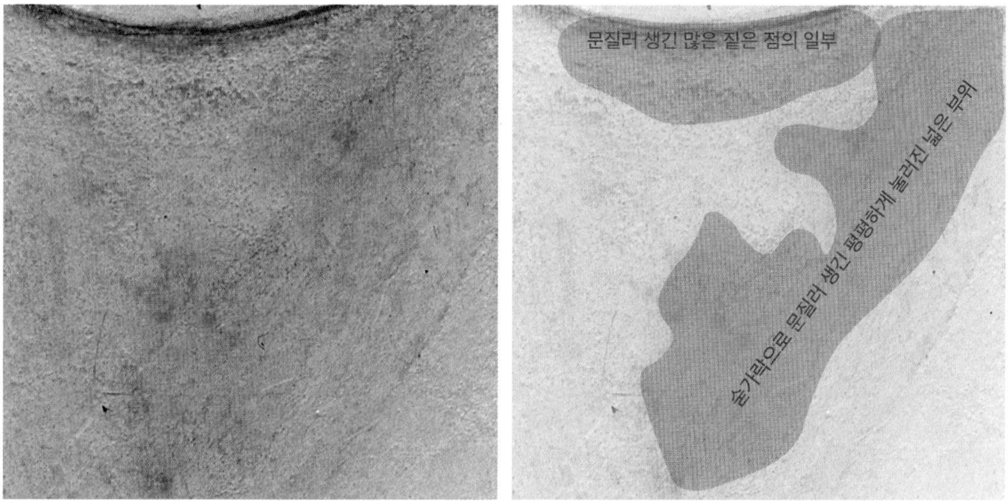

「별에서 온 여인」에서는 턱 아래 목의 넓은 부위에 숟가락으로 문지른 자국이 짙은 점과 깎인 면으로, 선명하게 드러나 있다. 숟가락으로 문지른 부분은 역시 주위의 질감과 확연한 차이를 보인다.

천경자, 「멀리서 온 여인」, 1977

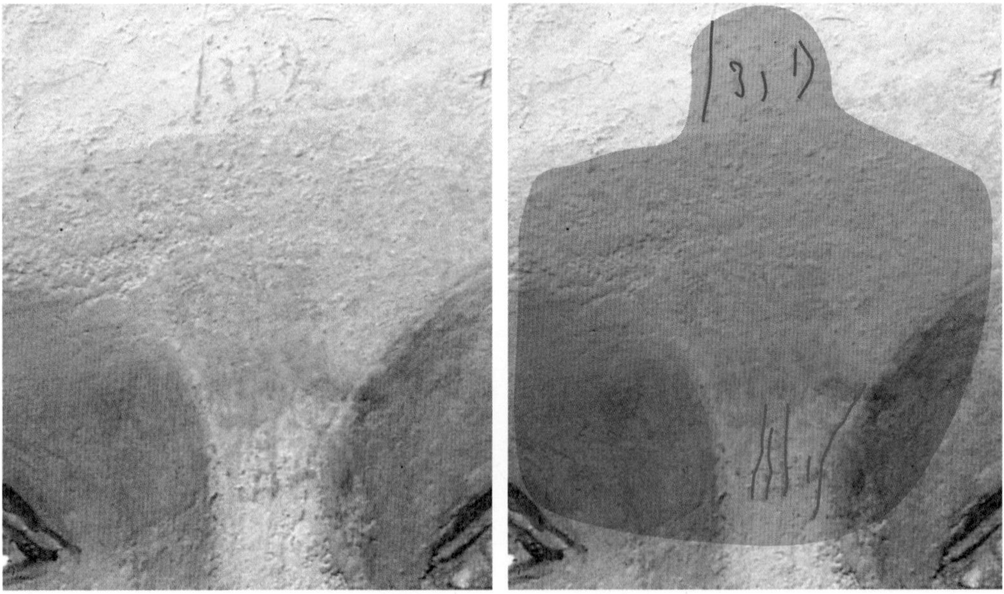

「멀리서 온 여인」에서는 이마와 미간에 넓게 퍼진 부위(보라색 면), 그중에서도 더 짙게 드러난 푸른색으로 표시된 부분이 숟가락을 문질러 생긴 흔적으로 주위의 질감과 확연한 차이를 보이고 있다.

그러나
1977년도 천경자 화백의
비교 대상 작품 5점에 예외 없이 나타나는
숟가락으로 문지른 흔적이
「미인도」에는 전혀 나타나지 않았다.

미간

천경자 화백의 1977년작 여인 정면상에 빠짐 없이 나타나는 숟가락의 비밀의 흔적은 특히 눈썹 사이의 미간과 목 부위에 집중적으로 나타난다. 이 흔적이 「미인도」의 두 곳에도 나타나는지 고찰한다.

「미인도」, 1977

미간은 1977년 천경자의 실험적 특화가 두드러진 부위다. 「미인도」에는 숟가락으로 문지른 흔적이 전혀 없다.

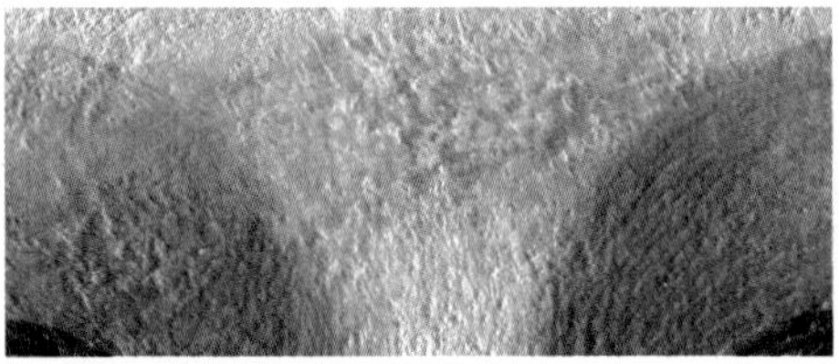

천경자, 「내 슬픈 전설의 22 페이지」, 1977

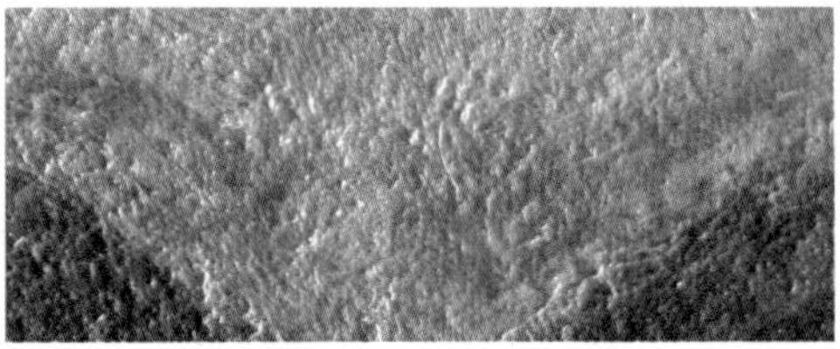

천경자, 「수녀 테레사」, 1977

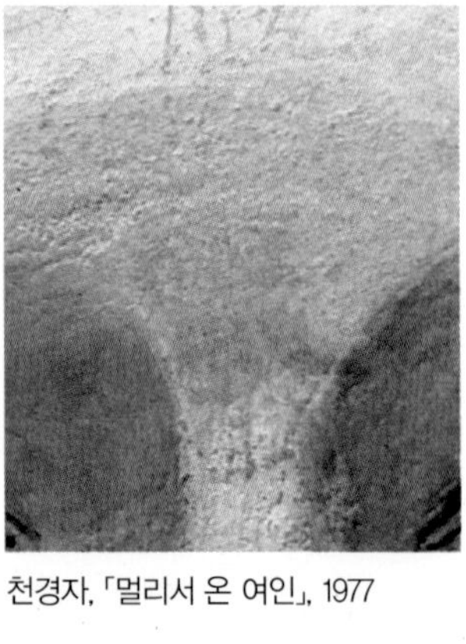

천경자, 「멀리서 온 여인」, 1977

목 부위

1977년 천경자의 특화가 두드러진 목 부위를 살펴보면 「미인도」에는 숟가락으로 문지른 흔적이 전혀 없다.

「미인도」, 1977

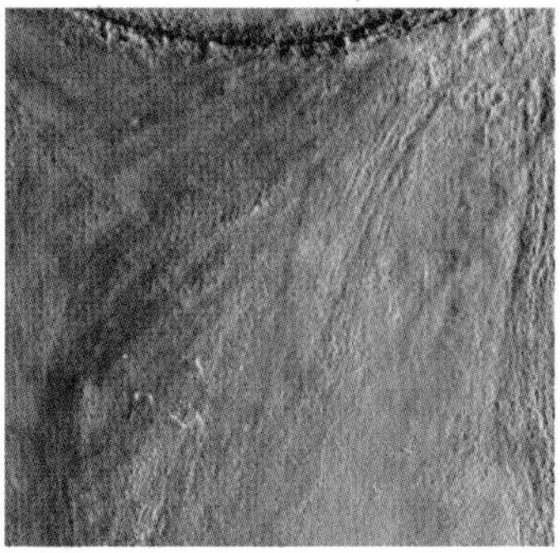

천경자, 「나비와 여인의 초상」, 1977

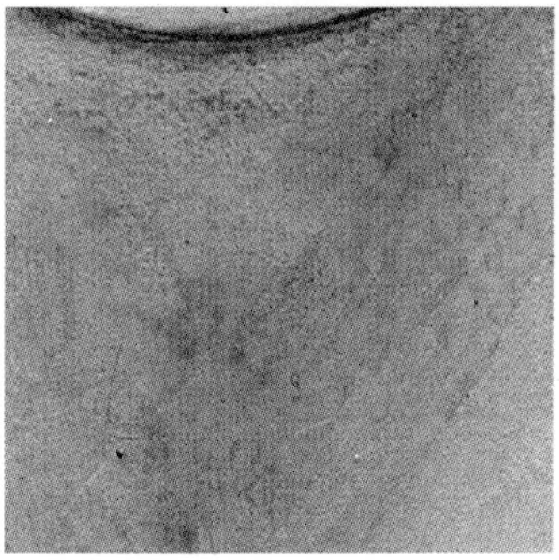

천경자, 「별에서 온 여인」, 1977

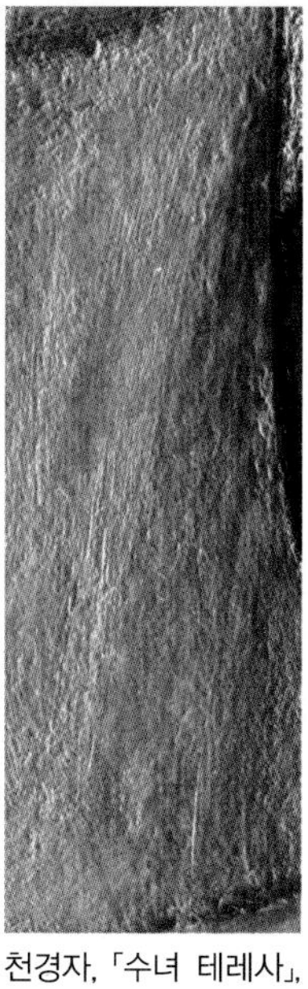

천경자, 「수녀 테레사」, 1977

천경자 화백의 1977년작 여인 정면상에 빠짐 없이 나타나는 숟가락 퍼포먼스는 오직 천경자 화백만의 고유한 창작 정신의 표출이라는 것을 우리는 확인할 수 있었다.

결론

우리 연구팀은 무엇보다 이 분석의 공정성을 위해 노력했고, 다각도로 분석을 하는 과정에서 획기적인 '천경자 코드'를 발견하였다. '천경자 코드'를 통해서 「미인도」는 천경자 화백의 손으로 그려진 그림이 아니라는 명백한 결론에 도달했다.
여기서 한 가지 천명할 사항이 있다. 미국이나 유럽에서는 작가의 진술이 위작 판명에 절대적이라는 사실을 다시금 상기시키고 싶다. 작가가 분명 '위작'이라고 여러 차례 지속적으로 언급한 강력한 주장이 무시당하고 말았다는 사실에 연구자(클리프)의 한 사람으로 경악했다. 유럽이나 미국에서는 있을 수 없는 일이기 때문이다.
우리의 미학적 분석이 작가의 주장을 고려하지 않고 독립적으로 진행되었지만, 결과를 도출하고 보니 작가의 주장과 일치한다는 것을 알게 되었다.

우리는 작품 비교를 시작하는 초기 단계부터 왜 「미인도」가 진위 논란의 대상이 되었는지 무척 의아했다. 왜냐하면 「미인도」는 천경자 화백의 작품 세계와는 모든 면에서 너무나 거리가 먼 그림이라는 것이 첫눈에도 명백했기 때문이다.
「미인도」는 진위 판정을 내릴 필요도 없을 정도로 허술하고 조악한 작품이다. 특히 얼굴의 조형 감각이나 머리카락의 형성에서 기본적인 입체감마저 제대로 표현하지 못한, 인체의 해부학적 이해가 결여된 사람이 만든 허술한 그림이다. 천경자 화백의 1977년 진품과 「미인도」의 미학적 비교 분석은 이 모든 사실을 확인하는 과정이었다.

미인도는 명백히 천경자의 손으로 그려진 작품이 아니다.

Cliff T. Chieffo & BG Muhn
Washington, DC
May, 2017

키에포 Cliff T. Chieffo

조지타운대학교 석좌 교수
조지타운대학교 특별 수장작품 큐레이터
조지타운대학교 미술과 창설자, 교수 역임
메릴랜드대학교 미술과 교수 역임
워싱턴 DC, 코코란 미술대학 미술과 교수 역임
워싱턴 DC, 조지 워싱턴대학 미술과 교수 역임
로마대상(Grand Prix de Rome) 2등 수상자
전국미술공모전 심사위원 (미법무성주최 미국이민의 이미지전)
리퀴텍스 미술재료회사 자문의원
미국 국회도서관 보존과학실 연구원
맥크론 보존과정 수료
국립미술관 미니아추어 회화 보존 연구기금 수상
Naum Gabo Assistant
이탈리아 회화 펠로우쉽 수상
American Artist 잡지의 재료, 보존 자문의원

문범강 BG Muhn

현 조지타운대학교 미술과 영구교수

개인전 : 뉴욕 첼시의 Stux Gallery, 워싱턴의 American University Museum, 서울의 일민미술관, 스케이프 갤러리 등

전시평 및 인터뷰 : 뉴욕타임스, 워싱턴포스트, 아트인 아메리카, CNN, National Geographic, US News & World Report, 신화통신 등

작품 영구 소장 : 서울시립미술관, 뉴욕 시그마 화랑, 고려대학교, 추루랜드 재단, 일민미술관, 국립현대미술관 등

「황혼의 통곡」은 이 사회가 부르짖는 통곡이다

어머니는 1995년에 그리기 시작한 대작 「황혼의 통곡 2」를 결국 완성하지 못하고 미완인 채 세상을 떴다. 이 그림은 미완성이기에 어머니의 숨결과 손짓이 나를 더 가까이 잡아당긴다. 어머니가 원했던 완성도는 아니었을지언정, 나에겐 어머니 그림 중에 가장 역동적이고 신비스럽고 작품성이 뛰어난 그림이다.

어머니는 말년의 고난을 예상이라도 하였는지 「황혼의 통곡 2」라는 적막한 제목을 이 그림에 붙였다. 어머니의 통곡은, 이 사회를 향한 통곡이다. 「미인도」 진실 공방이 계속되는 한 어머니와 이승과의 작별은 끝나지 않은 것이다.

과연 이 위작 사건이 26년이라는 긴 시간을 끌 만큼 복잡한 사안이었던가? 어머니가 그토록 단호하게 부인하고 위작의 증거들이 넘쳐나는데도, 국립현대미술관과 화랑계의 기존 세력 그리고 이젠 검찰까지 공조하여 한 작가의 영혼을 짓밟고 있는 현실 앞에 나는 할 말을 잃는다. 어찌 거짓과 왜곡이 이처럼 힘을 얻을 수 있고, 이처럼 거대한 권력으로 변할 수 있는 것인지 마치 보이지 않는 손이

작용하고 있는 것 같은 느낌마저 든다.

어머니는 들판의 비바람 속에서 예술로 피어오른 고고한 야생화와 같은 분이었다. 그의 작가혼이 뿜어내는 향기는 그 어떤 것으로도 막을 수 없는 원초적 에너지를 지니고 있었다. 어머니의 생애는 후회 없고 거침없는 삶이었다. 권력과 돈 앞에 한 번도 굴하지 않았다. 한순간도 어김없는 삶을 살았다. 너무나 솔직하고 정직해 어떤 어려운 상황에서도 차라리 웃음이 나올 지경이었다. 그런 어머니가 협잡이 난무하는 미술관과 화랑계 틈바구니에서 부르짖고 악을 쓰다시피 외치다 결국 황혼의 통곡처럼 식도에 둔통을 느끼며 떠나가셨다.

그런 어머니의 한을 안고 법정 다툼을 시작했으나, 미술관도 일부 화랑계 인사들과 검찰도 나의 외침을 듣지 않았다. 뤼미에르광학연구소의 과학감정도 철저히 외면했다. 이유는 나도 모른다. 다만 짐작할 뿐이다. 그러나 그 짐작이 사실일 것임을 나는 안다. 그러기에 나는 여기서 멈추지 않을 것이다. 주저하지도 않을 것이다. 내가 할 수 있는 일이라곤 고작 자료와 증언에 근거해 기록을 남기는 일일 뿐이라 해도, 진실이 그 맑은 얼굴을 드러낼 때까지 가볼 것이다.

바라건대, 이제는 책임 있는 국가기관이 나서야 할 때이다. 「미인도」와 연루된 화상들과 평론가들, 공무원들이 대부분 생존해 있어 아직은 얼마든지 관계자들의 증언을 들을 수 있다. 그들은 '예술'이라는 미명 아래 이해관계로 뭉쳐 그들끼리의 카르텔을 형성하고 있는 한 우리 미술계는 건강한 발전을 이루기 어렵다. 특히 수사

과정에서 보여준 검찰의 행태는 도무지 이해할 수 없다. 정의를 세워야 하는 그들은 누구를 위해 존재하는지 회의가 들었다. 오만하고 비논리적이고 군림하려 드는 검찰을 어디에 또 하소연해야 바로잡을 수 있을지 답답하기만 하다.

어머니의 절규를 가슴으로 느끼고 있는 딸인 나 자신 역시 무척 외롭다. 이 거대한 문화 권력과 막강한 기득세력에 맞서 정의를 부르짖고 있으니 힘들 때도 잦다. 그러나 나는 알고 있다. 어머니가 곁에서 외로운 투쟁을 하는 나의 볼을 늘 어루만져주고 있다는 것을. "내 새키야, 정희야, 으이 기운 잃지 말거라 잉" 하는 소리가 귓전에서 들린다.

어머니의 '통곡'을 멈추게 하는 이 일에 나와 뜻을 같이해주고, 내 손을 잡아주고 내게 용기를 주고 계신 많은 분들에게 깊은 감사를 드린다.

'위작 미인도 사건'은 국가권력에 의한 작가 인권 유린 사건이다.

배금자 변호사(해인법률사무소 대표)

내가 세칭 '위작 미인도 사건'의 변호를 맡게 된 것은 2015년 10월 천경자 화백의 별세 소식이 알려진 후였다. 국립현대미술관 전 학예실장 정준모가 언론 인터뷰와 기고문을 통해 '『미인도』에 동산방 표구대장번호 126, 뼈대번호 2125이 표기되어 있다', '『미인도』 액자 뒤에 '천경자'라고 빨간색 글자가 기재되어 있다'는 등 사실무근인 10여 가지의 허위사실을 유포하면서부터다. 처음에는 경고성 내용증명과 사실을 바로잡는 보도 자료를 내는 정도였다.

2016년 2월에 방송된 「SBS 스페셜」에서 국립현대미술관 전 학예관 이인범과 전 학예실장 유준상은 '천 화백이 포스터만 보고 위작이라 했다', '원본을 가져가니 위작 주장을 철회했다'는 등 명백히 사실과 다른 내용으로 인터뷰하며 허위사실을 재생산하고 있는 게 아닌가. 2015년 11월 국립현대미술관 관계자는 국회의원 김태년에게 '위작 미인도 사건에 관해 보고서'를 제출하였다. 그 공문서에는 '위작 주장이 작가의 착오에 의한 것이었다는 것을 청취함',

'천경자 화보의 평론 부분에 '나비와 여인' 제목으로 게재한 「미인도」 사진이 천경자 화백이 편집 단계에서 확인한 바 있음' 등 많은 허위사실이 있다는 걸 알고서는 놀라움을 금하지 못했다.

한편 1991년 당시 「미인도」 감정은 안목 감정 이외에 별다른 과학 감정은 없었고, 국립과학수사연구소의 '감정 불능' 통보가 고작이었다. 그런데도 한국화랑협회와 국립현대미술관은 국립과학수사연구소의 감정이 있었고 진품의 증거인 양 허위사실을 유포했다는 것을 2015년 11월 JTBC 보도로 알게 되었다.

정확히 천경자 화백의 별세 소식이 알려진 시기를 기점으로, 1991년 4월 당시에도 존재하지 않았던 허위사실이 날조되고, 서로 짜고 하는 듯한 인상을 주며 「미인도」를 진품으로 만들려는 움직임들이 연이어 일어났다. 사자명예훼손의 경우 고소 기간이 6개월이기 때문에 법적 대응을 더는 지체할 수 없었다. 이리하여 고 천경자 화백의 차녀 김정희를 대리하여 나를 비롯한 10여 명의 변호사로 구성된 '작가 인권 옹호를 위한 변호인단'은 국립현대미술관 전·현직 관계자 6명을 사자명예훼손, 허위공문서 작성, 저작권법 위반 등으로 서울 중앙지방검찰청에 고소하였다.

공동 변호인단을 구성하여 무료 공익 소송으로 진행한 이유는 비리 은폐를 위해 한 여성 작가를 상대로 국가권력과 미술계 권력이 손잡고 수십 년에 걸쳐 조직적으로 인권을 짓밟았다고 보기 때문이다. '국가권력에 의한 인권 유린'이라고 하면 강기훈 유서대필 사건, 인혁당 재건위 사건, 수지 김 사건, 서울대 최종길 교수 사건처럼 가혹하게 고문당하고 장기간 구속되고 생명의 위협을 받는 극악한 유형을 떠올린다.

국립현대미술관과 한국화랑협회는 가짜를 가짜라고 진실을 말한 작가의 의견을 철저하게 무시하고, 위작 판단에 있어 작가 최우선 존중의 원칙을 천경자 화백에 대해서는 제외하였다. 게다가 당시 67세의 나이에도 왕성한 창작 활동을 펼치던 천 화백을 '자기 그림도 몰라보는 정신이 어떻게 된 사람'으로 몰았다. 창작 의지를 상실한 천 화백은 "이런 풍토에서는 그림을 그릴 수 없다"라며 고국을 떠나 타국에서 쓸쓸히 생을 마감하였다.

국립현대미술관과 한국화랑협회는 '위조범이 나타나면 「미인도」가 위작임을 겸허히 수용한다'고 했다. 1999년 막상 권춘식 씨가 「미인도」 위작자로 공개 선언했을 때 「미인도」의 위작을 수용하기는커녕 이를 뒤엎으려는 움직임을 보였다. 국립현대미술관은 한국화랑협회와 공조하면서 허위공문서를 작성했고, 2016년 1월까지도 위작 사실을 굽히지 않던 권춘식에게 한국화랑협회 관계자는 "언론에 착각했다고 하는 것이 제일 근사하다. 착각했다고 하면 끝나는 거지." 하며 진술 번복 방법까지 제시하였다. 천 화백을 음해하기 위해 십여 가지가 넘는 허위사실이 날조되었다. 그 음해 내용은 한결같이 「미인도」를 진품으로 만들려는 의도였다.

헌법은 저작자의 권리와 예술가의 권리를 법률로써 보장한다고 했다. 작가로서, 예술가로서 자신의 그림이 아닌 것을 아니라고 할 권리, 위작을 위작이라고 주장할 권리, 위작의 전시를 막고 폐기를 구할 권리가 있다. 그림의 진위에 관한 최고의 전문가는 작가 본인이다. 그러나 천경자 화백은 예술가의 권리를 보호받기는커녕 오히려 침해당했다. 가짜 그림을 가짜라고 진실을 말했다는 이유로 국립현대미술관은 천 화백을 자신의 그림도 몰라보는 미친 사람으로 취급하였다. 이는 작가의 인격과 명예를 훼손한 것이다.

검찰은 진실을 밝혀 범죄자를 처벌하고 피해자의 억울함을 풀어주는 인권수호자가 될 것으로 믿었다. 그러나 검찰은 천경자 화백의 명예를 훼손하는 허위사실 유포와 허위공문서 작성에 대한 처벌을 외면하였다. 현직 공무원들은 대부분 허위임을 확인하고도 허위공문서를 작성한 전임자 정준모의 문건을 보고 썼고, 물어보고 썼다는 말도 안 되는 논리로 면죄부를 주었다. 2016년까지 허위사실을 재생산하던 전직 공무원들에 대해서는 '기억이 오래되어 착각했다'라는 변명을 받아주고 처벌을 하지 않았다. 그런 식으로 6명 중 정준모 한 사람만, 그리고 그가 유포한 10여 가지 허위사실 중에서 딱 3가지만 가벼운 벌금형으로 기소하였다. 나머지 허위사실에 대해서는 '착오'란 변명을 받아들여 불기소했다. 허위사실 한두 개만 인터넷에 올려도 구속되는 일반 시민들과 비교해 보라. 공무원이 허위공문서를 작성해도 처벌되지 않는 경우를 보았는가? 기소편의주의, 봐주기 수사의 전형이다.

국립현대미술관과 정준모 등이 문서나 언론을 통해 유포한 내용 대부분이 허위사실로 판명되었는데도, 검찰은 천 화백의 명예회복과 관계된 중요한 사실들을 적극적으로 국민에게 알려주지 않았다. 검찰은 오직「미인도」가 진품이라는 발표에서 터무니없는 논리를 대대적으로 내세웠고, 언론은 온통 검찰의 보도 자료를 베끼기에 급급했다. 천 화백의 명예와 인권을 지켜달라고 국가에 호소했더니 검찰이라는 국가권력의 이름으로 작가의 인권을 더 짓밟았다. 검찰은 한술 더 떠 천 화백을 '미친 사람'에서 '믿을 수 없는 사람'으로 불명예 딱지를 하나 더 붙여줬다.

검찰의「미인도」 진품 판정은 참으로 경악할 일이었다. 검찰이 진품 판정한 논거는 하나같이 진품의 근거가 될 수 없는 것, 위작자가 당연히 모방하는 것, 유출되거나 위작자가 베낄 가능성이 있는 것에만 초점을 두었다. 그리고 천경자 화백이 "자신이 오 대령(오종해)에게 2호크기 그림을 주었다"고 말한 것을 이용하여, 한국화랑협회 핵심 멤버 두 명을 내세워 연결고리를 만들어 끼웠다. 그 사람들은 1991년 4월 당시「미인도」를 진품으로 판정한 감정위원들이며, 한국화랑협회 핵심멤버이다. 1991년「미인도」의 표구를 맡긴 자가 누구인지 모른다는 진술은 25년 후 검찰에 와서 '오 대령'으로 특정되었다. 그렇게 해서 검찰은 출처가 증명되었다고 했다.

검찰은「미인도」의 화법이 천경자 화백의 그림과 너무나 동떨어져 있다는 것을 철저히 외면했다. 안목 감정인들에게 오히려 감정결과를 진품으로 인정하도록 유도했다. 최광진 평론가의 경우 검찰이 '진품으로 하면 어때요'라고 회유 받았으며 진품으로 의견서를 낸 사람을 다시 불러 진술 번복을 시도하였다는 양심 선언을 했다. 감정 시작 전 이 모 교수에게 검찰 수사관이 '천 화백의 둘째 딸 김정희가 어제 와서 진품으로 인정하고 갔다'고 허위사실을 말하며 진품 판정하도록 유도한 일도 밝혀졌다.

검찰은 동양화 바탕칠에 흔히 사용하는 '호분'이 「미인도」에 발견되었고, 동양화가들이 흔히 사용하는 골필 압흔 내지 압인선이 「미인도」에 나왔다고 하여 진품이라고 했다.

정작 검찰은 작가의 증언과 프랑스 뤼미에르광학연구소의 감정보고서는 배척했다. 검찰은 위작이라고 했던 작가의 생전 증언을 배척한 이유를 제시하지도 않았다. 프랑스 뤼미에르광학연구소는 검찰의 요청으로 추천받은 기관 중 하나이고, 검찰이 최적으로 선정한 감정 기관이었다.

검찰이 보여준 실망감은 감정이 시작될 때부터였다. 감정 장소를 임의로 바꾸고 고소인 측에 이를 따르지 않으면 감정을 그만두라는 일방적인 통보도 일삼았다. 검찰은 뤼미에르광학연구소가 감정하는 기간 내내 통제하였고, 감정결과물도 직접 받았다. 이렇게 실시한 감정 결과를 검찰이 스스로 배척한다는 것은 어불성설이다. 심지어 검찰은 뤼미에르광학연구소의 감정보고서 중에 통계 자료를 고의로 조작해 감정보고서를 폄훼하기도 하였다.

뤼미에르광학연구소 감정팀이 프랑스에 돌아가서 분석과 감정보고서를 작성하는 동안에도 검찰은 그들과 계속 연락하며 진행 상황을 물었다. 분석 의견을 지속적으로 확인하며 언론과 접촉하지 못하게 하는 등 통제하였다. 최종 보고서가 완성된 후 파일도 뤼미에르광학연구소 감정팀이 검찰에 직접 제출하였으며, 최종보고서

원본과 단층 사진 출력분도 페덱스를 통해 밀봉된 상태로 검찰에 보내졌다.

검찰은 고소인측에 이루 말할 수 없는 부당한 요구와 잦은 횡포를 자행하였다. 뤼미에르광학연구소의 감정보고서를 파일 형태로 받은 즉시 국립현대미술관으로 보내서 뤼미에르광학연구소의 감정보고서를 배척하기 위한 구실을 찾으려고 통계 조작과 왜곡 등을 일삼았다. 검찰은 국립현대미술관을 피의자가 아니라 수사 공조 파트너로 삼았던 것이 분명하다. 2016년 12월 19일에 「미인도」를 진품이라고 발표하기까지 뤼미에르광학연구소에 한번도 반론 기회를 주지 않았고, 추가적인 질의도 없었다.

검찰이 「미인도」 수사 과정에서 저지른 직권남용 혐의, 검찰권 남용과 횡포는 반드시 조사되어야 한다. 누가 검찰에 이런 짓을 하도록 했는가? 고소인과 변호인단 조차도 마구 깔아뭉갰다. 검찰의 발표 후 뤼미에르광연구소 감정팀은 격앙했다. 그들은 프랑스인답게 그간 관(官)에 대한 충성, 검찰에 대한 최대한의 존경을 갖고 성실하게 협조하였다. 그러나 검찰의 보고서 왜곡에 너무 충격 받았고, "부패한 한국 검찰"이라는 말을 입에 달고 다녔다. 그리고 "검찰이 적이 될 줄은 꿈에도 몰랐다"고 말했다.

검찰의 불기소 결정에 대하여 서울고등검찰청에 항고한 후 변호인단이 담당 검사를 방문했다. 11시 30분경 무렵 대화가 끝나지도 않았는데 옆방의 검사가 "밥 먹으러 가자"고 왔고 담당 검사는 "밥 먹으러 가야 한다"며 서둘러 자리를 떠났다. 넓은 방에 배치된 수사관과 비서진 등 인적 물적 설비는 퇴임하는 자들을 위해 그냥 '잘 쉬시다 가시라'고 마련한 특혜처럼 보였다. 고등검찰청 검사를 만나고 나온 날 우리 변호인단은 기가 찼다.

고소인 김정희 교수에게 전화를 걸었다. "항고심에 기대하지 마세요. 시간만 때우다가 기각할 것으로 보여요. 차라리 책을 써서 국민들에게 알리세요". 그것이 고작 우리 변호인단의 역할이었다. 너무도 무기력하였다. 아무리 많이 써내고 아무리 많은 증거를 제출해도 고등검찰청의 담당 검사는 3개월을 기다린 후 단 한줄의 문장으로 항고 기각 결정을 하였다. 할 수 없이 우리 변호인단은 서울고등법원에 재정신청을 했다.

한편, 검찰의 미인도 진품 판정을 기다렸다는 듯이 국립현대미술관은 서둘러 「미인도」를 공개 전시하였다. 보통은 위작으로 지목받으면 전시하다가도 내리는 것이 도리다. 검찰의 진품 판정은 어떠한 법적 효력도 없는 것이다. 법원의 최종 판결이 날 때까지 기다려야 함에도 국가기관이 법도 무시하고 작가에 대한 권리와 인격 존중은 안중에도 없다. 문화 국가에서는 상상할 수 없는 만행이다. 문화체육관광부 관계자, 국회 교육문화체육관광위원회 소속 의원들은 이런 상황을 그대로 내버려 둬서는 안 된다.

천경자 화백은 자신의 주옥같은 작품 93점을 서울시에 기증하고 자신의 모든 작품에 대한 저작권 일체를 서울시에 양도하였다. 국립현대미술관의 미인도 공개 전시에 대한 민사적인 구제 방안으로서 전시 금지 및 폐기 청구는 저작재산권자인 서울시가 나서야 한다. 서울시에 법적 대응을 요청하고 저작권 담당자를 만났더니 "위작이 증명되면 나서겠다"라는 것이었다. 저작재산권을 포괄적으로 양수받았다고 하면 상속인과 동일한 입장에 서야 하는데 마치 제3자처럼 행동했다.

나는 이 사건이 거대한 전쟁으로 비화할지는 상상도 못 했다. 이 사건의 상대가 너무도 막강한 권력 집단이라는 것을 실감하지 못했다. 유족 중엔 "관을 상대로 한 싸움은 못 이긴다"고 처음부터 싸움에 반대한 분도 있었고 또 "관을 상대로 싸우면 피해를 본다"는 우려도 있었다고 들었다. 차녀 김정희 교수와 문범강 교수 부부는 천경자 화백으로부터 그림 한 점 물려받지 못했고, 오직 어머니 명예를 회복하기 위해, 어머니의 한을 풀기 위해 소송하고 있다. 나는 한국이 낳은 위대한 천재 여성 작가가 이렇게 오랫동안 인권을 유린당한 피해를 복구해 주려고 돕고 있다. "인류 역사에서 인간의 의지가 총보다 훨씬 강력한 힘을 발휘한다는 사실은 이미 증명되었다"는 달라이 라마의 어록을 위안으로 삼으며, 나의 사명은 종국에 결실이 있으리라 믿는다.

"처음에 그들은 당신을 무시할 것이고, 그다음에는 조롱할 것이고, 그다음에는 싸우려 들 것이고, 그다음에는 당신이 승리할 것이다." (마하트마 간디).

고독을 환상으로 승화시킨 혼의 화가, 천경자

최광진(미술평론가 · 미술학 박사)

평론가로서 여러 작가들을 만나다 보면 크게 개념을 중시하는 작가와 혼을 중시하는 작가로 구분이 된다. 개념을 중시하는 작가는 전통적 양식에 대한 비판적 태도와 이를 해결해 내는 신선한 아이디어가 번뜩인다면, 혼을 중시하는 작가는 삶의 체험에서 비롯된 자신의 미묘한 심리적 감정을 진솔하게 작품 속에 구현하고자 노력한다. 대개 뭉크나 고흐 같은 표현주의 계통의 작가들이 후자에 속하며, 천경자 화백 역시 전형적으로 혼을 중시하는 작가이다. 이런 작가들은 대개 온 정성을 다해 자신의 내적 감정을 작품에 쏟아 내기 때문에 작품을 자신의 자식처럼 여겨 잘 팔지도 못한다.

천경자 화백이 '위작 미인도 사건'이 터졌을 때 "내가 낳지도 않은 자식을 내 자식이라고 윽박지르면 어떡하느냐"며 항변한 것은 그러한 맥락에서 이해할 수 있다. 천 화백은 "그림은 나의 분신이고 나의 자식 같은 것이다. 나는 오래전부터 방문 열고 집에 들어올 때 내 그림 보고 집 잘 보았냐 하고 들어온다."라고 말했다. 이것은 허언이 아니다. 실제로 나는 많은 작가들을 만나봤지만, 천경자 화백처럼 자기 작품에 애착이 있는 작가를 만나보지 못했다.

1995년의 일이다. 나는 호암미술관에 재직 당시 '천경자 회고전'을 맡아 진행했는데, 전시회가 끝나고 미술관 측에서는 작품 몇 점을 사려고 했다. 나는 구매 리스트에 초기 대표작 「생태」(1951년 작)를 포함시켰다. 35마리의 뱀들이 꿈틀거리는 그 작품은 섬뜩하고 무시무시해서 집에 걸어 놓기도 어려운 그림이었다. 나는 그 작품이 작가의 혼이 담긴 초기 대표작이고, 그녀의 작품세계에서 중요한 위치를 차지한다고 생각하여 당연히 미술관용이라고 생각했다. 그런데 뜻밖에도 천 화백은 그 작품을 한사코 팔 수 없다고 거절했다. 다른 작가들은 미술관에 한 점이라도 더 넣으려고 노력하는데, 나는 그녀의 그러한 태도를 이해할 수 없었다. 나는 "이 작품은 역사적 가치가 있는 작품이니 미술관에 전시해서 많은 사람이 볼 수 있게 하는 것이 좋지 않겠느냐."라며 설득했지만 소용이 없었다. 심지어 그녀는 "내 분신 같은 작품이다."라며 눈물을 글썽거리기까지 했다. 나는 마치 남의 자식을 뺏어오는 나쁜 사람이 된 것 같아 결국 포기할 수밖에 없었다.

천경자 화백은 작품을 콜렉터에게 판 뒤에도 밤새 잠을 이루지 못하고 다음날 다시 되찾아 온 경우도 비일비재하다. 김창실 전 한국화랑협회 회장은 1977년 선화랑을 열며 천 화백을 찾아가 작품을 사고 싶다고 했으나 일언지하에 거절당했다. 김 회장이 "미술을 사랑해 시작한 화랑이니 꼭 좀 도와 달라"고 간곡히 부탁하자 천 화백은 한참을 망설인 끝에 장미꽃 화관을 둘러쓴 예쁜 소녀상 한 점을 쥐어 주며 "이 작품을 가져가세요, 내 작은 딸을 그린 건데……." 하며 아쉬운 표정을 지었다. 그런데 이튿날 아침 천경자 화백은 선화랑을 찾아가 창백한 얼굴로 말했다. "미안하지만 어제 가져가신 내 작품을 다시 돌려주셔야겠어요. 간밤에 그 작품 생각에 한잠도 이룰 수가 없었어요. 그 그림이 내 옆에 없으면 나는 견딜 수가 없어요."라며 조르듯이 빨리 돌려 달라고 재촉했다. 순간 김 회장은 심한 모욕감을 느끼며 부르르 떨다가 그 자리에서 울어버렸다고 한다.(김창실의 회고, 「헤럴드 경제」, 2005년 8월 3일 자)

작품을 팔아 생계를 유지하는 전업 작가가 작품을 안 팔면 대체 어쩌겠다는 것인지. 주문제작을 받고 제자들을 시켜 공장에서 제품 찍어내듯이 대량생산하여 작품을 판매하는 작가가 있는가 하면, 천경자 화백처럼 자식처럼 여겨 팔지도 못하는 작가도 있다. 나이가 들어 자신의 작품을 정리할 때가 되자 그녀는 결국 자신의 분신 같은 작품 93점을 서울시립미술관에 저작권까지 모두 기증하고 미국으로 떠났다. 차라리 기증할지언정 팔지 못하는 작가의 심정을 우리는 이해할 수 있을까?

천경자 화백의 이러한 태도가 처음부터 그랬던 것은 아니다. 젊은 시절 그녀는 집안의 몰락으로 어려운 가정 형편에 놓이게 되었고, 광주 시절 처절한 가난 속에 가장의 역할을 대신해야 했다. 이 시기에는 어떻게 해서든지 작품을 팔아야 했기 때문에 제작 시간이 그리 길지 않았으나 1970년대 초 대학교수직을 사직하고 전업 작가로 승부수를 던진 이후부터는 프로의식이 생기면서 작품의 제작 시간이 더욱 늘어났다. 이 무렵에는 작품 한 점을 완성하는데 보통 3~4개월이나 걸렸으며 무려 3년에 걸쳐 완성한 작품도 있다.

세상과 타협하지 않고 오직 작품으로 승부를 걸겠다는 치열한 작가의식은 1970년대 후반 들어 결실을 보게 된다. 이 무렵 천경자 화백은 자신의 불안한 심리를 극복하기 위해 초월적인 구원자를 갈망하였고, 우주소녀나 마녀 같은 여인상을 갈망했다. 그리고 이러한 모티브를 찾기 위해 소설이나 SF영화를 보면서 그 주인공들과 자신을 동일시하고 작품에 감정을 이입시켰다. 그 결과 정면을 응시하는 마녀 같은 강렬한 눈빛과 긴 목, 두려움을 감추려는 듯 굳게 닫은 입술 등을 특징으로 하는 천경자 화백 특유의 독창적인 초상화가 탄생하였다. 그것들은 누구를 대상으로 그리든지 자신의 험난한 인생에서 얻은 정한(情恨)의 정서와 여성으로서 포기할 수 없는 환상적 낭만이 공존하는 그녀의 내적 자아상이다.

천경자 화백은 자신의 실존적 한계 상황에서 비롯된 격한 감정을 거리를 두고 관조하고 그것을 객관화시켜 표현할 때 고통스러운 에고의 집착에서 벗어날 수 있다는 것을 누구보다도 잘 이해하고 있었다. 소설가 박경리는 천경자 화백을 '용기 있는 자유주의자, 정직한 생애'라고 평가했는데, 실제로 자신의 숨기고 싶은 은밀한 이야기도 서슴없이 표현했다. 이러한 용기는 자신의 무의식에 잠재된 상처와 불안을 의식화하고 표출할 때 비로소 에고의 자유와 해방감을 맛볼 수 있다는 것을 잘 알기 때문이다. 그래서 천 화백은 자신이 사랑하는 동생이 죽었을 때도 울면서 그림을 그렸고, 전시회 오픈 날에도 공허함을 달래기 위해 그림을 그렸다. 천 화백에게 그림은 고통과 슬픔의 감정을 극복할 수 있는 유일한 수단이었다. 관념적인 남의 이야기가 아니라 자신의 진솔한 감정을 투명하게 드러낼 수 있는 용기야말로 보는 사람에게 감동을 끌어내는 천경자 화백 예술의 힘이다.

그녀에게 한(恨)은 자신의 고통스러운 기억인 동시에 예술적 승화를 위해 훨훨 불태울 장작 같은 것이었다. 밤이 깊어져 낮이 되듯이, 극적인 슬픔에서 신명을 끌어내는 그녀의 예술 세계는 언제나 자신의 실존적 고독과 환상적 낭만이 공존한다. 실존적 고독이 여인의 얼굴 표정과 눈빛을 통해 표현된다면, 환상적 낭만은 어린 시절 자연에서 접한 자연의 신비한 색채를 통해 표현하였다. 자신의 고통스런 한과 아름다운 환상을 공존시켜 생명 내부의 갈등을 해소시키는 이러한 예술 세계는 어린 시절부터 판소리를 들으면서 체득한 한국인 특유의 정과 한의 미학에 기인한다.

그녀는 그림을 그리면서 자신이 선택한 그림의 주인공과 끊임없이 대화를 나눈다. 그리고 주인공에 대한 어떤 느낌이 생겼을 때 비로소 손을 움직인다. 그녀의 회화에서 선이나 색 같은 모든 조형의 요소들은 이 오묘한 느낌을 향해 부단한 수정이 가해진다. 그녀의 작품이 울림이 크고 보는 사람을 잡아끄는 감동을 주는 이유는 테크닉이 앞서지 않고, 심리적 느낌이 손을 인도하기 때문이다. 그녀는 기발한 아이디어에 승부를 거는 천재형 작가라기보다는 여성 특유의 섬세한 느낌을 섬세하게 표현하려는 인내와 끈기를 가진 노력형 작가이다. 심리적 느낌과 작품 간의 불가능한 일치를 포기하지 않는 집요함이 혼이 살아 있는 작품을 낳게 하는 것이다.

그녀의 집은 언제나 전시장처럼 과거에 그린 작품들이 수정을 기다리며 벽면에 걸려 있었다. 과거에 완성한 작품도 자신이 원하는 느낌이 나올 때까지 보고 또 보며 수정에 수정을 가하기 때문에 팔기 위해 그림을 그리는 작가들과 밀도와 완성도에 있어서 차이가 있을 수밖에 없다. 이런 완벽주의적인 성격과 집요한 고집은 때로 현실에서 갈등을 낳기도 한다.

1995년 호암미술관에서의 회고전을 준비할 때 전시회가 임박하여 그녀의 집을 방문했는데, 대작 「환상여행」이 미완성 상태였다. 나는 중간 과정이지만 시원한 느낌이 좋아 출품을 요청했다. 그녀는 미완성이라며 한사코 거절했지만, 나는 천정이 높은 벽에 걸 작품이 필요하다며 끈질긴 설득 끝에 출품을 강행했다. 그녀는 마지못해 출품을 허락했지만 작품에 사인하지 않았고, 명패에 미완성이라고 꼭 표기해달라고 요청했다. 어떤 경우는 사인까지 마친 작품을 다시 고쳐 미완성으로 남긴 예도 있다. 「황혼의 통곡」은 1995년에 완성하여 사인까지 한 것인데, 그 뒤 수정을 하면서 사인을 빼고 1998년 서울시립미술관에 기증하였다. 완성의 기준이 다른 작가들과는 차이가 컸다.

특히 천경자 화백의 예술 세계에서 작품의 밀도와 완성도가 최고조에 달한 시기는 1970년대 후반이다. 그녀는 1977년 현대화랑에서의 전시회를 준비하기 위해 심혈을 기울였다. 이 기간에는 여행과 사람만나는 것을 자제하고 하루 종일 오직 그림 그리는 일에만 몰입했다. 이 때 석채에 대한 비중을 높여 화면을 견고하게 칠하면서 단맛이 빠진 마녀 같은 여인상을 양식화했다. 「내 슬픈 전설의 22페이지」, 「수녀 테레사」 같은 걸작들은 모두 1977년에 제작된 것이다. 이 무렵에는 작업 시간이 더욱 늘어나 결국 목표한 신작 30점을 채우지 못해 전시회는 두 차례나 연기되어 1978년 9월에야 열릴 수 있었다. 전시회가 열리자 관람객들의 폭발적인 반응이 이어졌고, 전시 마지막 날에는 전시장 입장을 위해 줄이 150m나 이어졌다. 1977~78년은 천경자 화백의 작품세계가 무르익은 전성기로 천경자 화백 특유의 고독하고 마녀 같은 초상화가 양식화된 시기이다.

위작 논란이 휩싸인 「미인도」는 1977년으로 사인 되어 있는데, 동 시기의 작품 수준과 비교해보면 밀도와 완성도가 크게 떨어지는 작품이다. 천경자 화백은 미인도를 보자마자 "혼이 빠진 허깨비 같다."라고 말했는데, 그것은 당연한 반응이다. 「미인도」의 표정은 당시 자신이 그토록 표현하고자 했던 마녀 같은 강렬함과 혼이 전혀 느껴지지 않기 때문이다. 게다가 일그러진 얼굴에 힘없는 눈빛, 덕지덕지 칠해진 꽃 표현과 평면적인 검은 머리, 거친 명암 대비와 단순한 색조, 골격의 몰이해 등 여러 점에서 「미인도」는 천경자 화백의 당시의 작품과 화법과 밀도에 있어서 차이가 있다. 더구나 천경자 화백의 평소 작업 태도로 비추어볼 때 그처럼 완성도가 떨어지는 「미인도」에 사인을 했다는 것은 상식적이지 않다.

물론 작가가 자기가 그린 작품을 다 기억하지 못할 수도 있지만,

천경자 화백처럼 1년에 10점 내외를 그리는 작가가 자기 작품을 몰라보는 것은 확률적으로 희박하다. 게다가 그림의 주인공과 대화를 나누며 느낌을 포착하는 초상화를 몰라볼 확률은 매우 낮다. 그런데 국립현대미술관은 자신들의 입장을 위해 작가의 주장을 무시하고 천경자 화백을 '자기 작품도 몰라보는 노망난 작가'로 몰고 갔다.

나는 '위작 미인도 사건'이 있은 지 4년 후에 천경자 화백을 만났지만, 노망은커녕 그녀의 생생한 기억력에 놀라곤 했다. 당시 소녀 같은 눈빛으로 작품마다 제작 동기와 사연을 말하는 것을 듣고 있노라면 나는 마치 흥미 있는 영화를 보듯이 빨려들어 갔다. 내가 작년에 쓴『천경자 화백 평전』(미술문화)은 20년이 지났어도 잘 잊히지 않는 그녀의 생생한 화술에 힘입은 바 크다.「미인도」에 어떤 사연이 있는지는 모르겠지만, 적어도 내가 아는 천경자 화백은 돈 때문에 미완성된 허접한 작품을 판매할 작가가 아니라는 것만큼은 자신 있게 말할 수 있다.

천경자 코드
지은이 | 김정희

1판 1쇄 인쇄 | 2017년 7월 13일
1판 1쇄 발행 | 2017년 7월 20일

펴낸이 | 신난향
편집위원 | 박영배
펴낸곳 | (주)맥스교육(맥스미디어)
출판등록 | 2011년 08월 17일(제321-2011-000157호)
주소 | 서울특별시 서초구 논현로 83 삼호물산빌딩 A동 4층
전화 | 02-589-5074(편집부) 02-589-5142(영업 · 마케팅)
팩스 | 02-589-5088
홈페이지 | www.maksmedia.co.kr

기획 · 편집 | 이명준
디자인 | 김은주
영업 · 마케팅 | 김용환 심신
경영지원 | 장주열
인쇄 | 천일문화사

ISBN 979-11-5571-529-1 (03300)
정가 17,000원